江西方志
文化丛书

江西古代名人

江西省地方志编纂委员会办公室 编著

WUHAN UNIVERSITY PRESS
武汉大学出版社

图书在版编目(CIP)数据

江西古代名人/江西省地方志编纂委员会办公室编著.—武汉：武汉大学出版社,2018.3
　　江西方志文化丛书
　　ISBN 978-7-307-16658-5

　　Ⅰ.江…　Ⅱ.江…　Ⅲ.名人—生平事迹—江西—古代
Ⅳ.K820.856

中国版本图书馆 CIP 数据核字(2017)第 262982 号

责任编辑:郭　芳　　　责任校对:杜筱娜　　　装帧设计:张希玉

出版发行: **武汉大学出版社**　（430072　武昌　珞珈山）
　　　　　（电子邮件：whu_publish@163.com　网址:www.stmpress.cn）
印刷:虎彩印艺股份有限公司
开本:720×1000　1/16　印张:18.25　字数:372 千字　插页:2
版次:2018 年 3 月第 1 版　　2018 年 3 月第 1 次印刷
ISBN 978-7-307-16658-5　　定价:88.00 元

江西方志文化丛书

主　编：梅　宏

副主编：周　慧　杨志华

江西古代名人

执 行 主 编：涂小福

执行副主编：王海艳

编　　　辑：赵　岩

《江西古代名人》撰稿名单

省地方志办：王海艳、赵　岩

南昌市：南昌市地方志办、南昌县地方志办、李建钦、王　方、王　锋

九江市：修水县地方志办、永修县地方志办、陈　锋、陈汉铭、陈文夫、张树华、崔若林、高　昇、何仁美、李天白、刘　俊、晴　歌、孙家骏、谭晓生、伍星雄、夏莉娜、胡荣彬、熊耐久、刘　庚、朱汉回

景德镇市：景德镇地方志办

萍乡市：陈天声、邓花萍、秦美红、方锡萍、周　菁、曾　媛

新余市：杨　诚、张国荣

鹰潭市：胡明娥、王新勤、张学先

赣州市：陈春发、管宝禄、何冬生、胡东汉、赖春梅、胡杨华、刘福山、马远旗、瑞　志、徐百胜、赖日金、徐井生、王立之、曾　燕、朱祥福、钟显平

宜春市：宜春市史志办、宜丰县史志办、樟树市史志办、丰城市史志办、高安市史志办、黄烈花、赖武军、易根生、唐　珍、王现国、辛增明、熊正秋、邹文生、徐小明、晏紫春、李忠光

上饶市：陈爱中、杜育和、刘丕云、卢　钢、缪　斌、邱敬登、孙　健、孙　军、王　静、许湘君、薛　文、朱国爱

吉安市：吉安市地方志办、永新县地方志办、匡传贤、旷喜保、王元运、曾献忠

抚州市：黄博文、饶国旺

丛书序

　　江西古称"豫章""江右",因733年唐玄宗设江南西道而得名,因境内最大河流赣江而简称"赣"。

　　江西文化底蕴深厚,四五万年前就有先民筚路蓝缕,在混沌草莽中开创旧石器时代和新石器时代文化。商周时期创造了与中原文化交相辉映的青铜文明。两汉以后,江西"嘉蔬精稻,擅味四方",哺育出南州高士,高洁独标世表;陈重雷义,义薄云天;"古今隐逸诗人之宗"陶渊明开创田园诗派,成一代伟大诗人;"物华天宝、人杰地灵"彰显盛唐气象。两宋之后,江西古代文化更如日月之行,世所瞩目,在文学、哲学、史学、科技、艺术、教育等领域名家辈出,或开宗立派,或存亡续绝,或继往开来。诗文在此革新立派,理学在此肇始兴盛,佛教以禅宗的流行和《禅门规式》的颁布在此形成中国特色;史学名著迭出,大家涌现;千年窑火,煅烧出晶莹剔透的千古瓷都;书声琅琅、书院芳华熏染了文章节义之邦。豫章文化、庐陵文化、临川文化、浔阳文化、袁州文化等地域文化各具特色、各领风骚。近代以来,南昌起义的枪声,井冈山上的炮响,无数革命先烈前仆后继的英姿,锻造了光荣的革命传统和精神,形成了红土地上崭新的红色文化。这些,共同构成群星璀璨、耀眼夺目的江西文化。

　　在悠悠历史长河中,物质形态文化难免随着时间的消失而湮灭,而代代编修,被誉为"一方之百科全书"的地方志,便成为传承地方文化、载史问道、以启未来的最好载体。

　　地方志是中国特有的文化传统和历史资源。江西是方志大省,历代编纂的地方志书达1190种,位居全国第二位,保存至今的仍有520余种,居全国第四位。20世纪80年代开始社会主义新方志编纂工作,至今编纂出版两轮省、市、县三级志书共302部,综合年鉴201部,取得了巨大成就。卷帙浩繁的志书刻录着江西文化基因和历史密码,它本身既是方志文化的物质载体,也是江西地方文化的根脉和基础。利用地方志了解地方历史文化,实现资政育人,古有韩愈索志、朱熹下轿问志的佳话,今天我们党和国家的领导人同样有重视和利用地方志的优良传统。1958年3月,毛泽东主席一到成都,立即调阅《四川通志》《华阳国志》《灌县志》等志书,并选辑其中一部分内容印发给其他领导,提倡利用地方志提高领导水平,并倡议各地编修地方志。习近平总书记身边也总是不离地方志。1985年6月,即将任职厦门市副市长的习近平借阅了道光版《厦门志》和《厦门地方史讲稿》。1989年他在福建宁德担任地委书记时曾指出:"了解历史的可靠的方法就是看志,这是我的一个习惯。过去,我无论走到哪里,第一件事就是看地方志。"英国著名学者李约瑟曾说,古代希腊乃至近代英国,都没有留下与中国地方志相似的文献,要了解中国文化,就必须了解中国的地方志。同样,要了解江西文化,也必须了解江西的地方志。通过地方志,迅速了解一地之风土人情、历史文化,鉴古知今,获得未来发展的灵感是古往今来的文人、学者、官员、伟人的一项基本功。

为了更好地开发利用地方志资源存史、资政、育人,发挥地方志在传承中华文明、建设文化强省中的基础性作用,江西省地方志办公室利用地方志资源,动员全省地方志系统力量,组织编辑出版了这套"江西方志文化丛书"。全书共10册,内容丰富,资料翔实,图文并茂,用通俗、准确的语言介绍了江西最具代表性的十个方面的地域特色文化,从浩如烟海的方志文献中提炼出真实、生动的历史细节,全面展示了江西的文化成就和人文精神。山有名,水有灵;桥有史,渡有址;村有姓,镇有景;楼塔有风骨,寺观有清幽;书院有典籍,名人有故事;古窑生火,传承至今;进士及第,江西文盛。丰富的地域文化、深厚的人文底蕴,彰显了江西千年风华,体现了文化江西的磅礴气度。本套书是一部挖掘、保存、利用江西地方志资源的精品丛书,是了解江西历史、省情、国情的重要窗口,也是地方志工作者深入挖掘地方历史文化资源,服务江西经济社会发展、决战全面实现小康社会新的尝试。

习近平总书记"高度重视修史修志"的重要指示,李克强总理"修志问道,以启未来"的重要批示,刘延东广泛开展"读志用志传志"的要求,贯穿到一点,就是要发挥地方志的作用。与地方志书体量巨大、携带不便、难以寻找相比,"江西方志文化丛书"很好地解决了这些问题。

它是利用地方志资源开发出来的，集中江西省方方面面特色文化，方便携带、方便阅读的一种崭新载体，是江西地方志工作者在志书编纂和年鉴编纂之外的成功创新之举。它让古老的官修志书搭载新鲜的传播形式，走近大众生活，成为干部、群众愿意看、看得懂、用得上的口袋书，是为广大干部群众特别是青少年了解江西历史和地域文化所做的一件大好事。它是江西地域特色文化的扛鼎之作，是见证当代江西地方志工作的精品。

我们相信，"江西方志文化丛书"的出版，能让更多的人了解江西、认识江西、喜爱江西，积极参与江西事业发展。希望这套文化丛书为增进广大干部群众特别是青少年对江西地域特色文化的了解，发挥应有的作用。

江西省地方志编纂委员会办公室

2017 年 12 月

编写说明

一、本丛书由《江西书院》《江西古代名人》《江西名人墓》《江西寺观》《江西古楼塔及牌坊》《江西地方戏》《江西进士》《江西古窑》《江西古祠堂》《江西古桥古渡》10个分册组成。

二、《江西古代名人》是"江西方志文化丛书"分册之一，收录的人物为江西籍人物或在江西活动过并有较大影响的外省籍人物，收录范围涉及政治、经济、文化、军事、科技、教育、医疗卫生、宗教等各方面。

三、本书收录人物上限不限，下限为卒于1911年及1911年以前的人物。本书所指的江西省，是指当代江西省行政区域。

四、本书人物按其影响力分人物介绍与名录两部分，每部分以江西省11个设区市为单元，按朝代分为春秋战国、秦汉、魏晋南北朝、隋唐、五代、北宋、南宋、元代、明代、清代，分别按照时间先后记载。外省籍人物按其活动区域划分到相对应的行政区划中记载。

五、人物籍贯按祖籍地现行行政区划确定。行政区划及地名发生变化的，先写原行政区划及地名，然后括注现行政区划及地名。历史上发生变化或有争议的，在文中简要说明。本省籍人物籍贯一般写出县（市、区）名，外省籍人物一般写出省、县（市、区）名。

六、本书采用历史纪年，括注公元纪年。

七、本书一律使用规范的语体文，以第三人称记述。

目录

上饶市名人名录 ·········· 206

概述

　　江西省，位于中国东南偏中部，在长江中下游南岸，总面积 16.69 万平方千米，面积居华东各省市之首。东邻浙江、福建，南连广东，西靠湖南，北毗湖北、安徽而共接长江；上通武汉三镇，下贯南京、上海，有"吴头楚尾，粤户闽庭"之称，又因为江西最大河流为赣江而简称"赣"。自古为中国南北的重要通道，东西交融的走廊。

　　春秋战国之前，江西省的区域分属楚、吴、越，后归属楚。秦统一之初，设天下为三十六郡，后增加到四十八个，其中郡治设在寿春（今安徽寿县城关镇）的九江郡辖境，相当于今安徽、河南淮河以南、湖北黄冈以东和江西的赣北、赣中、赣南地区。今赣西一带包括萍乡、宜春等地则由长沙郡管辖。汉高帝初年（约公元前 206），设豫章郡，郡治南昌，下辖 18 县，分别为南昌、庐陵、彭泽、鄱阳、馀汗、柴桑、赣、新淦、南城、宜春、雩都、艾、安平、海昏、历陵和建城、鄡阳、南野，分布地域为赣江、盱江、信江、修水、袁水沿岸，即与当今的江西省区大致相当。汉武帝时划全国为 13 个监察区，称 13 部州，此时的江西属扬州部。公元 733 年唐玄宗设江南西道，并因而得省名，后设江西观察使；宋置江南西路，简称江西路；元设江西行省及江西湖东道；明置江西省，后改江西布政使司；清改江西省。

　　历史上的江西可谓"人杰地灵"。据《中国历代人物之地理的分布》（中华书局，1931 年版）统计，在西汉时期江西人物排在全国第十四位、东汉第十二位、唐代第十三位、北宋第九位、南宋第三位、明代第三位、清代第十位。在汉代以来的中国历史上，特别是唐宋以来，江西已经成为中国封建社会后期的文化中心之一。唐、五代、宋、元、明、清期间江西进士占全国的 10.67%，其中状元占全国的 5.6%。自唐至清，江西籍的宰相 28 位，副相 62 位，"二十四史"立传者 500 余人。

　　西汉时，江西有了比较完整的行政建制，其后由于北方人口的迁入，江西人口增长很快，至东汉时形成了江西人口史上第一次人口高峰。随着人口的增长，江西境内小农经济逐渐发达，粮食产量增多，制陶、采矿、造船业取得巨大进步，与之相伴的是江西文化也从这一时期发端，江西著名人物开始登上历史舞台。西汉时上饶吴芮是江西最早的政治人物，为吴王夫差七世孙，秦末追随陈胜、吴广起义，后拥立刘邦，西汉时获封"长沙王"。南昌徐稚是江西历史上最早的学者、隐士。他学识渊博，品节高尚，朝廷两次征召，他不肯出仕，终身讲学，时人称为"南州高士""徐孺子"。徐稚平时虽不愿与官场人士接触，但他却敬重豫章太守陈蕃是守义廉洁、尊礼待贤之士，常与之相往来。陈蕃也非常敬佩他的高风亮节。据《后汉书·徐稚传》记载："陈蕃在郡不接宾客，唯稚来特设一榻，去则悬之。"王勃在《滕王阁序》中写有"人杰地灵，徐孺下陈蕃之榻"，传为千古美谈。

西晋九江翟汤是著名的隐士，朝廷几次征辟，坚辞不受，其子翟庄、孙翟矫、曾孙翟法赐，一家四代皆德操高尚，学问博洽，结茅隐居，人称"翟氏四隐""翟家四世"，是晋宋期间庐山隐士的著名代表人物。东晋陶侃为著名政治家、军事家，其孙陶潜，是东晋诗人、散文家、隐士，也是江西最早的全国知名的文人。他自号"五柳先生"，私谥"靖节"，他有感于门阀制度森严和官场黑暗，辞官隐居，躬耕自资，致力文学创作，留下诗歌120余首，散文和辞赋10余篇，其中以《桃花源记》最著名。江西号称"文章节义之邦"，徐稚、陶潜为其开端。

自唐至清，一千多年间，朝廷通过科举选拔人才，进士的数量往往成为衡量一个地区人文是否昌盛的重要标志，分宜卢肇于唐会昌三年（843）春闱殿试中进士第一名，成为江西省第一个状元。宋代江西进士5400多名，这是江西人文最鼎盛的时代，王安石、曾巩、刘恕、孔文仲、洪迈等都是一门三进士或四进士，乐安流坑董氏家族一门五进士，时号"五桂"。明代江西进士总数3100多人，建文二年（1400）庚辰科一甲进士和永乐二年（1404）甲申科前七名进士均为吉安人，这在科举史上绝无仅有。明代有"朝士半江西"的说法，从解缙、胡广、杨士奇到费宏、夏言、赵汝愚、严嵩，出任宰辅者达18人。清代江西进士1700多名，较宋、明有所降低。

伴随着科举的兴盛，唐代到清代的一千多年间，每个朝代江西都涌现了一批影响力巨大的名人。唐代兴国钟绍京系三国魏国太傅、书法家钟繇的第17代世孙，是名臣、书法家，史称江南第一个宰相。因书法出名，又称"小钟"。九江舒元舆是中晚唐大臣，"古文运动"后期重要作家之一，曾与李训同时拜相。奉新许合子是著名的歌唱家。分宜郑谷是晚唐著名诗人，其诗深入浅出，别具机杼，合乎诗道，清婉明白，通俗易晓，有《云台编》《宜阳集》《国风正诀》等传世。

五代南唐时，进贤董源是南唐画院画师，在我国绘画史上，董源与巨然、关同、荆浩并称四大家，有"北关荆、南董巨"之称。董源与巨然所开创的水墨山水画，为当时南方画坛的主要流派，即"江南派"的"正传"。也有将董源、范宽、李成称为北宋三大家。董源是一位具有创造精神的划时代画家，被后世文人画匠推崇备至，誉为"文人画"之祖，影响极为深远。

宋朝时江西省进入大发展时期，经济文化空前繁荣。江西著名人物很多，人物影响力巨大。以政治论，光是出任宰相、副宰相级官僚的就有20余人，其中王钦若、晏殊、欧阳修、王安石、曾布、洪适、周必大、江万里、汪澈、陈康伯、赵汝愚、京镗、马廷鸾、文天祥等都为人们熟知。以军事论，德安王韶是著名的军事家，于北宋熙宁六年（1073），率军进攻吐蕃，收复河（甘肃临夏）、岷（今甘肃岷县）等五州。南昌刘显是抗倭名将，曾任总兵镇守广东。与戚继光、俞大猷、许朝光相互配合，收复兴化城，平福建倭患。其子刘綎有"晚明第一猛将"之称。曾平定九丝立功，参与万历三大征战之两征战，至抵御清兵战死。以文艺论，有唐宋八大家中的曾巩、王安石、欧阳修三位；玉山汪应辰是历史上最年轻的状元，也是南宋政治家、文学家，"玉山学派"代表人物，后世称"玉山先生"。吉水杨万里是南宋著名诗人，创立"诚斋体"，与陆游、范成大、尤袤并称"南宋四大家"，更被誉为一代词宗。鄱阳姜夔是著名词人、杰出的词曲作家，他留给后人的《白石道人歌曲》有自己的自度曲、古曲和词乐曲调，是流传至今唯一一带有曲谱的宋代歌集，被视为"音乐史上的稀世珍宝"。修水黄庭坚开"江西诗派"，并带动了一大批追随者，《诗林广记》赞许"山谷自黔州以后，句法尤高，笔势放纵，实天下之奇作。自宋兴以来，一人而已。"乐平马端临是宋末元初史学家，写有记述历代典章制度的《文献通考》，清江徐梦莘发愤研究宋金和战的历史，写成《三朝北盟会编》。以哲学论，金溪陆九渊是南宋著名理学家和教育家，世人称"存斋先生"，与兄陆九韶、陆九龄合称"金溪三陆"。婺源朱熹是南宋哲学家、教育家，理学之集大成者，所著《四书章句集注》，被元明清三朝定为科举取士的必读之书，时有"非朱子之传义不敢言"之说。以科技论，水利学家宜黄侯叔献、分宁余良肱；医学家乐平王克明等都在某一领域取得了巨大成就，有宋一代可谓群星璀璨。

　　元代至明代的江西产生了一批有抱负、有作为的优秀人物。以军事论，宜黄谭纶与戚继光共事齐名，同为抗倭名将，时称"谭戚"。丰城邓子龙骁勇善战，是援朝抗倭的名将。清江杨廷麟是明末著名的抗清将领。以文艺论，丰城揭傒斯是元代文学家、史学家，为"元诗四大家"之一，元代"儒林四杰"之一。虞集是元代文学大家、著名诗人。清江杜本是元代文学家、理学家，学界称"清碧先生"。高安周德清是元代散曲家、音韵学家。其编写的《中原音韵》是我国最早的一部全面论述北曲的体裁、技巧和韵律的著作。临川汤显祖是杰出的戏剧家，他创作了《临川四梦》等名著，被誉为"东方的莎士比亚"。吉水解缙被誉为"大明第一才子"，曾主编《永乐大典》。以科技论，南昌汪大渊是著名航海家，所著《岛夷志略》，对研究元代中西交通和海道诸国历史、地理具有十分重要的史料价值，为世界各国学者所重视。奉新宋应星是著名的科学家，他写的《天工开物》是我国17世纪初期的科技百科全书，也是世界科技史上的名著。南丰危亦林是元朝医学家，他发明的"悬吊复位"法，整复脊椎骨折，比英国达维斯1927年提出悬吊法早600多年。贵溪徐贞明是水利学家，著有专门研究水利的《潞水客谈》。丰城雷礼是明清建筑艺术的主要开创者，其主持修建的明十三陵为"样式雷"建筑清东陵与清西陵提供了样板。

清代时，江西人才济济，但总体弱于宋明时期。南昌朱耷，号"八大山人"，是著名的画家和书法家。宁都魏禧是散文作家，与其兄魏际瑞、弟魏礼合称为"宁都三魏"。铅山蒋士铨是戏剧家兼诗人，其诗同袁枚、赵翼并称"江右三大家"。南昌彭元瑞是清朝大臣，同时还是文学家、目录学家、楹联家。生父廷训，继嗣其叔廷诰。彭元瑞与其父廷训、弟元玩、子翼蒙创"一家三代四翰林"之奇。高安朱轼官至文华殿大学士兼吏部尚书，著有《易春秋详解》。宜黄黄爵滋是禁烟派领袖。修水陈宝箴是著名晚清维新派政治家，与黄遵宪等倡办新政，主张维新变法。萍乡李有棠精研史学，著有《辽史纪事本末》《金史纪事本末》。其同胞兄弟李有棻主持拟订《江西全省铁路简明章程》，全盘规划江西全省铁路，定下江西铁路"一干三支"的建设方案。萍乡文廷式官至翰林院侍读学士，戊戌变法前鼓吹变法维新，与康有为组织"强学会"。婺源齐彦槐是著名的天文学家，他创制的"中星仪"是我国的第一座恒星时钟，可准确观测星象位置和运行，时人誉为"开千古以来未有之能事，诚精微之极至矣"。雷发达是建筑师，与堂兄雷发宣，于康熙中期，修建故宫三大殿（太和殿、中和殿、保和殿）。

另外，许多外省籍人士也在江西留下了自己的印记，西汉时睢阳（今河南商丘）人灌婴，为巩固南方疆域，令章文主持在今南昌市东南方的黄城寺一带筑城，作为豫章郡的治所，并以"昌大南疆"之意，取名为南昌，奠定了当今南昌市的基础。东晋高僧慧远看到庐山林木茂盛，山岭奇峻，足以息心，于是在此创建东林寺，后遂成为中国佛教净土宗的祖庭。王羲之曾奉命镇守江州，他在庐山南面金轮峰下的玉帘泉附近，营建别墅，作为居所。"茶圣"陆羽曾寓居于上饶，他写成了我国第一部关于茶的专著《茶经》。白居易在江州作闲官四载，写下了《琵琶行》及《大林寺桃花》，为人千古传颂。张九龄在江西大余修建的梅岭驿道（或称大庾岭驿道），历唐、宋、元、明、清，均为中国的南北交通大动脉中连接中原与岭南的重要节点，也被称为是中国古代"海上丝绸之路"的重要陆路通道。辛弃疾隐居铅山县20余载，写下了《菩萨蛮·书江西造口壁》等名篇。

江西名人不仅多，而且具有较鲜明的特征，考查他们的生平，会发现他们身上体现出了如下特征：

首先，家学渊源深厚。

以科举考试来论，江西有许多一门多进士的情况。王安石（其弟王安礼、其子王雱）、曾巩（其弟曾布、曾肇）等一门三进士；洪迈（其父洪皓、大哥洪适、二哥洪遵）一门四进士；乐安流坑董氏家族一门同科五进士，被士林传为佳话，族人特建"五桂坊"以示庆贺、纪念。彭元瑞与其父廷训、弟元玩、子翼蒙创"一家三代四翰林"之奇。

擅长手工艺的著名人物中有烧制瓷器的舒翁、舒娇父女。晏殊和晏几道父子在宋词的创作上一脉相承，均以婉约词享誉文坛。陆九韶、陆九龄、陆九渊三兄弟均专注教学，同时陆九龄精于经史、阴阳五行星历卜筮，陆九渊提出"心即理"，创立了"陆学"。另外，黄庶为黄庭坚儿子，洪朋、洪刍、洪羽、洪炎、徐俯均为黄庭坚的外甥，他们的创作风格均可归属于江西诗派。对宋代文化有重要影响的朱熹为宋代名臣朱松之子，朱松的道学思想影响了朱熹，成了朱熹理学的一个重要来源。

其次，多为开宗明义的人物。

江西历来多开宗明义的鼻祖，陶渊明创田园诗派，"采菊东篱下，悠然见南山"，是理想与志趣的交融；欧阳修领导古文运动；王安石以"天变不足畏，祖宗不足法，人言不足恤"的大无畏精神主持变法；晏殊开"西江词派"，"无可奈何花落去，似曾相识燕归来"为后人传颂；黄庭坚开"江西诗派"，誓要摆脱"随人作计终后人"的境地，达到"自成一家始逼真"的境界；朱熹上承二陆而集理学之大成，成为对中国封建社会后期影响最大的思想家。

再次，师承关系明显。

典型的以岳麓书院山长欧阳守道为例。欧阳守道为官清廉，支持南宋朝中的主战派，反对割地投降。受其影响，其门下文天祥誓死抗元，成为著名的民族英雄，刘辰翁在宋亡后誓不仕元。朱熹、陈文蔚、徐元杰三人为师徒三代。朱熹认为"理在先，气在后"，提出了程朱理学。陈文蔚则以行动践行其主张。徐元杰作为陈文蔚的弟子，出任左侍郎官时，上言戒骄奢，抑文尚质，与朱熹思想中的心性理欲论不谋而合。

除了上述真正意义上的师生传承关系，古代江西文化中师承关系还表现在群体、流派并列出现，在这些流派中，往往有一个核心人物，在他的周边聚集或影响了一批文人，使其文化理念得以传承。比如以晏殊、欧阳修为代表的"西江词派"，在其影响下，江西出现了张继先、谢逸、王庭珪、扬无咎、姜夔等众多词人。这些人虽无师徒之名，却在创作风格上继承了"西江词派"婉约清新的特征。再如名气比较大的"江西诗派"，就是以黄庭坚为核心的一个流派，洪朋、洪刍、洪羽、洪炎、徐俯、饶节、曾几等均被归入这一流派，他们在黄庭坚要诗"自成一家"的目标带领下，下苦功掌握艺术技巧，力求摆脱技巧的束缚而达到"无斧凿痕"的最高艺术境界。陈师道论诗以"学仙"为喻，吕本中论诗重"活法"，其中都包含着"学然后悟"和"求新"的意识。因此，江西诗派重要诗人的风格和师承关系也被史学界和文学界认可。

最后，文学、技艺并重。

古代江西人文之鼎盛，不仅体现在在朝为官者多，进士数量多，也体现在江西名人在多个领域均有建树，均有享誉全国的名人涌现。

在文学方面，大多数江西籍名人都以诗文书画、博学多闻、著书讲学见称，其中著名的"唐宋八大家"中有欧阳修、曾巩、王安石三位江西籍人士。很多外省籍人物，由于人口迁移落户江西，也在这片土地上留下了自己的足迹，比如南宋的辛弃疾。

在技艺领域，江西古代亦是能人辈出，唐代时就有陶玉、霍仲初等擅长制瓷的手工艺人才；北宋湿法炼铜家张潜，总结出一整套比较完善的浸铁取铜工艺技术，于绍圣年间（1094—1098）写成《浸铜要略》专著；明末清初的宋应星编著的《天工开物》在世界科学史中也占有重要地位；危亦林早在14世纪，已经开始应用悬吊牵引复位方法治疗脊椎损伤，比西方应用该方法早了600多年。另外，江西古代名人中还包括唐代著名的歌唱家许合子，擅长水利的侯叔献、余良肱，擅长文献考据的张世南，擅长文献考证的罗泌，通晓《五经》的赵功可，擅长天文历法的曾民瞻，等等。

另外，江西自古被称为"文章节义之邦"，多"忠孝节义"之士。欧阳澈与陈东请用李纲，遭佞臣黄潜善等诬指"语涉宫禁"被宋高宗下令斩于市；胡铨直截了当指出秦桧卖国求荣的险恶用心，劝诫高宗"此膝一屈不可复伸，国势陵夷不可复振"，请斩秦桧被流放；江万里全家投止水拒降，以死明志，在古代儿童启蒙的《笠翁对韵》中留下了"江相归池，止水自盟真是止"的句子，忠义豪情千古流传；文天祥浩然正气舍生取义，被称为"状元中的状元"，是著名的民族英雄，具有崇高的民族气节和强烈的爱国主义精神；八大山人等隐居避世，其画中以鼓腹的鸟，瞪眼的鱼，甚至一足着地的禽鸟，表明与清廷势不两立的立场。另外，邓子龙、刘显是抗倭名将，其子刘綎誓死抗清，壮烈殉国。

同时，宗教人物众多。东晋升平年间葛洪到三清山结庐炼丹，成了三清山的"开山始祖"，三清山道教的第一位传播者；汉代张道陵于龙虎山修道炼丹大成；王文卿创立了道教神潇派，隐居故乡南丰，著书立说，讲道授徒；张继先为道教正一派第三世代天师，提出"心"为万法之宗；慧远于江西庐山结白莲社，与其徒众精修念佛三昧，迄今被尊为中国净土宗之初祖；行思在青原山净居寺弘法二十八载，为禅宗顿悟学派献出了毕生精力，为达摩祖师"一花开三叶"奠定了"曹洞、云门、法眼"三叶的基础；马祖道一在开元寺（今南昌市佑民寺）说法，"洪州禅"由此发源。

两千多年来，秀美的赣鄱大地人才辈出，他们从不同领域见证了江西社会发展的进程，这些名人虽已离我们远去，但他们的政治主张、学术思想、科技贡献、主要事迹、历史贡献仍具深远的文化内涵和史料价值，值得当代人继承和发扬。

南昌市名人

灌　婴

灌婴（？—前176），睢阳（今河南商丘）人。西汉开国军事将领，是南昌城的创建者。

灌婴少时为卖丝绸的小贩。秦二世二年（前208）加入刘邦起义军，入关灭秦。汉高祖元年（前206）随刘邦平三秦，直战至西楚霸王项羽的都城彭城（今江苏徐州），后担任骑兵将领、中大夫、御史大夫。汉高祖三年，平定齐地，进攻楚地，夺得淮水南北。汉高祖五年，灌婴领5000骑兵，跟随刘邦将项羽追至东城乌江（今安徽和县东北），迫使其自刎，其一万余将士向灌婴投降。而后乘胜渡过长江，攻占吴地豫章、会稽等郡，控制江南大片土地。汉高祖六年，被封颍阴侯，参与平定各地的叛乱。高后八年（前180）昌太后死，灌婴与周勃联手平定谋反的吕氏家族，立刘恒为孝文帝。孝文帝拜灌婴为太尉，周勃为丞相。孝文帝三年（前177），灌婴取代周勃为丞相。卒后赐封懿侯，荫庇子孙。

灌婴平定豫章后，南昌当地人章文提出南昌地当要冲，请求筑城建郡。灌婴为巩固南方疆域，同意在南昌筑城，作为豫章郡的治所，乃令章文主持修建。郡领南昌、庐陵等18个县。城址在今南昌市东南方的黄城寺一带，城区方圆10里48步，辟有6个城门。以"昌大南疆"之意，取名为南昌。为纪念灌婴筑城之功，南昌城初时亦称为灌城或灌婴城，并建有城隍庙，庙神即灌婴；市内一条路命名为灌婴路。

灌婴领兵屯扎九江时，始筑九江城。开凿一井，井水应江浪而动，名为"浪井"，又称瑞井、灌婴井，位于九江市西园路，是九江市最早的历史文物。

徐　稚

徐稚（97—168），字孺子，南昌人。汉代名士，是江西历史上的著名学者。他学识渊博，品节高尚，时人称为"南州高士"。据范晔《后汉书》所记：徐稚家庭贫困，靠务农为生。自幼即具有强烈的求知欲。他初就读于楮山（今丰城与临川交界处）和龙泽山智度寺，后慕江夏（今湖北黄冈西北）黄琼之名，负笈前往，拜谒门下。

徐稚深谙经学，并对天文、哲学、算术、历法等亦有较深的造诣。他待人诚恳、谦逊，尚贤乐善，见利不争，有过不诿。谢承《后汉书》称他"闾里服其德化"。在他的风范影响下，豫章民风为之淳厚。徐稚见东汉后期官场腐败，终生不愿为官，曾被"四察教廉，五辟宰府，三举茂材"。尚书令陈蕃、仆射胡广、太尉黄琼举荐，均坚辞不就。并劝友人隐退，他说："大树将颠，非一绳所维，何为栖栖不遑宁处？与其混迹于朋党，争斗于恶浊世道之中，不如隐居，洁身自好。"他在家中，自食其力。吊唁朋友之母去世，行千里之路，赶到山西介休，在朋友屋前，只放一束生刍（青草）后离开，义出《诗》"生刍一束，其人如玉"。

徐稚平时虽不愿与官场人士接触，但他却敬重豫章太守陈蕃是守义廉洁、尊礼待贤之士，常与之相往来。陈蕃也非常敬佩他的高风亮节。据《后汉书·徐稚传》记载："陈蕃在郡不接宾客，唯稚来特设一榻，去则悬之。"王勃在《滕王阁序》也写有"人杰地灵，徐孺下陈蕃之榻。"

为纪念徐孺子，北宋政治家、文学家曾巩为其修建祠堂，文学家、书法家黄庭坚写下《徐孺子祠堂》。历代对孺子墓（今东坛巷北）都曾加以修葺和维护（"文化大革命"中被毁）。徐孺子的故宅后建为孺子台，多次修葺，先后更名为聘君亭、思贤亭、孺子亭，"徐亭烟柳"为"豫章十景"之一，迄今尚存，后扩建为孺子亭公园。附近有孺子路、高士桥。

许　逊

许逊（239—374），字敬之，道号真君，南昌县麻丘乡人，祖籍汝南（今河南许昌）。晋代道教人物，净明道、闾山派尊奉的祖师。

东汉末年，其祖父避战乱迁居到豫章南昌。许逊生性聪敏，5岁入学读书，10岁已能初解经书大意。年轻时，他励志求学，精通经、史、天文、地理及阴阳五行，尤其爱好道家修炼之术。他19岁出外云游，26岁拜西安大洞君吴猛学道得三清法要。他又与大文人郭璞一道遍游名山善地，归来后携家迁徙南昌西郊逍遥山精心修炼，不求闻达，只以孝、悌、忠、信教化邻里，颇得乡人尊敬。在郡里，他曾经两举孝廉而不肯仕职。直到西晋太康元年（280）他42岁时，经豫章太守推荐，才因"朝廷屡加礼命，难以推辞"，前往四川就任旌阳（今德阳）县令。

许逊在旌阳10年，居官清廉，政绩卓著。他去贪鄙，减刑罚，倡仁孝，近贤远奸，采取了不少利国济民的措施，使一个连年饥荒的山区面貌迅速改观，生产获得发展，人民得到休养生息，以致邻县居民纷纷迁入，人口大增。有一年，旌阳各地大水为患，农田颗粒无收，许逊便果断地让大批农民到官府田地里劳动，以工代税，使灾民获得解救。当时又流行瘟疫，许逊便用自己所学秘方救治，药到病除，求医者纷至沓来，人民感激涕零，敬如父母。那时旌阳流传一首民谣盛赞许逊的功德："人无盗窃，吏无奸欺，我君活人，病无能为。"后来因为晋朝政局紊乱，许逊便弃官东归。离开旌阳时，人们纷纷送行，不少人一直送到南昌西郊逍遥山而不愿返回，并定居下来改姓许。旌阳人民则为他立生祠，塑画像，亲切地称他为许旌阳。

归隐南昌西山以后，许逊一面继续精心修炼，一面经常关心民间疾苦。他目睹豫章四处洪水为患，便率领人们大兴水利，足迹遍及南昌、新建、进贤、丰城、高安、九江、湖口以及湖南、福建等地，时间长达20年。赢得人民广泛尊崇，被编成许多神话故事广为流传。

许逊是道教"净明忠孝"派创始人，著有《灵剑子》等书，均被尊为道教经典。他还在南昌"梅仙祠"旧址创建道院，取名"太极观"（青云谱前身）。传说他活了136岁，于东晋宁康二年（374）八月初一"合家42口人一齐升天成仙"，即"一人得道，鸡犬升天"典故的出处，后人于是尊奉他为"许仙"。东晋朝廷为了表彰他的功德，特将旌阳改为德阳。信仰许逊从唐代开始，宋代朝廷倡导，宋真宗将西山游惟观升为玉隆宫，宋徽宗敕封他为"神功妙济真君"。南宋时，信奉许逊的观府遍于江左右、湖南北。台湾闾山派道教，也奉其为始祖。为祭拜许逊，江西各地均建有万寿宫，外省乃至国外的江西会馆，也以"万寿宫"命名。现存最早、规模最大的是新建县西山的"玉隆万寿宫"。

董　源

董源（？—约962），字叔达，进贤县西北人。南唐画院画师，南唐中主李煜时，任北苑副使，人称"董北苑"。五代南唐名画家，南派山水画鼻祖。

在我国绘画史上，董源与巨然、关同、荆浩并称四大家，有"北关荆、南董巨"之称。董源与巨然所开创的水墨山水画，为当时南方画坛的主要流派，即"江南派"的"正传"。也有将董源、范宽、李成称为北宋三大家。董源是一位具有创造精神的划时代画家，被后世文人画匠推崇备至，誉为"文人画"之祖，影响极为深远。

董源善山水画，"峰峦出没，云雾显晦，溪桥渔浦，洲渚掩映"，一派江南景象。着色清淡，山石用披麻皴，多矾头、苔点，显得平淡而天真；着色浓重者，山石皱纹甚少，景物富丽，岚色郁苍，更加生意盎然。

董源还善画人物。一次，南唐后主李煜，召中主时的宰相冯延巳进宫议事，冯至宫门时，迟疑而不敢进，后主问何故，冯延巳说："有宫娥穿青红锦袍当门而立，未敢冒进。"后主笑而命其仔细看之，乃董源所绘宫娥立于八尺琉璃屏之上也，可见他画功之绝妙。他还常绘捉鬼驱邪的钟馗像，尤见其志。

董源也间作龙、牛、虎等禽兽，其下笔雄伟，有崭绝峥嵘之势；肉肌丰混，毛氄轻浮且具足精神,均脱略凡格,非同俗品。

董源作品多佚散民间,收存的仅有《潇湘图》《夏山图》《夏景山待渡图》《溪岸图》《龙宿郊民图》等数幅。《潇湘图》藏于北京故宫博物院。

据国际天文学联合会1987年决定,在靠近的星体(水星)环行山上,我国被命名的有15位文学艺术家,进贤的五代南唐画家董源是其中之一。

陈　恕

陈恕(946—1004),字仲言,祖籍南昌县,生于石城县。北宋名臣。

陈恕年轻时曾为县吏,后刻苦读书,宋太宗太平兴国二年(977)进士,任澧州通判。自唐代以来澧州一直由节度使兼领,地方豪绅宿吏狼狈为奸,人莫能治。陈恕既为通判,不畏豪强恶吏,大刀阔斧整肃吏治,严惩地痞,人人畏服,澧州大治。陈恕也以办事精明强干而在官场中崭露头角。后被召入朝,初为右赞善大夫、同判三司勾院,不久升左拾遗、充度支判官、度支员外郎,再升为工部郎中、知大名府。

时逢契丹兵经常侵犯边境,陈恕奉旨修筑城墙护壕。陈恕政纪严明,办事果断,按期完成了城防工程,抵御了契丹兵。因功升为户部郎中、户部副使、右谏议大夫,知澶州、代州,后改任河北东路营田制置使、盐铁使。

陈恕在任盐铁使期间,大力整肃吏风,拆并机构,裁汰冗员,尽革宿弊,制定茶法,整顿赋税,疏通货财,使国家财政收入有了显著增长。对此,太宗十分器重,亲自在殿柱上题写"真盐铁陈恕"五个大字,以示褒奖。淳化二年(991)升为参知政事,位居副相。他主管国家财政,前后达十余年之久。

陈恕为官,既不攀亲附友、拉帮结派,又能知人善任,主动让贤。咸平六年(1003),陈恕因身体日衰向真宗请辞,真宗皇帝要他推荐一个能顶替他的人方能准辞。当时寇准正被罢去枢密使之职,陈恕深知寇准的品德和才干,便力荐寇准接替他任三司使。

寇准掌权以后,即总结陈恕前后改革兴立的大事,分门别类整理成册,办什么大事总要到陈恕府第向他请教。所以陈恕定的一套规章制度一直因袭未变,直到李谘为三司使后,方改茶法。此后,陈恕定的制度才渐渐废除。

《宋史》评价说:"陈恕深通史传典故,精于吏理,前后掌重权厉柄十余年,强力干事,百官畏服,别人不敢干以私,有称职之誉",并赞其为"能吏之首"。真宗曾为之废朝举哀,赠吏部尚书。其子陈执中,官至同中书门下平章事,名臣。

晏　殊

晏殊(991—1055),字同叔,南昌市进贤县(原属临川)人,北宋大臣、词人。

晏殊自幼聪颖,7岁能文。景德元年(1004)判官张知白安抚江南,举荐其入殿与千余名进士考试，年仅14岁的晏殊，神情不慑，挥笔即就，受到真宗赵恒的嘉赏，赐同进士出身。第三天复试诗、赋、论，晏殊阅题后奏曰："臣尝私习此赋，请试他题。"他的诚实与才华，为真宗所赞赏。被任为秘书省正字。一年后，诏迁太常寺奉礼郎，不久擢升光禄寺丞。大中祥符三年（1010），作《河清颂》献给真宗，又任集贤校理。尔后历任左正言、王府记室参军、尚书户部员外郎、太子舍人、知制诰判集贤院、翰林学士等职。天禧四年（1020），升任太子左庶子后，真宗遇事常召其对策，甚是荣宠。

乾兴元年（1022），真宗赵恒病逝。年仅11岁的赵祯继位，帝号仁宗，按遗诏由刘太后听政。当时宰相丁谓、枢密使曹利用，争向太后奏事，满朝议论纷纷，大臣均不敢言。晏殊大胆进言："群臣奏事，太后只能垂帘听政，任何人均不得晋见。"他的谏言得到大臣们支持，朝议遂定。为此，晏殊得迁右谏议大夫兼侍读学士，加给事中。

仁宗天圣三年（1025），晏殊进礼部侍郎，拜枢密副使。因反对张耆升任枢密使，违忤了刘太后旨意；加之在玉清宫，怒以朝笏撞折侍从的牙齿，被御史弹劾而贬知宣州，后改知应天府。在此期间，他邀请范仲淹办学，振兴教育，为五代以来"天下学校废，兴自公始"之赞誉。

明道元年（1032），晏殊升任参知政事（副宰相），加尚书左丞。第二年罢知亳州、江宁府。不久迁任刑部尚书，兼御史中丞、三司使。当时陕西边关战事吃紧，晏殊奏请仁宗后，决办了加强军备四件大事：停设内臣监军，使军队统帅有权决定军务大事；招募、训练弓箭手，以备战斗之用；清理宫中积压财物，以资助边关军饷；追回被各司侵占的物资，以充实国库。

庆历二年（1042），晏殊官拜宰相，以枢密使加平章事。第二年晋集贤殿大学士兼枢密使，加同中书门下平章事。庆历四年，因撰修李宸妃墓志等事，遭孙甫、蔡襄弹劾，贬为工部尚书，出知颍州。复迁礼部、刑部尚书，观文殿大学士兼知河南府。后因病回京就医，留任侍经筵（为仁宗皇帝讲授经史），其礼仪及随从均等同宰相。

至和元年（1054），晏殊病情加剧，次年元月殁于京都开封，终年65岁。仁宗亲往祭奠，并追赠他为司空兼侍中，谥元献。亲篆御碑曰："旧学之碑"。

晏殊知人礼贤，范仲淹、孙道辅、韩琦、富弼、欧阳修、王安石等均出其门下。他为宰相后，选拔了一批有才之士，如范仲淹、欧阳修官至参知政事，韩琦连任仁宗、英宗、神宗三朝宰相，富弼官拜集贤殿大学士，同中书门下平章事（宰相）。

晏殊在文学上有多方面的成就和贡献，能诗、善词，文章典丽，四六、书法无不工，而以词最为突出。他的词上继南唐"花间"遗绪，下开北宋婉约词风，被人称为北宋初期词家的"开山祖"。他的词语言清丽、声调和谐，形成了自己的特色。如《山亭柳》《蝶恋花》《浣溪沙》等词中有不少佳句，至今仍广为流传。

晏殊晚年仍笃学不倦，著有文集240卷，但大部分已散佚，仅存《珠玉集》1卷，及清人所辑《晏元献遗文》传世。与其子晏几道，被称为"大晏""小晏"。

陈执中

陈执中（990—1059），字昭誉，陈恕之子，祖籍南昌县，生于石城县。北宋大臣、宰相。

真宗时，初任秘书省正字，后升任卫尉寺丞、知梧州。因对时局有真知灼见，很受真宗赏识。当时，真宗年高多病，大臣中竟无人敢言立储之事，独执中进"演要"三篇建议早定天下，真宗很赞同，不久便立皇太子。执中亦升为右正言，后累迁为群牧判官、三司盐铁判官、知谏院、提举诸司库务、三司户部副使等，与他父亲一样执掌全国财政大权。

仁宗明道二年（1033）升为工部郎中、龙图阁直学士、右谏议大夫。宝元元年（1038）升为同知枢密院事，参与执政。庆历元年（1041）以资政殿学士知河南府，改尚书工部侍郎、陕西同经略安抚招讨使。庆历四年（1044）九月擢参知政事，次年四月再升同中书门下平章事、集贤殿大学士兼枢密使，位居宰相要职，统揽军政大权。

皇祐元年（1049），陈执中因足疾辞去相位，以尚书左丞知陈州。当时，黄河决堤，水患严重。先有程琳主持筑堤，不果而去。继而由执中主持，抽调民夫增筑圩堤200余里，抵挡了洪水。皇祐五年（1053），以吏部尚书复拜同平章事、昭文馆大学士，仍居相位。

陈执中为官，颇承父风，不拉帮结派，清正严肃。每天退朝以后，即关闭中书省东便门，以防泄露机密。对三司中凡玩弄权术作威作势的官员，均奏明皇上一律罢免，因而内外官吏为之肃然。执中慧眼识人，任人唯贤。为相时，其婿私下向他求职，他说官职是国家的，非己房内笼箧中衣物可以便送，竟不许。而山东登州有县令解宾王，颇有才识，虽与执中素昧平生，仅偶然相识，执中发现他是个人才，便举荐他为京官，后果称职，官至工部侍郎。故《宋史》评价说："执中在中书八年，人莫敢干以私，四方问遗不及门。"

至和二年（1055），因爱妾笞小婢致死，遭同僚奏劾，以及谏官言"不病而家居"等，卒罢相，以检校太尉同平章事出为镇海军节度使，判亳州。嘉祐二年（1057）辞节，改尚书左仆射、观文殿大学士，封英国公。后因疾告退，拜司徒，封岐国公而致仕。卒于嘉祐四年（1059），死后赠太师兼侍中，谥恭，仁宗亲书其碑为"褒忠之碑"。

京 镗

京镗（1138—1200），字仲远，晚号松坡居士，南昌县京家山人。南宋丞相、词人。

宋高宗绍兴二十七年（1157）考中进士，曾任临川县主簿，星子县、瑞昌县知县。隆兴（即南昌）知府龚茂良非常器重他的才能，后来龚茂良官至参知政事并代行宰相之职，京镗由龚茂良举荐入朝。孝宗即位之初，百废待兴，召群臣垂询政事得失，许多臣僚进言多迎合天子之意,曲意奉承,认为治理国家的事情很快就可以大功告成。独京镗直言不讳,认为天下大事不可急于求成,应当有步骤地加以解决。他力排众议,慷慨陈述民贫兵骄、士气颓靡的社会现状,切中要害,这使孝宗大为赏识,先后擢升他为监察御史,累迁右司郎官。

自从绍兴十一年(1141)"绍兴和议"之后,南宋向金国称臣纳贡,一直处于受屈辱的地位。淳熙十四年(1187)十月,太上皇高宗驾崩。适逢金国遣使来庆贺孝宗生辰,孝宗因居丧期,不宜接见,即派京镗为宾佐负责接待。事毕,金使想再逗留几天,但京镗考虑国丧之日,不宜以贺喜的名义久留,便果断地拒绝了,金使只得怏怏而归。孝宗对此十分称道,于是迁京镗为中书门下省检正诸房公事。

次年二月,金国又遣使来吊唁。孝宗派京镗为报谢使,出使金国。一到汴京,金人就恣意生事,故意大设宴席、鼓乐招待。因居国丧,京镗请求免宴,金人不依。京镗说:如果实在不能免宴,则请撤去宴乐。并提交书面声明说,目前我国正处国丧时期,如果要让我喝酒听乐,这是违背传统礼义臣节的大事,这不仅羞辱了我国的国格,也玷污了金国的仁德。京镗坚持不撤乐就不入席。金人想强迫他,他毫无惧色,严正地说:"京镗头可断而乐不可闻!"说罢,带领随从拂袖而去。守门兵士拔刀相拦,京镗厉声呵斥。金人知道此事实难勉强,就急忙禀告金主,金主感叹说:京镗真是南朝的忠诚耿直之臣啊!于是下令撤去宴乐,然后请京镗入席。

孝宗知道了此事,十分欣喜,对大臣们说:士大夫平常谁不自认为有气节,但有谁能像京镗这样临危不惧,正气凛然,不辱使命的呢?孝宗认为这是南宋积弱已久之后一次"为国增气"的外交胜利,于是,特为京镗加官晋爵,升京镗为工部侍郎,后又封京镗为四川安抚制置使兼知成都府。在四川的任上,京镗采取了减免征敛、让利于民、惩治凶犯、加强治安等一系列措施,使四川大治。四年之后被召回京城任刑部尚书。绍熙五年(1194),进为参知政事。

宁宗即位后,对京镗十分器重。自此,京镗在仕途上一帆风顺。庆元元年(1195)四月,升任枢密院事。庆元二年正月,升为右丞相。庆元五年八月,进官一级。庆元六年(1200)闰二月,升为少傅左丞相,封翼国公。

庆元六年(1200)八月,京镗病逝,赠太保,谥文忠,后改谥庄定。著有诗集《松坡集》7卷,今已散佚。有词集《松坡居士乐府》传于世。

汪大渊

汪大渊(1311—?),字焕章,南昌县人。元代民间航海家、旅行家。

元文宗至顺元年(1330),大渊年仅20岁,首次从福建泉州搭乘商船出海远航,历经海南岛、占城、马六甲、爪哇、苏门答腊、缅甸、印度、波斯、阿拉伯、埃及,横渡地中海到非洲的摩洛哥,再回到埃及,出红海到索马里、莫桑比克,横渡印度洋回到斯里兰卡、苏门答腊、爪哇，经澳洲到加里曼丹、菲律宾，元统二年（1334）夏秋间返回泉州，前后历时5年。（后）至元三年（1337）再次远航，仍从泉州港出海，历游南洋群岛、阿拉伯海、波斯湾、红海、地中海、莫桑比克海峡及澳洲各地，（后）至元五年（1339）返回泉州。

汪大渊两次出海，沿途记载海外数十国山州方域、物产风俗。第二次出海回来后，汪大渊即着手整理手记，将自己耳闻目睹的东西洋各地山川、地理、风土、物产、民居、饮食、衣饰、俚语等撰写成《岛夷志》，后节录成《岛夷志略》，至正九年（1349）脱稿成书，在南昌刊行。其书两万余字，所记亚、非、澳各洲的国家和地区220余个，分为100条，涉及之广、记事之实，超过历代官私著述，对研究元代中西交通和海道诸国历史、地理具有十分重要的史料价值，为世界各国学者所重视。自1867年后，西方许多学者研究《岛夷志略》，并译成多种文字发行。汪大渊的航海，比郑和早175年，比哥伦布早262年，被西方学者称为"东方的马可·波罗"。

胡 俨

胡俨（1360—1443），字若思，号颐庵，南昌县人。明朝大臣，天文、地理学家。

胡俨少时酷爱读书，于天文、地理、音律、历法、医学、卜算等书无不博览深究，尤对天文纬候学有较深造诣。明洪武二十年（1387）中举，初授华亭县（今上海松江区）教谕，后改授长垣县（今属河南省）教谕。因路途遥远，请求另择方便地方得以就近侍奉老父，竟获准，改授余干县（今江西余干县），从而开创允许学官自己择地任职的先例。

惠帝建文元年（1399）荐授安徽桐城知县。任内，胡俨很重视开河凿渠兴修水利，引桐陂之水灌溉农田，为民兴利除弊，深受百姓爱戴，后为之立祠奉祀。

建文四年，副都御史练子宁向朝廷推荐胡俨，说他博学多智，堪称天才，足可担当运筹帷幄的重任。朝廷正待召见，值燕王朱棣的兵马已南渡长江攻陷京城而作罢。成祖朱棣即位后，因闻胡俨深谙天文历法，就令钦天监考核。结果，证实所说不谬。不久，又因翰林侍读解缙的推荐，授翰林检讨，与解缙等共同主持文渊阁。尔后又升任侍讲，再升左庶子，成为内阁成员之一，参与机密政务。永乐二年（1404）九月，拜为国子监祭酒，不再参政。永乐七年，成祖巡幸北京，召胡俨到行宫。永乐八年（1410）北征，又命胡俨兼任侍讲，掌管翰林院事务，辅佐皇太孙留守北京。永乐十九年（1421），改任北京国子监祭酒。

当时海内一统已达50年，成祖对内倡导礼乐，对外怀柔安抚，因而内外升平，公卿大夫中文学之士济济。胡俨是馆阁宿儒，朝廷一些重大著作大都出自其手。如重修《太祖实录》，编纂《永乐大典》《天下图志》等均为总裁官之一。他在国子监二十余年，事事以身率教，严以律己，堪称师表。洪熙元年（1425）因病请求辞官归休，仁宗特赐敕奖励慰劳，升他为太子宾客仍兼祭酒，赦免子孙徭役。

宣宗即位，召胡俨为礼部侍郎，他辞谢归家。嗣后，家居20年，四方重臣都对他以师礼相待。他为人质朴真诚，生活上淡泊自处，简省将就，为世人所称道。工书画，善诗文，著有《灌婴城》《豫章十景》诗作和《颐庵集》30卷。

朱　权

朱权（1378—1448），号臞仙，又号涵虚子、丹丘先生。明太祖朱元璋的第十七子（钱谦益《列朝诗集小传》作第十六子），明初戏剧家、古琴家、历史学家。

朱权生于南京。洪武二十四年（1391），年13岁，册封为宁王，封地原在大宁（今内蒙古宁城县），拥有大小城池几十座，甲兵8万人，革车6千辆，所属朵颜三卫骑兵都骁勇善战。朱权几次会同诸王，出兵塞外，肃清沙漠一带兵乱，因而成为一个拥有重兵、雄视边塞、赫然不可一世的王爷。建文元年（1399），兄长燕王朱棣（即成祖）发动政变（史称靖难之役），用武装夺取侄儿惠帝朱允炆天下时，为了消弭后患，乘朱权不备，予以突袭，解除了朱权的武装，并把他软禁在北平（今北京）。朱棣即位以后，永乐元年（1403）才把朱权释放出来，改封到南昌。他在南昌度过了45个春秋，并繁衍了子孙8支。

朱权改封来南昌后，名义上还是宁王，但明成祖下诏指定用布政司衙门（今子固路江西省京剧团一带）作为宁王府，不准按王府的规制改建。待遇上受到歧视，行动上受到监视，他内心自然是极为不满，但又斗不过已经当上皇帝的兄弟。"自是旧韬晦，构精庐一区，鼓琴读书期间……日与文学士相往还"。从此，自号"大明奇士"，不问世事，专门从事著述和杂剧创作，创造出了大量的作品。

朱权无书不读，博古通今。他的著述涉及面很广，"凡经、子、九流、星历、医卜、黄冶诸术皆具"，并热心刊布善本书籍。晚年，还醉心道教，隐居梅岭学道。据《列朝诗集小传》记载，他的著作有《通鉴博论》2卷、《汉唐秘史》2卷、《神隐志》2卷、《肘后神经大全》3卷、《原始秘书》10卷、《琼林雅韵》，均存目于《四库全书》。还有《寿域神方》4卷、《史断》1卷、《文谱》8卷、《诗谱》1卷、《活人心》2卷、《太古遗音》2卷、《异域志》1卷、《遐龄洞天志》2卷、《运化玄枢》1卷、《琴院启蒙》1卷、《乾坤生意》3卷、《神奇秘谱》3卷、《采芝吟》4卷等数十种。他还著有杂剧12种，如《豫章三害》等。可惜这些著作现已散佚不少。

他还对北曲音韵和格律有研究，依据元代高安人周德清所著《中原音韵》改编为《琼林雅韵》。又亲自校定北曲曲谱，著有《太和正音谱》。这部曲谱是现存的唯一最古老的北杂剧曲谱，成了后人填制北曲的准绳。所制作的"中和"琴，被称为明代第一琴。同时朱权对道学、茶道也颇有建树，著有《天皇至道太清玉册》和茶著作《茶谱》。

正统七年（1442），朱权选定城郊珂里（今新建县石埠乡）潢源村缑岭东麓，自己营造生坟，生前经常去那里游览。正统十三年（1448），朱权逝世，谥为献，后人称他为宁献王。死后安葬在缑岭墓地。全墓构造雄伟，造型奇特，做工精美，富丽堂皇，是江西一座规模宏大的地下宫殿。1958 年，江西省文物管理委员会发掘该墓，出土金钱、玉带、山道冠等大量金、银、玉、瓷器珍贵文物，有些珍品已由故宫博物院收藏。

刘　綎

刘綎（1556—1619），字省吾，南昌县人，刘显之子。明朝万历年间名将。有"晚明第一猛将"之称。

刘綎自幼随父军旅，因征讨九丝边乱有战功，升任云南迤东（今云南寻甸）守备，后改南京小教场坐营。明万历十年（1582），云南土司作乱，引缅甸军侵犯腾冲、永昌、大理、蒙化等地（今云南、四川一带）。洞吾族首领莽应里（莽瑞体）领象兵 10 万策应，边疆危急。巡抚刘世曾上奏擢升刘綎为腾越游击将军，与永昌参将邓子龙相互配合，大破缅军于攀枝花，已失各地尽皆收复，平定云南叛乱。万历十三年（1585），平曲靖、罗雄者继荣叛乱，升任广西参将，驻四川。

万历二十年（1592），刘綎升任五军参将，入朝鲜平倭，获胜后驻守朝鲜 2 年。万历二十三年（1595）归国，调任临洮总兵。次年，率兵平定青海叛乱。

明万历二十五年（1597）五月，日本关白（职官名）丰田秀吉率渠帅行长、清正等乘战船进犯朝鲜釜山，渡临津，攻陷京城平壤。刘綎授命为副总兵，率川兵 5000 前往征讨。到达朝鲜时，倭寇已放弃京城。刘綎即与祖承训进驻大邱、忠州（朝鲜中南部），并部署水兵驻守釜山海口，使朝鲜局势稍平。不久，倭寇又进犯咸安、晋州，时兵部尚书石星听信汉奸沈惟敬谗言，决意向倭寇求和。敌用离间计，石星借口军粮不足，将吴惟忠、刘綎等先后撤回，致使倭寇在朝鲜大肆屠杀，死伤无辜 6 万余人。明神宗朱翊钧见倭寇不肯讲和，复命邢玠为蓟辽总督，麻贵为备倭将军，抵御倭寇侵扰。但仍按"阳战阴和，阳剿阴抚"行事，结果在攻打岛山时，大溃不可收拾。次年，都督陈璘率广兵、刘綎率川兵、邓子龙率浙兵来到，九月大战，但都失利。后因敌帅丰田秀吉猝然去世，倭寇不再恋战，有意撤兵。方使麻贵能领兵进入岛山、西浦；刘綎夜半攻夺栗林、曳桥，斩获甚众。各路倭寇战败，全部撤走。至此，历时 7 年的朝鲜战争始得平息。刘綎因功晋升都督同知，世荫千户。

万历二十七年（1599），南疆烽烟又起。刘綎与麻贵、陈璘、董一元应诏南征。刘綎战斗 114 天，大败播州（今贵州遵义）首领杨应龙，结束杨氏自唐朝以后统治播州 800 余年的历史，改播州为遵义、平越两府，史称"播州之役"。刘綎晋升为左都督，世荫指挥使。

万历四十六年（1618），努尔哈赤建立后金，发动对明战争，兵破抚顺，杨镐为兵部左侍郎兼右佥都御史，前往部署抵御，起用刘綎为左府佥事。翌年二月，史称"萨尔浒之战"中，刘綎领兵深入300多里，陷入孤军作战，与清兵相遇于阿达布里冈，在无援军无给养的艰苦条件下，坚持战斗一个多月。刘綎手持镔铁大刀奋勇突围，终因年迈，力不胜敌，战死于乱军之中，其年64岁。

刘綎自平定九丝立功，参与万历三大征战之两征战，至抵御清兵战死，一生身经大小战争100余次，所用镔铁偃月刀传说重120余斤，马上轮转如飞，人称"刘大刀"。天启元年（1621），封赠少保、佥事。立"表忠祠"于南昌，今地称刘将军庙。

陈弘绪

陈弘绪（1597—1665），字士业，号石庄，南昌市新建县人。明末清初文学家、史学家、藏书家。

其父陈道亨，官至兵部尚书，家富藏书。弘绪从小勤奋好学，学问渊博。明末，他以诸生承父荫，荐任晋州知州。崇祯十一年（1638）冬陈弘绪任晋州知州时，遭清兵围城40多天，他带领军民浇水筑城，使城墙滑不能攀，乘大雾袭击、打退清兵。崇祯十二年（1639），遭逮捕入狱，晋州百姓士绅为他鸣不平，愿代其罪者上千人。出狱后降两级外用，任湖州府经历、舒城县令。崇祯十三年（1640），辞官归乡。崇祯十五年（1642），受吏部尚书推荐，再任安庐监军推官。未几再辞官归南昌，隐居西山，入清，屡荐不就，只应命纂修《南昌郡乘》。

明末，公安、竟陵学说盛行，文风渐颓，陈弘绪与贺贻孙、万茂先、徐巨源、曾尧臣等结社豫章，在文风上崇尚欧阳修、曾巩，一洗文坛陋习；在江右文坛独开风气，被人推崇为"上掩艾千子而下启魏叔子"的古文名家。陈弘绪主张经世实用之学，博通古今，文章淹雅，奇宕沉健。当时有"士业之文畅，巨源之文洁"之誉。他亦工诗，尤擅长律诗，诗风郁勃苍凉，多为写景怀古之作，表现作者眷怀故国之情。晚年作品大多流露出"白头未遂丹砂愿，烟雾苍茫去荷锄"的隐士情怀。

弘绪精通史籍，爱好考古，他还勤于古籍收藏，年少时随父到各地，尽力访求典籍，手抄笔录，共得8万多卷，除经史子集外，保存了大量明末许多名家著作以及农圃、医卜、稗官小说，其中不少是宋元秘本。

陈弘绪一生写下了大量作品，除《宋遗民录》《江城名迹记》《南昌邑乘》《荷锄杂记》《江城怀古诗》外，《四库全书》收入《陈士业全集》16卷，还撰有《寒夜录》《周易备考》《诗经群义》《尚书广录》《囍斋诗集》《留书》《西山二隐诗》《南昌府志》《洪乘补遗》等诗文杂著数十种。

朱 耷

朱耷（1626—1705），名统，本名由桵，谱名统（林、金两个字，结构），有雪个、个山、人屋、道朗、八大山人等多个别号，出生地南昌。他是明太祖朱元璋十七子朱权的后代，明末清初杰出的画家。

朱耷生长在封建贵族家庭，袭封为辅国中尉。祖父朱多炡，善诗歌，精书画，父亲谋觐，生来暗哑，工书画。朱耷生长在这样一个书画世家，从小就受到艺术熏陶，8岁能诗，11岁能画，少时能悬腕写米家小楷，为他一生创作打下了坚实的艺术基础。

崇祯十七年（1644）明亡，朱耷对清王朝不满，先后在进贤、新建、奉新山中过着隐居生活。清顺治五年（1648），他削发为僧，28岁在耕庵老人处受戒称宗师，住山讲经。36岁时，欲"觅一个自在场头"，找到南昌城南郊十五里的道院天宁观，经他改建更名为青云圃（后改圃为谱），自己做了这个道院的住持，从而结束了他的僧侣生活，改信道教。宗教信仰的目的是逃避清政府对明宗室的迫害。他苦心孤诣地经营，历时20多年。朱耷当了道士后，取名道朗，字良月，号破云樵者。康熙十七年（1678）应临川县令胡亦堂的"延请"，勉强在临川住了一年多，终于积愤填膺，发了狂病。此后，他便常常戴着破帽，拖着长领袍子，穿着露出脚跟的破鞋，摇动两只大袖子，疯疯癫癫地游荡在南昌街头。不久，病愈后，回到青云谱，在那里度过了60岁的生日。为了躲避权贵的打扰，康熙二十六年（1687），朱耷把青云谱住持让给涂若愚，离开青云谱，隐居在南昌附近几处寺庙道观中，过着既像和尚，又像道士，又像穷儒生的生活。这段时间，朱耷外出云游，访友作画，画作颇多，是他创作的旺盛时期。最后他在南昌城东搭盖了一所草房，名"寤歌草堂"，孤寂、贫寒地度过了晚年，直至康熙四十四年（1705）寿终，享年79岁。

朱耷在艺术创造上有杰出成就。他一生以绘画为主，并结合诗、书、篆刻进行艺术创作。在题材上，他常画花鸟鱼鸭、山水树石，还善画鹿、龙和人物等，其中尤以花鸟画最为出名。在画法上，他以大笔水墨写意著称，并善于泼墨，而精工之作也非常高妙。在创作上，突出的特点是"少"，描绘的对象少，用笔少，七八笔便成一幅画。他取法自然，独创新意，笔墨简练，达到"笔简形具""形神兼备"的艺术境界。

朱耷的作品，表现了鲜明的爱憎。画中以鼓腹的鸟、瞪眼的鱼，甚至一足着地的禽鸟，表示与清廷势不两立；还常把"八大山人"四字连缀起来草写，形似"哭之""笑之"字样。此外，还有许多隐晦幽涩的诗句跋语，以极其含蓄幽奥的象征手法寄寓他对清廷永不屈服的态度。如脍炙人口的《孔雀图》及其题诗："孔雀名花雨竹屏，竹梢强半墨生成；如何了得论三耳，恰是逢春坐三更。"辛辣地讽刺了那班头戴三眼花翎乌纱帽的汉族大地主屈膝求荣、投降新主子的奴才丑态，成为中国最早的一副讽刺画。

朱耷一生创作了大量的书画作品，可惜散佚不少，但还有很多精品流传于世，绘画有《河上花图卷》《鱼乐图卷》《鱼鸭图卷》《荷塘戏禽图卷》等，以及许多条幅、册页中的花鸟鱼鸭、山水树石等。书法有《临兰亭序轴》《临临河叙四屏》《七绝草书诗轴》，以及各大家法贴和行草诗书轴册等。我们还能在朱耷的书画作品中欣赏他的治印艺术，有一种结构严谨、刻画劲挺、古朴浑厚、丰茂宽绰的篆刻格调。

南昌市于 1959 年 10 月 1 日成立了画家八大山人纪念馆，对外开放，这是我国最早建立的一个古代画家纪念馆。1985 年联合国教科文组织宣布朱耷为中国十大文化艺术名人之一，并以太空星座命名。

彭元瑞

彭元瑞（约 1731—1803），字掌仍，一字辑五，号芸楣，晚年号称云居士，南昌县东坛（今属冈上镇）人，清朝大臣、文学家、目录学家、楹联家。生父廷训，继嗣其叔廷诰。与其父廷训、弟元玩、子翼蒙创"一家三代四翰林"之奇。

彭元瑞自幼聪慧，3 岁读经书即能成诵，7 岁时 70 天读完《左传》。清乾隆二十二年（1757）中进士，因文学书法见优，选为翰林院庶吉士，继而授翰林院编修。官至侍讲，擢詹事府少詹事，入值南书房，迁侍郎，历任礼、户、兵、吏、工五部尚书。乾隆五十五年（1790）上《八庚全韵诗》，加太子少保、协办大学士。

彭元瑞文才称奇，时有令誉。纪昀为《四库全书》总纂官时其是十个副总裁之一，与纪昀称为"南北两才子"，并与蒋士铨合称"江右两名士"。嘉庆四年（1799）修《高宗实录》，充任总裁，并曾任武英殿国史馆《三通》《四库全书》《会典》总裁，掌理翰林院 12 年。在朝有"智囊"之称，朝廷礼仪、制度等重大著作多由他裁定。乾隆帝 60、70、80 寿诞时，他分别献上诗词《万福集成赞》《古稀颂》和《万寿衢歌》三百首。乾隆帝曾手谕嘉奖他为"异想逸材"，赐以端砚、貂裘、宅第及紫禁城骑马，儒臣之荣耀无与伦比。乾隆帝有"对联天子"之称，彭元瑞亦精于对联。一次，乾隆宴见词臣时曾出半联："冰冷酒，一点水，两点水，三点水"，彭元瑞即席对曰："丁香花，百字头，千字头，万字头"，顷刻间四座倾服。

彭元瑞博学多识，精于古代器物、书画的鉴定，目录学功底极厚。先后编成《秘殿珠琳》《石渠宝籍》《西清古鉴》《宁寿鉴古》《天禄琳琅》诸书。乾隆中主编《天禄琳琅书目》及续编，互见别出，各有源流。前编书目 10 卷，400 部；后编 20 卷，663 部，各收书 12258 册。收藏图书颇丰，自称"借抄范氏'天一阁'、吴氏'小山堂'、马氏'丛书楼'、鲍氏'知不足斋'，虽未能略备，然颇费心力，他日当结庐数楹其中，与乡人士共读之。"所藏之书皆手校手跋，收藏有宋元本众多，藏于"知圣道斋"中。所抄书有 140 余种，数千卷，版心有"知圣道斋抄校书籍"字样。有《知圣道斋书目》4 卷，著录图书千余种，刻入《玉简斋丛书》中。作《知圣道斋读书跋尾》

2卷，辑录其读书跋文113篇。辑刻有《钧台遗书》5种。藏书印有"南昌彭氏""知圣道斋藏书""遇者善读""岁乡村夫""知圣道斋抄校书籍""彭之椿"等。

乾隆五十六年（1791），因侄行贿之事牵连，遭革职，客居怀庆，致家贫，藏书归于朱学勤"结一庐"。嘉庆八年（1803），彭元瑞以疾乞休，未允，卒于任，赠太子太保，谥文勤。著有《经进稿》《恩余堂稿》《宋四六诗》《知圣道斋读书跋》等。

九江市名人

翟　汤

翟汤（272—344），字道深（一作道渊），寻阳郡柴桑县（今九江县）人，西晋隐士。西晋末年，时局动荡，干戈相寻，民不聊生，玄学盛行。不少读书人和士大夫为逃避乱世而厌弃仕途，借隐居以终其身，其时庐山开始成为隐居胜地。晋宋其间，庐山隐士以"翟家四世"（翟汤祖孙）和"寻阳三隐"（陶渊明、周续之、刘遗民）最为著名。

翟汤为人敦厚纯朴，仁让廉洁，常耕而后食。人有馈赠，虽斗升不受。名望闻于远近。西晋永嘉末年，寇盗畏其名，皆不敢犯，乡人赖之。他不求仕进，性爱山水。东晋初年，司徒王导征辟，辞不就，隐居县界山南。始安太守干宝与翟汤世交甚厚，有通家之谊，见其清贫，特派人送给他一船货物，并叮嘱下吏说："翟公谦让，你把书信送到后，留下船货就赶快回来。"翟汤无法送回船货，只得把货物变卖，换成绢帛，然后寄还干宝。干宝深为叹服。《寻阳记》载："初，庾亮临江州，闻翟汤之风，束带蹑屦而诣焉。亮礼甚恭。汤曰：'使君直敬其枯木朽株耳。'亮称其能言。"征西大将军庾亮上书推荐他，成帝任他为国子博士，翟汤又婉辞不受。而与他"少相友，共隐于寻阳"的汝南周子南，经庾亮说服后入仕。其后翟汤不与周子南说话。

翟汤虽隐迹山林，不问世事，却关心国家统一大业。建元元年（343），安西将军、荆州刺史庾翼举兵北伐，征讨后赵石虎大批征发境内的僮奴、宾客当兵服役，特下令主管官吏免除翟汤的调役。翟汤闻知后，将家中仅有几个仆隶悉数交给乡吏，乡吏奉命不接受。翟汤根据调役期限，将家中仆隶放免，使之成为国家编户，向官府纳税服役。翟汤的名德再次闻于朝廷，康帝又任他为散骑常侍，翟汤以老疾为由坚辞不至。年七十三，卒于寻阳之南山。

翟汤其子翟庄、孙翟矫、曾孙翟法赐，一家四代皆德操高尚，学问博洽，屡辞征辟，结茅隐居，人称"翟氏四隐"。"翟家四世"成为晋宋期间庐山隐士的著名代表。

慧 远

　　慧远（334—416），俗姓贾，东晋雁门楼烦（今属山西原平市）人，东晋高僧，净土宗始祖。慧远出身世代书香，13岁随舅游学于河南许昌和洛阳等地，"博综方经，尤善庄老"。21岁与弟在太行恒山（今河南曲阳西北）听道安法师讲说《般若经》后，有感"儒道九流皆糠秕耳"，于是兄弟同时拜礼道安为师，剃度出家。此后，慧远虔诚奉佛，研读般若学。太元三年（378），在襄阳拜别道安法师，率弟子拟往罗浮山（今属广东省）修行。太元六年（381），率众路过浔阳，看到庐山林木茂盛，山岭奇峻，足以息心，于是在此创建东林寺，作为集众行道的场所，后遂成为中国佛教净土宗的祖庭。弘法长达36年之久。此间，影不出山，迹不入俗，迎送客友以虎溪为界，连帝王晋安帝相邀也称病不出。

　　在庐山期间，慧远一方面护教安僧，先后营构上化城寺、中大林寺等10余座寺庙；另一方面则一如既往，潜心研读般若学，开讲《般若经》，著《涅槃经疏》。初到庐山时，他感到江东一带佛经不全，禅法缺乏，律藏残缺，于是派弟子法净、法领等人到西域迎请《华严经》等经典200部。又请僧伽提婆译出《阿毗昙心论》和《三度法论》；请佛陀跋陀罗译出《修行方便禅经》，亲自为之撰序，宣扬"三业之兴，以禅智为宗"。因而至今有"佛教禅学之流于江南，实也得力于慧远"的评论。慧远在讲经说法之中，突出地强调法性论，主张"法性"就是佛教修持的最高境界和最后归宿——涅槃。同时，又结合中国传统的灵魂不死思想，对印度佛教中"神不灭"论加以深化，提出"形尽神不灭"思想，强调因果报应论，创立"三报论"，即人有三业，业有三报，生有三世。这一思想，对当时及后来都产生不可低估的影响与作用。

　　慧远致力于弘扬弥陀净土信仰，探讨往生西方净土世界的途径与方法，教诲弟子欲达此境界，就要"胥命整襟法堂，等施一心"。一心一意，凝息思虑，专注于念佛，以恒持的愿力，到临终之际得佛接引而往生西方净土世界。为达此目标，要求弟子要坚持念佛三昧修持，强调这是达到超脱烦恼，进入涅槃的最美妙的途径。元兴元年（402）七月，率刘遗民、周续之、雷次宗和慧永、慧持等息心贞信之士123人，集于庐山之阴般若台精舍阿弥佛像前，建斋立誓，公告《发愿文》，表达往生西方净土的宏愿。同时，成立白莲社，精修念佛三昧，以之为实现往生西方弥陀净土的基本途径和修持方法。慧远此举，一直得到人们的高度评价："慧远于江西庐山结白莲社，与其徒众精修念佛三昧，为颇著名的事实。此契机之净土教，不但兴盛于当时，且感化远及后代，迄今被尊为中国净土宗之初祖。"当时庐山佛教在慧远的带动下，很为兴盛，成为与长安（今陕西西安）遥相呼应的南方佛教研究与交流中心。慧远不但得到国内同道的尊崇，就连国外僧众也尊称他为"大乘开士"。

　　慧远在庐山期间潜心著述，先后完成《法性论》14篇，《沙门不敬王者论》《明报应论》《三报论》以及《庐山出修行方便禅经论统序》《大智论钞序》《阿毗昙心序》等。此外，慧远性爱山水，所作《庐山诸道人游石门诗并序》被后人定为我国最早的一篇山水游记名篇。还撰有被人推为江西山志之最早的《庐山记》，另有数十篇铭、赞、记、诗等，得后人辑为《慧远法师文钞》，流传至今。因而"每烧香礼拜，辄东向稽首，献心庐岳"。

陶渊明

陶渊明（365—427），字元亮，名潜，字渊明，自号五柳先生，私谥"靖节"。寻阳柴桑（今江西九江）人。东晋诗人、散文家、隐士。

陶渊明出身于没落的官僚地主家庭。曾祖陶侃，官至侍中、太尉、都督八州诸军事、荆江二州刺史，封长沙郡公，赠大司马。祖陶茂、父陶敏均做过太守之类的官，但到陶渊明出生前，家道渐趋衰微。继而8岁逝父，12岁丧庶母，常与母、妹居外祖孟嘉家，饱览其家藏诗书、经史和老庄等典籍。陶渊明少怀"大济苍生"之志。但他所处时代门阀制度森严。直至东晋太元十八年（393），起为江州祭酒，因不习惯官场生活，"少日自解归"。在家闲居六七年。约于隆安三年（399）后，曾先后入荆州刺史兼江州刺史桓玄幕僚和任刘裕镇军将军参军。隆安五年冬，以母忧辞职；义熙元年（405）初，又借思乡心切别刘裕府而迁江州，任刘敬宣建威将军参军。三月随刘敬宣自表解职而去职。同年八月，渊明家境日窘，经家叔陶夔推荐出任彭泽令，然在官80余日叹曰：我不能为五斗米折腰，即解绶去。并赋《归去来兮辞》，表达辞官后的归途之乐、安居之乐、天伦之乐、田园之乐、悟道之乐及不复出仕的心愿。对此次弃官是他通过13年时仕时隐的反复尝试，认识到在这种黑暗社会是无法施展自己才能的，从此终身不仕。陶渊明辞官归里后，躬耕自资，致力文学创作，留下诗歌120余首，散文和辞赋10余篇，其诗歌题材主要有田园诗和咏怀诗两大类。在田园诗中，他热情歌颂农村美好的田园风光，描写春种夏收的劳动情景，赞美和肯定劳动意义，表述亲自参加劳动的体会及与农民友好交往的关系。田园诗乃其文学创作的主要成就，开辟了诗歌发展领域的新境地，故有"田园诗祖"之称，咏怀诗或直抒胸襟，或借古喻今，或用象征、寓言手法抒发对国事的关心、对贤哲名士的倾慕以及对权贵的蔑视、对趋炎附势和追名逐利者的嘲讽，被鲁迅称为"金钢怒目式"的诗篇。写的哲理诗，表达对人生的看法，对唯心主义有神论的否定。他创作的散文、辞赋数量不多，但几乎都是名篇佳制，如《桃花源记》等。欧阳修曾高度评价："晋无文章，惟陶渊明《归去来兮辞》而已！"

南北朝宋文帝四年（427）十一月，陶因患痢疾与世长辞，好友颜延之作《陶徵士诔》。其墓葬在九江县马回岭南荆林街面阳山。今九江县沙河街有陶渊明纪念馆。

历代文人无不对其人其诗表示无限仰慕之情，被尊为古今隐逸诗人之宗、田园诗派创始人。今有《陶渊明集》行世。

舒元舆

舒元舆（791—835），字升远，九江市人，中晚唐大臣，"古文运动"后期重要作家之一。

舒元舆出身寒微，自幼颖悟过人，15 岁即通儒经。元和八年（813）中进士，此时他就已表现出特立独行的思维方式，敢于客观质疑地看待"寻常事"。当时的进士考试，考官监管苛刻。考生都被用荆棘围着隔离开来，铺席子坐在屋檐下考试。舒元舆就上书表奏，认为这是对人才的轻视，实在是不礼敬贤才；在每年的录取人数上，应该按每年实际贤才人数多寡变动录取。

唐大和初年（827），入朝拜监察御史，再升刑部员外郎。他纠察官吏，不避权贵。坊州刺史汪某贪污受贿，其力排阻碍，秉公处理。唐大和五年（831），舒元舆上书自荐、洋洋 8 万言，论述治国安邦，富民定藩。文宗很欣赏他振奋昂扬的精神。但宰护李宗闵却觉得他太轻浮躁进，不能重用，降为著作郎，负责编撰国史，修整文章。在洛阳，他与后来任宰相的李训相遇，引为知己。大和九年（835），舒元舆再升左司郎中知台杂，九月，调升御史中丞，兼刑、兵两部侍郎，以本官"同中书门下平章事"，与李训同时正式拜相。

拜相伊始，即向文宗进呈治国安邦的"太平之策"。其要务是"先除宦官，次复河湟，次清河北"，彻底清除危害李唐王朝的三颗毒瘤。文宗十分欣赏，太平之策秘密实施。十一月廿一日，舒元舆同宰相李训、王涯及凤翔节度使郑注等人以"左金吾大厅后的石榴树上夜降甘露"为名，诱使宦官头目仇士良前往察看。仇士良中计前往。不料，左金吾卫大将军韩约临阵畏缩，计谋败露。舒元舆单骑出走，为仇士良神策军生擒。两天后，舒元舆等被腰斩长安。其亲属不论亲疏，全被族诛。史称"甘露之变"。大中八年（854），唐宣宗亲布诏书昭雪故相舒元舆。敕文："杀身成仁，忧国忘家，雪其极冤，以报忠直"。

舒元舆平生不以文名显。仅存文稿24篇，从存于《全唐文》中的一卷16篇文章看，他的许多观点颇有见地，指斥时弊，议论警策。他的文章体裁多样，以细腻的文笔刻画客观事物，思想性与艺术性和谐统一。以《牡丹赋》最为有名。唐文宗李昂吟其名句，感慨泣下。这在唐代散文创作中也是不多见的。舒元舆的诗歌创作，成就不及散文。《全唐诗》收其诗一卷，共6首，多是寄赠、怀古之作。

王　韶

王韶（1030—1081），字子纯，江西德安吴山镇人。北宋军事家。

王韶于北宋仁宗嘉祐二年（1057）中进士。初任新安主簿，后为建昌军司理参军。

神宗熙宁元年（1068），上《平戎策》3篇，详论取西夏之略，言"取西夏必先复河湟，使夏人腹背受敌"。《平戎策》正确分析了熙河地区的状况，提出了解决北宋统治者最急迫的西夏问题的策略，和宋神宗、王安石变法派"改易更革"的政治主张相一致，因此得到北宋朝廷的高度重视和采纳，王韶被任命为秦凤路经略司机宜文字（相当于机要秘书）之职，主持开拓熙河之事务。神宗熙宁四年（1071），吐蕃大将穆尔、结舒克巴等集结于抹邦山（今临洮岚观坪），直逼狄道城。熙宁五年（1072），当时驻守渭源的王韶率兵直趋抹邦山，大败吐蕃，并在南甲（今临洮三甲）、巩令城（今临潭县八角）击败吐蕃援军，并率部筑武胜城（今临洮县城），改"武胜军"为"镇洮军"。十月升镇洮军为熙州，建置熙河路，治所设熙州。王韶以龙图阁待制知熙州，领河（今甘肃临夏西南）、洮（今甘肃临潭）、岷（今甘肃岷县）、宕（今甘肃宕昌县）、叠（今青海门源境）五州，并筑南关堡（今玉井镇店子街）、北关堡（今龙门镇）、临洮堡（今巴下寺牟家坪），对西夏形成包围的形势。

北宋熙宁六年（1073），在宋与西夏的战争中，宋熙河路经略安抚使王韶率军再次进攻吐蕃，收复河（今甘肃临夏）、岷（今甘肃岷县）等五州。晋升为左谏议大夫、端明殿学士。

在开拓熙河的过程中，王韶采取招抚、征讨、屯田、兴商、办学相结合的战略方针，取得了"凿空开边"的重大胜利。熙河之役，拓边二千余里，恢复了安史之乱前由中原王朝控制这一地区的局面。熙河之役的胜利，"是北宋王朝在结束了十国割据局面之后，八十年来所取得的一次最大的军事胜利。"熙宁七年，入朝，又加资政殿学士，赐第崇仁坊。同年，河州告急，王韶率兵2万，驰援熙河解围河州，数捷擒羌首领进京，被授观文殿学士、礼部侍郎，"资政、观文学士，非尝执政而除者，皆自韶始。"最后官至枢密副使。王韶以奇计、奇捷、奇赏著称，京师好事者称之"三奇副使"。因与王安石在用人方面意见不一，被改知洪州，后又降职知鄂州。元丰二年（1079）还其职，复知洪州，晋封太原郡开国侯。任上发病生疽，洞见五脏而死。赠金紫光禄大夫，谥号襄敏。

王韶在中国历史上以军事而著名，他著有兵书《熙河阵法》十卷。另据宋史艺文志，王韶著有《敷阳子》7卷，《王韶奏议》6卷。《全宋诗》录其诗4首。王韶诗现可见仅5首，其中3首与东林寺有关。

王韶及其家族的墓地今仍存德安县望夫山（敷阳山）。

徐 禧

徐禧（1043—1082），字德占，北宋洪州分宁县奉乡十六都（今修水何市镇火石村）人。北宋大臣、军事家。出身于重视教育的耕读之家，娶黄庭坚姐为妻。

宋时江西书院教育极负盛名。时徐禧祖父徐师古创办金湖书院，并延请名师授课，一时名声大起。徐禧自幼胸怀大志，就读金湖书院，常语出惊人，受到先生器重。成年后周游四方，了解时局，用心古今事变及民风村俗。熙宁初，神宗重用王安石、吕惠卿变法。时徐禧为一介布衣，却已写成《太平治策》3卷24篇，托付其赴京应试的弟弟交给朝廷。王安石和吕惠卿收到后呈送神宗阅览。神宗认为《太平治策》切中时弊，授予徐禧镇安军节度推官、中书五房学公事。后命徐禧前往桂州核查军费开支和考察两广民生。徐禧不负使命，回朝后所提建议深中肯綮。神宗褒其"能平量正事"，升任为右正言、直龙图阁，权御史中丞、泾源经略安抚、马步都总管，领中丞御史，不久改任给事中。

北宋为加强中央集权，确立强干弱枝、实内虚边、文人治军的军事制度，致使边关防御薄弱。当时西夏经常骚扰宋疆土。元丰四年（1081），宋神宗在庆州（今甘肃庆阳）击溃西夏军队。次年8月，神宗纳延州知州沈括奏，拟在横山筑城寨，以防止西夏人的侵犯，朝廷遣给事中徐禧和内使李舜举前往鄜延商议筑城一事。徐禧到达鄜延后，以钦差大臣的身份指挥调度，考察地势，不赞成在横山筑城，主张在永乐（今陕西米脂西北）筑城。在徐禧等督促下，只40天，永乐城便筑成。神宗获悉大喜，赐名为银川寨。不久，西夏20万军队进犯永乐城，徐禧"狂谋轻敌"，亲临前线指挥，交战双方死伤无数，尸积如山。西夏军兵围永乐城，截断城中的水源，宋军渴死过半。边臣竟不与合力，诸将主张弃城，下属认为"守城必败，败则死"。徐禧怒斥"君独不畏死乎？敢误成事。"西夏军趁宋军将帅不和攻入城内，徐禧镇定自若，毫不畏惧，指挥将士们英勇杀敌。激战十几天后以身殉国。永乐城覆灭后，宋不再讨伐西夏。

徐禧殉国，神宗泪泣悲愤，食难下咽。敕赐金紫光禄大夫，礼部尚书，谥曰忠愍。苏轼作《徐忠愍公别传》《徐忠愍公圹铭》和凭吊诗词。黄庭坚在泰和任上作《祭徐德占文》《宋史》《续资治通鉴长编》等史籍，曾巩、苏辙等许多京官、文学家均有关于徐禧的传记和有关事迹记载。

徐禧著有奏议72卷，文集若干，均佚。子徐俯因父丧国事，被授予通直郎。官至参知政事，为江西诗派诗人，著有《东湖诗集》6卷。

黄庭坚

黄庭坚（1045—1105），字鲁直，自号山谷道人，晚年自号涪翁。修水县杭口镇双井村人。北宋文学家、诗人、书法家，江西诗派始祖。

黄庭坚出身儒学世家，治平四年（1067）进士，初任余干县主簿，后调河南叶县县尉，再任国子监教授。元丰元年（1078），黄庭坚写信并作诗两首寄徐州知府苏轼，表示倾慕之意，苏轼读黄诗，赞其"超轶绝尘，独立万物之表，驭风骑气，以为造物者游，非今世所有也。"于是诗名大震，从此苏黄亦成莫逆之交。元丰三年（1080），改任吉州泰和县令，在泰和任上，镌刻后蜀孟昶诗句"尔俸尔禄，民膏民脂；下民易虐，上天难欺"以自警，深得民心，离任后泰和建"山谷祠"以示纪念。元祐四年（1089），任校书郎、《神宗实录》检讨官，升著作佐郎，编写《神宗实录》，对新法弊端，直言不讳录入《神宗实录》。授起居舍人，后任秘书丞、提点明道官、兼明史编修官。出任宣州（安徽宣城）知州，改知鄂州。《神宗实录》因据实记录而有忤权贵，以"修实录不实"加罪。绍圣元年（1094），黄庭坚被贬为涪州（四川涪陵县）别驾，黔州（四川彭水县）安置，移居戎州（四川宜宾市）3年。

元符三年（1100），哲宗崩，徽宗即位，司马光等人复官。黄庭坚复官宣德郎，监鄂州税，因政局不明上表请辞，后改任奉议郎，金书宁国军节度判官。时觉政局类于元祐初年，决定出川。次年行至峡州时，接到改知舒州诏，到江陵时又接赴京任吏部员外郎令。连续两次上表请辞，请求在太平州或无为军任职，崇宁元年（1102）赴任太平州（安徽当涂县）。徽宗亲政，尊崇熙宁新法，追贬司马光等人，黄庭坚知太平州9天即被免职。朝廷下诏立"元祐奸党"碑，黄庭坚被列入其中。以"幸灾谤国"而问罪，除名羁管宜州（广西宜州市），不仅失官，还受管制，在宜州屡被官府刁难，但他终日读书赋诗，举酒浩歌，处之泰然。最终病逝宜州小南门戍楼。归葬修水县双井组坟山。南宋绍兴元年（1131），高宗中兴，追赠直龙图阁学士，加太师，谥文节。

黄庭坚仕途坎坷，但文学艺术方面却成就杰出，强调运用古人词句"点石成金""夺胎换骨"，讲求"无一字无来处"，为后人留下近2000首诗作，创宋一代新诗风。严羽谈宋诗时云"至东坡、山谷，始自出己意以为诗，唐人风变矣。"《诗林广记》赞许"山谷自黔州以后，句法尤高，笔势放纵，实天下之奇作。自宋兴以来，一人而已。"南宋吕本中作《江西诗社宗派图》列黄庭坚以下有陈师道等25人，给后世诗界极大影响，直至晚清的"同光体"都能寻觅到"江西诗派"的遗韵。宋代书法向称苏轼、黄庭坚、米芾、蔡襄"四家"，宋史称黄庭坚"楷法妍媚自成一家，草书尤奇伟，坚没后人争购其字，一纸千金……"其书法独树一帜，尤以草书纵横如意，今存《木公风阁诗》《砥柱铭》等，均为稀世珍品。著有《山谷内外集》44卷，别集20卷，词1卷，简尺2卷，并传于世。

修水县城建有黄庭坚纪念馆，杭口乡双井村保存有黄庭坚墓，均为江西省文物保护单位。

曹彦约

曹彦约（1157—1228），字简甫，号昌谷，都昌县蔡岭镇衙前村人。南宋时大臣、文学家。

曹彦约南宋淳熙八年（1181）中进士，历官建平县（安徽郎溪）尉、桂阳军（湖南桂阳）录事参军、司法参军、知乐平县、江西安抚司及京湖宣抚司主管机宜文字、权知汉阳军事。开禧年间，金兵"重兵围安陆，游骑闯汉川"。而郡兵寡弱，形势危急。曹彦约积极组织地方武装，招募乡勇，加强水陆防御，制订周密作战计划。他先派赵观迎战金兵,在渔民的大力配合下,"斩其先锋,焚其战舰",接着又遣党仲升偷袭金营,杀敌千余,升任汉阳知府。

嘉定元年(1208),提举荆湖北路常平茶盐、权知鄂州兼湖广总领、改提点刑狱。嘉定二年,升为湖南转运判官。嘉定三年,知潭洲(长沙)兼荆湖南路安抚。嘉定八年,改利州(今四川广元)转运判官兼知州。其时,正值饥荒,粮食奇缺,饿殍遍地。他果断决定:"减价遣粜,勤分免役,通商蠲税"。通过这些救灾措施,"民赖以济"。曹彦约针对当时四川边境各司并列、兵权不一、互相推诿、不堪防卫的状况,作《病夫议》上奏,历数各种弊端,痛陈医治良策。主张用人"求一贤者而尽付之兵权"。对军队和民勇,要进行整顿和训练,要正本固源。《病夫议》切中边境要害,提出可行的解决方略,颇有见树。后又任知宁国府(安徽宣城)、知隆兴府(南昌)、江西安抚、大理少卿、户部侍郎、知福州、知潭洲。

宋理宗即位,曹彦约被提为兵部侍郎兼国史院修撰,不久迁礼部侍郎,宝谟阁学士兼侍郎。授兵部尚书,曹彦约以年高力辞,于是改宝章阁学士,知常德府,以华文阁学士转通议大夫致仕。其时,国事日非,奸佞当道,曹彦约深感不安,多次上书直言,"劝上讲学,防近习""倚忠直如蓍龟,去邪佞若蟊贼"。其言辞耿直激烈,不避嫌疑。庆元元年到三年(1195—1197),曹彦约常侍讲筵,"殚心启沃",以太祖、太宗、真宗三朝事迹为宝训,反复阐明,以为效法。曹彦约历官孝宗、光宗、宁宗、理宗四朝。官至户部侍郎、礼部侍郎、兵部侍郎、兵部尚书、大华阁大学士、赠少保。任上政绩显著,体恤民情,学问渊博,敢于直言,多谋善断。大凡政治、经济、军事、教育均有涉猎。《宋史》称他:"可与建立事功"。

所著《经幄管见》,共4卷,被收入《四库全书》。存有文学著作《昌谷集》22卷,收入《四库全书》集部别集类。还有著作《昌谷类稿》60卷,《舆地纲目》15卷,《星凤楼法贴》等。

李 燔

李燔(1163—1232),字敬予,号弘斋,南康军(今永修县)人,南宋教育家、理学家。

李燔成长时,恰逢南宋讲学的风潮非常盛行,曾受教于朱熹。理学大师朱熹和张栻、陆九渊就曾经先后发生"岳麓会讲""鹅湖之会"两次大讨论,因此他深受理学浸染。绍熙元年(1190)中进士,授岳州教授,后任襄阳府教授。三年,朱熹兴建沧州考亭书院。当时求学或任教的名儒有胡泳、余宋杰、李辉、周谟等人。李燔则毅然辞官,跟随朱熹在考亭书院、岳麓书院讲学。

李燔推崇"格物致知"的书院精神,博学、慎问、慎思、明辨、笃行的学习精神。依靠自己的人格感召力,凝聚同志,布衣粗食,朝乾夕惕,相互砥砺,探究学问。朱熹曾经勉励李燔,要"致远固以毅,而任重贵乎宏也",为此他自号"宏斋先生",

一生践行这种理想。并以"宏"为斋名,建"宏斋书院"自警。在岳州教学生古文六艺时,鼓励学生学文习武,开辟射圃,令众弟子习箭。朱熹对他赞不绝口:"李燔为人爽直朴实,处事一丝不苟,交友有益,攻学勇而可畏,日后能传我道者,必李燔也。"朱熹去世后,李燔回江西星子创办修江书院、白石书院,还为福建延平书院制订学规、参与教学。

南宋嘉定十一年(1218),李燔为白鹿洞书院堂长,与胡泳、陈宓等人一起,在白鹿洞讲学周易的"乾""坤"等内容,相互勉励,唱和老师朱熹诗歌,立朱熹纪念碑和"流芳桥",白鹿洞书院在他任堂长时达到鼎盛,学生多达上千,"讲学之盛,他郡无比"。

李燔反对汲汲名利,他提出:人生在世,不一定非得做了大官、担任一定职务才算是建功立业。只要根据自己的能力大小,做一些实实在在有利于他人的事,就可以说是有了功业。在添差江西运司干办公事时,正值洞庭湖"草寇"作乱,李燔认为:"所谓'草寇',皆是穷苦百姓为贪官污吏、苛捐重税所逼,邀功者重杀戮而轻招抚,致使铤而走险,聚众为盗。诚以好言劝抚,即可招安。"他亲自前往,果获成功。洪州赣江江堤失修,李燔禀请修复江堤,从此田皆沃壤,熟知民情,针对当时朝廷实行"会子"(纸币),发行过滥贬值,百姓深受其害的情况,与国子学李诚力争此法不足取,应予停发,后被朝廷采纳。针对从汉代起,朝廷普设"常平仓"政策,李燔发现常平仓,多设置州县,官吏怕事,往往长期封闭,致使粮食损坏,即使放贷,也只发给有田之家,而无田之农,不得沾惠。他遂倡议在乡里之间,聚谷建立社仓,以利佃农借贷。

李燔61岁时,曾任潭州通判,只数月,辞归。朝廷先后以隆兴府通判、参议官、大理司直、直秘阁主管等职相召,皆不就。

李燔终年后,赠直华文阁,谥号文定。时人将他与黄干并称为"理学黄李",列享白鹿洞三贤祠、南昌正学书院十二先生祠、南昌名宦祠。南昌东湖、豫章、友教三大书院均供奉他的像。《宋史》人物传列其为"理学"名人。

江万里

江万里(1198—1275),字子远,号古心,南康军都昌县林塘村(今阳峰府前江家)人,南宋丞相、爱国英雄、教育家。

江万里于乾定四年(1226)登进士第,一生任职达90多种、三度为相。淳祐元年(1241),在任知吉州军兼提举江西常平茶盐时,于吉州创办著名的白鹭洲书院,自为诸生讲授。后迁直秘阁、江西转运判官兼知隆兴府(南昌市)。任内,又亲创宗濂精舍,委托知南安军的林寿在大庾创道源书院等二学府。因办学著称,不久奉旨迁考功郎官直秘阁,先后主持建康府崇禧观、绍兴府千秋鸿禧观。未几,又迁驾部郎官、尚右侍讲。与理宗赵昀谈论诸事得失,曾说"君子只知有是非,不知有利害"。上书弹劾林光迁等依权附势之徒。不顾主降派反对,苦苦劝说理宗启用主战派将领赵葵主持兵事、陈炜主理财政,使主战派一度得以执掌朝政。官至殿中侍御史。淳祐六年(1246),主降派借其母故未能及时到家送终,进谗言使其闲居同野(今土塘乡西)8年。

宝祐三年(1255),江万里重被起用。官至吏部尚书、端明殿学士、同签书枢密院事兼太子宾客,是时他已60有余,刚正之性无改。时贾似道专权,罢江万里吏部尚书、同签书枢密院事,贬提举临安府洞霄宫。景定四年(1263),又以资政殿学士出知建宁府兼权福建路转运使。十一月,江万里返回临安。咸淳元年(1265)二月,受命知枢密院事,进任参知政事,又与贾似道同朝奉君。因贾似道推行卖国主张,使疆土日削,国势日危,江万里不能奈何,七月,便奏请归田,未允。十二月,贾似道以辞职要挟度宗,度宗欲拜留,被江万里阻,并直言斥贾。加之平日度宗每问及经史疑义、古人姓名,贾不能对而江常从旁代答,使贾积怒而谋逐江。江万里与贾相忤,不得已四次上书求退,遂获准罢去参知政事职。咸淳五年(1269),再拜参知政事、左丞相兼枢密使。元军围汉水北岸重镇樊城,贾一味妥协求降,并唆使投降派上书弹劾江万里。将江万里左丞相罢去,改以文殿学士出知福州后,复职观文殿学士、提举洞霄宫。咸淳九年(1273),又奉旨再度出任湖南安抚大使兼知潭州。适白鹭洲书院门人文天祥任湖南提刑。夏,文天祥去潭洲会江,江万里语及国势危极,而自身又七十有六,说:"吾老矣。观天时,人事当有变,吾阅人多矣,世道之责,其在君乎,君其勉之!"文天祥感动不已。潭州之会,对文天祥后来起兵抗元产生了很大的影响,文天祥平生十分敬重恩师,为自己"半生出门下"感到"幸甚"。咸淳十年(1274)正月,江万里以年迈多病辞去湖南职,依旧以观文殿大学士、提举洞霄宫。

是年,元兵大举灭宋。江万里观大势已去,便以疾退居饶州鄱阳芝山,凿池芝山后圃,匾其亭曰"止水",借物明志,示其将于此以身殉国。德祐元年(1275)二月,饶州被元军攻破,其弟江万顷被元军肢解而死。江万里乃从容坐守以为民望,及元军至其第,方执门人陈伟器手与之诀别,泣曰"大势不可支,余虽不在位,当与国为存亡"。言毕,偕子江镐及左右相继从容投水自戕。江万里一家壮烈殉国,震动南宋朝野,宋皇室赠江万里太傅、益国公,加赠太师、谥文忠,并辍视朝两日以示哀悼。

江万里墓现存都昌县土塘镇。鄱阳县仍存"止水池",并建有芝山公园纪念江万里。

欧阳一敬

欧阳一敬(1522—1570),字司直,号柏庵,九江市府彭泽县人。明代大臣,言官,被世人称为"骂神"。其八世祖欧阳尚诚,曾为彭泽县丞,助朱元璋征伐陈友谅有功,明王朝建立后,朱元璋赐以"开国殊勋"匾额及铁券银碗,另赐门联:"大江东去几千里,白下西来第一家"。

欧阳一敬为人生性纯厚，自幼聪慧好学。嘉靖三十八年（1559）己未科进士，授浙江萧山县知县，任职三年，廉明清正，以爱民为本。到任之初，百姓诉讼很多，他抓紧审理积案，做到"刻决无滞，庭清狱空"。当海疆传来警报，浙江总制官司奉命剿捕，虐待郡县官吏，争相奉敬。但欧阳一敬独守礼法，不曲意顺从以取媚，总制很为恼火，想找事由办他。后经查访，知道他的才能和德行都很好，受到百姓的拥戴，非但不为难他，还很尊重他，为他在上面说好话。由于他政绩好，三年任职期满就调到朝廷做官，萧山百姓如失慈母，为其立生祠来供奉。

欧阳一敬在朝中以敢于进言著称，他以七品的身份先后弹劾罢免朝中三品以上权贵20多人，屡弹屡胜。在任刑科给事中时，劾罢礼部尚书董份；在任兵科都给事中时，连续上本《劾高拱书》《再劾高拱书》指责内阁大学士高拱"威制朝绅，专柄擅国"，行文激昂慷慨，有理有据，靠口才驳倒高拱，使之辞职回乡。史称"自严嵩败，言官争发愤论事，一敬尤敢言"。嘉靖皇帝在看完一敬的奏疏后对辅臣徐阶说："此欧阳修裔乎？何文章、气节多似也！"隆庆元年（1567）有言官论时事被罢黜。一敬听后叹道："此岂新政所宜有耶？"上章请解己职，以通言路。不久，他又陈兵政八事，部皆议行，南京振营兵由是罢去，积患遂除。欧阳一敬因忠直之名，声振朝野，不久就提拔为太常少卿。但他请假回家，也杜门谢客，不干涉地方政务。隆庆三年（1569）继续回京任职。但这时被他弹劾而去职的高拱又官复原位，一敬考虑他必会报复自己，因而忧虑成疾。坚请辞职回家。翌年（1570）在辞归途中，病发而死，年仅48岁。

欧阳一敬生平慷慨，心怀大节，谏垣章疏，切中时艰，他清廉自守，位跻要辅，死时竟家无余。人们非常痛惜他英年早逝。至万历六年（1578），彭泽有江姓督学，倡议将一敬列入乡贤祠中供奉。

雷发达

雷发达（1619—1693），字明所，明南康府建昌（今永修梅棠镇新庄雷村）人。明末清初土木建筑师，宫廷"样式房"掌案（总设计师），世称"样式雷"。

雷家原籍在县城西40里之千秋岗，后迁居梅棠新庄雷村。世代以木工为生，其先祖在明代洪武年间，即以工匠身份服务于宫廷。明末，祖父雷玉成因避乱携子振声、振宙迁居于江苏金陵之石城。雷发达即雷振声之子，从小爱好木工技艺，跟随父亲学艺，学习建筑图样的设计和绘制。清初，雷发达与堂兄雷发宣，以建筑工艺见长，应募赴北京修建皇室宫殿。雷发达担任工部样式负责人。康熙中期，修建故宫三大殿（太和殿、中和殿、保和殿），其中规模最大的数太和殿（即金銮宝殿）。工程开始时，因缺少大木梁，雷发达建议拆取明陵楠木旧梁柱充用。上梁之日，正当上梁之际，大梁因卯榫不合，悬而不落，工部长官相顾愕然，唯恐有误上梁吉辰，急忙找来雷发达，并授予冠服，他急攀梁上，高扬钢斧，只"笃、笃、笃"连响三声，木梁"轰隆"一声，稳稳地落了下来,上梁礼成,康熙皇帝大悦,当即召见雷发达,面授他为工部营造所长班。时人语曰"上有鲁班,下有长班,紫微照命,金殿封官",一时传为佳话。此后,雷发达调任圆明园楠木样式房掌案,也就是担任工程总设计师。他在前人传统风格的基础上,形成自己独特的风格。在进行清宫设计时,突破中国古代建筑群采用中线南北纵深发展、对称布置的方式等,既在中线上的建筑物保持严格对称,又对主轴两侧轴线的各建筑物采用大致对称,而显灵活变动的新格局。这样,不但突出了中心,又体现出"居中为尊"的思想,形成统一并有主次的整体。从此,雷发达被人们誉为"样式雷"。

雷发达年70才解役,著有《工部工程做法则例》《工程营造录》等著作。归葬金陵。到光绪末年,已传到六代,掌管"存式"房长达二百余年。后代除参与设计建筑皇宫外,还有四园:圆明园、颐和园、静宜园、畅春园;三山:万寿山、玉泉山、香山;三海:北海、中海、南海;二陵:东陵、西陵。雷家祖孙,世代精于设计图样,人称"样子雷""样式雷",北京图书馆藏有雷家设计图纸数百幅,国内存有2万多件,少部分流往国外。在中国列入世界文化遗产名录的建筑中,有五分之一是由雷氏世家设计的。

清嘉庆时期,雷氏后人雷家瑞乘南行公务之机,回建昌(今永修)祖籍重修大成宗谱。雷氏家族靠自己的智慧和辛勤劳动,独创设计图样,制出"烫板"(今称模型)再行施工。雷氏家族攀上清代建筑和园林艺术的高峰。《中国建筑史》《中国古代建筑史》等学术巨著,均高度评价雷氏家族在古代建筑方面的成就。《世界著名科学家简介》一书也把雷发达的名字列入其中。

陈宝箴

陈宝箴(1831—1900),名观善,字相真,号右铭,晚号四觉老人。修水县宁州镇竹塅村人。晚清维新派政治家。

陈宝箴10岁入塾,"诗文皆有法度"。咸丰元年(1851)中举,随父组织义宁州团练,因克复州城有功,谕以知县候补。咸丰十年(1860)会试不第。同治三年,助湘军席宝田在石城击溃太平军,俘获幼王洪天贵、干王洪仁玕等。后投奔两江总督曾国藩,得曾赏识,被荐觐见同治帝,以知府衔发湖南候补,后镇压苗民起义,以功擢道员,在军中充营务处。后历任湖南辰永源靖道事、河北道、浙江按察使,因在河南省任内刑狱被诬劾,免职回家。光绪十六年,经湖南巡抚疏荐,授湖北按察使、改署布政使、直隶布政使等地方要职。《马关条约》签订,陈宝箴痛哭:"无以为国矣"。历疏战守防略、京畿防务等问题,奏陈《兵事十六条》,详细论述抗敌措施。

光绪二十一年(1895)秋,擢湖南巡抚,立志借湖南一省试行新政,以"营一隅而为天下倡,立富强之根基,足备非常之变,亦使国家他日有所凭恃"。与按察使黄遵宪、学政江标、徐仁铸、候补知府谭嗣同等在湖南推行新政。创办新学以开民智,推行谭嗣同的《兴算学议》,专设算学、格致、地理、化学、方言、商务等科目,设立"时务学堂";创办以"通民隐,兴民业,卫民生"为要旨的南学会,成为维新变法期间讲求新学颇具影响的团体,被誉为湖南"全省新政之命脉";创办报刊以宣传维新主张,光绪二十三年创办湖南省第一份报纸《湘学新报》,翌年着谭嗣同又创办湖南第一张日报《湘报》,作为维新派言论阵地,宣传维新主张;在宁乡、湘潭等处开煤矿、金属矿,设转运局,先后开设矿务总局、工商局、电报局、铸币局、枪弹厂等近代企业,开发地方资源,发展地方经济;编练新军以强国威,裁汰湖南旧营,更换新式装备,按西法整编训练,设武备学堂专习武事,培养军官,又设保卫局、新政局等机构。奏请力行行政,贯彻变法诏令。使湖南气象为之一新,陈宝箴名震朝野。光绪帝视陈宝箴为"新政重臣"明令嘉奖。命其"坚持定见,举办新政,毋为流言所动"。

维新变法失败后,因陈宝箴曾荐举杨锐、刘光第等维新变法的主要人物,被慈禧太后以"滥保匪人"罪名"着即行革职,永不叙用"。陈宝箴罢黜后,时论惜之。陈宝箴、陈三立父子迁回江西南昌赁屋居住,后于城郊西山,筑"崝庐"以居。光绪二十六年六月二十六日以"微疾"终(传言是慈禧秘赐自缢)。有遗墨、议、书、文集、诗稿等多种存世。中华书局出版《陈宝箴集》3册。

其子陈三立,为清末民初著名诗人,"月光体"代表人物。孙陈衡恪,字师曾,近现代著名画家。孙陈寅恪,史学大师,清华大学国学四大导师之一。曾孙陈封怀,我国植物园创始人之一。一门四代五杰,被称为"中国文化贵族之家",是新《辞海》中唯一享有五个独立词条的家族。湖南凤凰古城现有座"陈宝箴世家"博物馆。

景德镇市名人

洪　皓

洪皓（1088—1155），字光弼，乐平县岩前村（今属洪岩乡）人，史书载饶州鄱阳县人。南宋爱国大臣，被誉为苏武第二。与其子适、遵、迈被称为"一门三宰相四学士"。

洪皓政和五年（1115）中进士。不久出任台州宁海县主簿。宣和六年（1124），在秀州（驻今浙江嘉兴市）任司录，遇特大水灾，洪皓主动要求承担救灾重任，主持开放州、县常平粮仓赈济灾民。但秀州地方储粮不足，难以确保灾民度荒。洪皓断然决定借留纲米以补赈灾不足。"愿以一身换十万人命"，救活了全州灾民。被百姓称为"洪佛子"。

建炎三年（1129），知泗州兼淮南、京东抚谕使。同年，宋高宗命洪皓任通问使代理礼部尚书衔出使金国。龚王寿为通问副使，另有随员11人一同取道南京（今河南商丘）、太原、云中（今山西大同）、燕山（今北京市），前往金国都城会宁府（今吉林省阿城区境）。他们辗转进入金军控制区，经同太原到达云中，即被金将粘罕羁留，并逼令他到宋朝叛臣、金军扶植的傀儡"齐帝"刘豫部下去当官。洪皓坚定地答道：我万里衔命，不能迎徽、钦二帝南归，已经惭愧。刘豫是叛国逆贼，我恨不得将他碎尸万段，怎能在他手下当官，我不会与衣冠禽兽一起苟且偷生，下油锅蹈大海，在所不惜，死而无憾。粘罕气急败坏地要杀洪皓，后洪皓被流放冷山（今吉林省东北部），前后15年。

洪皓羁留金国，不仅保持"富贵不能淫，威武不能屈"的高贵品德，还写下很多诗文，其有名的《松漠纪闻》就是此时的著作。金国统治者也佩服洪皓的才能，曾委任他为翰林直学士，洪皓不受。后又委他为中京副留守，也被其拒绝。洪皓始终保持南宋使者的风节不动摇。

绍兴十三年（1143），金熙宗因生了太子实行大赦，允许洪皓等使者还乡。洪皓立即带领剩下的随员张邵、朱弁等火速南归。

洪皓南还，举国上下都颂其忠义。高宗和韦太后在内殿接见他，称赞他"忠贯日月"。洪皓请求回乡养母，高宗尽力挽留不允，将其升任为徽猷阁直学士。洪皓回到临安（今杭州），向朝廷揭露秦桧为金将起草受降檄文的丑闻。秦桧对此怀恨在心，伺机寻找借口诬陷洪皓，弹劾洪皓坏尽孝道。宋高宗居然准奏，将洪降职任饶州通判。绍兴十六年（1146）将洪皓流放岭南英州（今属广东），长期不用。绍兴二十五年（1155）得到朝廷起用，复为朝奉郎，调任袁州（今江西宜春）通判。不幸死于南雄（今属广东），洪皓死后，南宋朝廷立即恢复其徽猷阁直学士官职，赐封鄱阳郡开国侯爵位，赐封谥号"忠宣"，赐葬鄱阳古县渡。

洪皓著作颇多，有文集50余卷，其中《帝王通要》《姓氏指南》《松漠纪闻》《金国文具录》和《鄱阳集》等流传后世。

马端临

马端临（1254—1323），字贵与，号竹村，乐平县楼前村（今属众埠镇）人，南宋末期右丞相马廷鸾的次子，宋末元初史学家。

马端临出生于安徽贵池，全家移居南宋京城临安（今浙江省杭州），在那里住了二十年。有良好的家学条件，很小就在母亲的指导下读经书，还从名师曹泾研习程朱理学。在童子试（考秀才）中取得了优异成绩，迟迟不应漕试，直到20岁时，才在亲友的劝导下应试，高中榜首，获江南东路（南宋乐平属江南东路）"漕试第一"（即解元），以父荫授予承事郎的职衔。

咸淳九年（1273）随父归隐故乡，历30余年，全身心地编著《文献通考》，这部书收有24个门类，共348卷。书中详细记述了自古迄宋25个朝代各种典章制度的兴废沿革和利弊得失，每个门类和每卷之后都有文字精约的按语，阐述各个时期各种典章制度兴立和废止对社会经济发展和政治兴衰的影响。全书评述精审透彻，资料丰富翔实。与《通典》《通志》合称"三通"。《文献通考》被历代史学家举为"三通"之首。

马端临回到家乡后，即自己出资兴办了扶风马氏家塾，免费招收本族子弟入学就读。元至元十九年（1282），乐平县尹亲至马家，邀请马端临出任慈湖书院山长。在慈湖书院山长任上，他执教严谨，颇有建树。元代中后期的地方名流多是这一时期慈湖书院的学生。他在慈湖书院的讲稿后来汇集成拥有159卷篇幅的《大学集注多识录》一书刊刻印行，《义根守墨》一书也是此时期的作品。可惜，这些作品都在元末战乱中为兵燹所毁，未能流传后世。元贞元年前后，马端临应邀出任衢州柯山书院山长，成效卓著，门下颇多成名者。大德元年（1297），辞职返乡，回乡后仍执掌学塾，教育族中子弟。后因"都省咨发"再任衢州柯山书院山长"。至治二年（1322），赴台州路任儒学教授。同年，《文献通考》由江浙行省刊行于世。马端临返乡后仍然执掌家塾，病逝于家中。

萍乡市名人

刘元卿

刘元卿（1544—1609），字调甫，号旋宇，亦号泸潇。莲花县坊楼乡南陂村（今坊楼乡南陂藕下村）人。明代理学家、教育家、文学家。

刘元卿弱冠即向往邹文庄，以正学为己任。隆庆四年（1570）在江西乡试中夺魁。后在王文肃的推荐下，带着向朝廷的上书和文卷参加会试，因"五策伤时，忤张居正"，直斥时政，未获取录，还险遭杀身之祸。万历二年（1574）复上"春官"，又没有被取录，遂绝意功名，回到家乡，研究理学，开办书院，收徒讲学。

隆庆六年（1572），刘元卿亲自创办复礼书院，立王守仁、邹守益、刘阳、耿定向四位理学家的神主牌，岁时祭祀，并在尊经阁亲自讲学。万历七年（1579），明神宗诏毁书院，全国大多数书院被迫停办，而刘元卿把复礼书院改名为"五谷神祠"，仍聚众讲学如故。万历十二年（1584），学禁方开，复礼书院又恢复原名，声名更广。在创办复礼书院的同时，他还创办了识仁、中道、一德诸书院。至此，他与当时省内名流吴康斋、邓潜谷、章本清，被称为江右"四君子"。

随着知名度扩大，刘元卿引起了朝野的重视。许多朝廷官员多次上书推荐，称刘元卿为"负迈俗之志节，蕴济世之经纶"。万历十七年（1589），神宗特旨征聘，刘元卿力辞不赴，坚持悉心讲学。万历二十一年（1593），神宗派人催他赴任，赐誉他"力学古人，直言世事，忤进远引，物论归贤"，并授他为"国子博士""阶承德郎"衔，刘元卿只好应召入京。不久，即升礼部主事，在朝三年，他提出许多有利于封建王朝的政治主张，在《请举朝讲疏》《节制贡吏疏》《直陈御倭第一要务疏》中，他全面阐述了自己的政治主张，对于革除弊政、安定边陲、抵御外侮都是非常有利的。但刘元卿的这些政治主张得不到神宗的重视，于是他称病辞归，告老还乡。

刘元卿人称"正学先生"。他从弱冠至暮年，一生孜孜于理学，与王艮成为江右王门学派承前启后的主要人物。刘元卿逝世后，《明史》为他立了传，他的学生创"近圣馆"祭祀他。复礼书院增设他的神主牌,改"四贤祠"为"五贤祠"。明朝名流邹元标为他撰写墓志铭,赞其"流风余韵,百世犹师"。

刘元卿涉猎广泛,在政治、经济、哲学、天文、地理、文学艺术方面都有成就。他的著述较多,内容也比较丰富。《江西通志》记载他所著的书目有《大学新编》《山居草》《还山续草》《通鉴纂要》《六鉴》《诸儒学案》《贤奕编》《刘聘君全集》等,他的寓言集《贤奕编》《应谐录》中的《万字》《猱》《猫号》《搔痒》尤为脍炙人口,曾收录《丛书集成》。

刘凤诰

刘凤诰(1760—1830),字丞牧,号金门,萍乡市上栗县赤山镇观泉村人,清代大臣、文学家。

刘凤诰出生贫苦农家,6岁丧母。从小嗜学如命,勤奋刻苦。清乾隆四十四年(1779)乡试中举,乾隆五十四年(1789)进士。后去京城参加殿试,中探花,授翰林院编修。乾隆五十六年(1791)升任翰林院侍读学士。以后,他历任朝廷礼部、兵部、吏部、户部四部侍郎,曾任湖北、山东、江南主考官,广西、山东、浙江学政,直至太子少保。故当时有人叫他"刘宫保",乾隆皇帝称他为"江西大器",更多的人称他为"江西才子"。

刘凤诰殿试时,按其才华,自可中状元。因其貌不扬(眇一目),乾隆皇帝心有所嫌,遂亲自出对试其才,句为:"独眼不能登虎榜。"刘凤诰应声对道:"半月依旧照乾坤。"乾隆听了,心里暗暗嘉许。又出一联:"东启明,西长庚,南箕北斗,谁是摘星子。"才华横溢的刘凤诰当即应对:"春牡丹,夏芍药,秋菊冬梅,臣本探花郎。"令人击掌赞叹。

嘉庆五年(1800)充任湖北乡试正考官。翌年主持山东乡试,随即受任山东学政。任职期间(1801—1804),以学识取人,发现、培养了不少博学多闻之才,其中科场文馆中扬名者不计其数。嘉庆九年(1804)七月,刘凤诰山东学政任满离职时,山东巡抚、书法家铁保等人设宴于济南大明湖沧浪亭为其送行,席间刘凤诰赋得吟诵济南景色的联句"四面荷花三面柳,一城山色半城湖",由铁保手书,刻为大明湖铁公祠楹联,至今传诵不绝。

嘉庆十三年(1808)任浙江学政,由于乡试中有考生作弊,被弹劾有枉法行为,发配黑龙江齐齐哈尔,四年后才获释返籍。嘉庆二十三年(1818),又启用为编修,赴京供职。道光六年(1826),因其幼子刘元喜去两淮就任,刘凤诰也因眼疾复发请假南归,携家赴杭州休养。

刘凤诰很喜爱杜甫的诗,曾集杜诗3卷。他在《著作箴六》中说:"文以载道,弗尚词华,飞毫骋藻,失之浮夸。"他的诗都写得很朴实。相传有一位萍乡人到广东做知县,刘凤诰在他的折扇上写了两首诗。这位知县去晋见广东巡抚李恭毅。李见了折扇上的诗，询问了作者的情况，认为刘凤诰将来必定大有作为，不嫌他出身寒微，毅然将自己的女儿许配给他。刘凤诰在书法方面造诣也很深，正楷、行书、草书，样样精通。上栗镇万寿宫保存的"道岸"二字据传就是出于刘凤诰的手迹。至今赤山镇观泉村也还留存有他的墨宝。刘凤诰出口成联的故事在萍乡广为流传，与解缙称为江西两大楹联高手。历时 20 年 3 次修改，编成《五代史补注》。另有《江西经籍志》《杜工部诗话》《古今体诗》《集古诗》《存悔斋集》等。总纂《高宗实录》，辑《淮海同声集》。

文廷式

文廷式（1856—1904），字道希（一作道爔），号云阁（一作芸阁），又号芗德，罗霄山人，晚号纯常子，小名麟生。文天祥后代，江西萍乡（今安源区花庙前）人。维新派政治家、史学家、文学家。

文廷式生于广东潮州，官宦家庭。幼年在家塾就读，人极聪慧，有书文过目即能背诵之才。17 岁时受业于广东名儒陈澧之门下，文华得以猛进，为菊坡精舍高材生。25 岁时就有江南才子之称。他博学群书，并精通欧洲、美洲各国和地区的历史、地理、政治、经济。光绪十五年（1889），在保和殿大考翰林，得翁同龢与汪鸣銮援手，39 岁的文廷式考取内阁中书第一名。次年复试一等第一名。殿试第一甲第二名（即榜眼），赐进士及第，授职翰林院编修，旋充国史馆协修，会典馆纂修，本衙门撰文。光绪二十年（1894），光绪帝复看卷后钦定廷式一等头名，一时引人注目。官至翰林院侍读学士、大理寺正卿。

文廷式志在救世，遇事敢言，与黄绍箕、盛昱等列名"清流"，与汪鸣銮、张謇等被称为"翁门六子"，是帝党重要人物。中日甲午战争，他力主抗击，上书请罢慈禧生日"庆典"、召恭亲王参大政；奏劾李鸿章"昏庸骄蹇、丧心误国"；谏阻和议，以为"辱国病民，莫此为甚"。光绪二十一年（1895）秋，与陈炽等出面赞助康有为，倡立强学会于北京。晚清与福山王懿荣、南通张謇、常熟曾之撰并称京城著名的"四大公车"。他忧国忧民，鼓吹维新变法，弹劾李鸿章，反对慈禧修建颐和园，被慈禧革职，驱逐回籍。在萍乡开办煤矿，与维新派书信往来。

光绪二十四年（1898）八月，维新变法失败，文廷式亦在通缉之列。次年四月，亡命日本，受聘参与修撰日本国史。光绪二十六年（1900）四月回上海，参加唐才常发起的中国国会，参与自立军起义策划，与孙中山革命党人联系。自立军失败后，再度逃亡日本，后又回到上海，奔走于上海、长沙、武昌、萍乡之间，光绪三十年（1904）因病返回萍乡。逝世后安葬于萍乡北上栗县杨岐山普通寺后半山腰，该墓已列为江西省第二批文物保护单位。

文廷式研究史学，有《补晋书·艺文志》6 卷，诗词著有《文道希遗诗》《云起轩诗钞》各 1 卷，今存《纯常子枝语》《云起轩诗录》，中华书局出版《文廷式集》。

李有棠

李有棠（1837—1905），字蒂生，萍乡市上栗县赤山镇周江村人，清代历史学家。

李有棠天资聪慧，幼年读书能博闻强记。由于在他的上代中，没有一个读书人，家里也没有一本可读的书，他所读的书都是借来的。他一面读，一面摘录，一面心里盘算着自己要买一批书。那时正值太平天国起义，满清政府尽力想要扑灭之，东南各省遍地战火，苏、杭等处各大书肆无不毁于兵燹。他不惜重金（据讲，共花了两万两白银），北从京、津，南从粤、桂，设法控购了大量的书籍，为日后讲求学问、从事著作打下了坚实的基础。同时在宅旁隙地另筑精舍一所，专门做藏书、读书之用。从此，他日日与诸弟研习其中，互相切磋、问难，互为师友，在怡情悦性中彼此提高都很快。李有棠在十多岁时，他便领悟到"有用之学，无不自经史酝酿而出"。所以他特别留心经史，不到二十岁，就已读完《十三经》，经、史、子、集各有心得。

咸丰八年（1858）以第三名考取袁州府学为附生，三年后以超等第一名补授廪膳生，同治三年（1864）考取辛酉第一名优贡。选拔为峡江县训导，三年后弃官回家侍奉长辈。

峡江县训导期间，专攻史学，编成《历代帝王正国统总纂》，实际上就是一部简明的中国通史，由于未刊行，不行于世。

二十四史中的《宋史》《辽史》《金史》三史都是元丞相脱脱主持修撰的。三史成书的时间都很仓促，错讹、挂漏都很多，尤以《辽史》最甚。李有棠用了近30年的时间，主要研究《辽史》和《金史》。李有棠按集各种正史、野文、笔记、杂说等类资料，考订错讹，补充挂漏，于光绪十年（1884），仿袁枢、陈邦瞻的体例，写成《辽史纪事本末》40卷，《金史纪事本末》52卷。这两部著作都完整地写了三稿，于光绪二十年（1894）在上海石印成书第一次出版。两书出版后，江西学政吴士鉴上奏推荐，朝廷颁旨授"内阁中书衔"，由胞弟李有菜再请旨授"资政大夫"（正二品）。后又花了整整10年的工夫，对两书做了大量的补充、修正。他决定这次在家中雇工刻印，由他亲自指导和校对。所以这个家藏版不仅内容更充实，而且刻工讲究，印刷精美。全部（据说只印一千部）印成并于光绪三十年（1904）第二次出版发行。两书发行后，颇受学术界的重视，曾先后被收进《七种纪事本末》和《九种纪事本末》里，与宋人袁枢的《通鉴纪事本末》和明人陈邦瞻的《宋史纪事本末》等名著并列在一起。李有棠的姓名也列入了民国时出版的《中国名人大辞典》里。此外，李有棠还著有《历代帝王正闰统纂》二十卷及《怡轩杂著》等书，今佚。

李有棻

李有棻(1842—1907),字芴垣,清萍乡市上栗县赤山镇周江村人,清代大臣、实业家。

同治十二年(1873)21岁时,考取拔贡。次年朝考,授内阁中书,充任玉牒馆誊录。积四年之劳,先后管理过督审局,提调过厘金局,才试署沅州府。6年后调湖北襄阳府,改安陆府,升武昌府。光绪二十一年(1895)正月调升广东高廉钦兵备道。不久擢升陕西按察使,后任布政使,护理巡抚。光绪二十八年(1902)任江宁布政使,护理两江总督。1904年做江西铁路总办,创办南浔铁路。卒后,赠太子少保(俗称宫保)。

他在湖南候补时,巡抚派他管理督审局。局中积压下来的案卷有如山积。他一一审阅,然后先就其中大案、要案,分辨真伪,查核实情,严惩豪强,申雪冤屈。巡抚了解了他的才能,又派他提调厘金局。厘金局本是征收税的机构,却年年亏损很大。他到任后,发现这个局内绅权过重,绅重则民轻,一切积弊皆由此而生。他就此症结再拟订章程,剔除弊端。实行后,上下称便,四年中总共上缴白银近百万两。署沅州时,当地风气闭塞,民风强悍,号称难治。李有棻到任后严禁私铸铜钱(即小钱)、聚众械斗,发展生产,提倡教育,命令所属各县坚决执行,风气大变。

后去湖北襄阳府做知府。走到半路,又改调去安陆府。此时安陆正在修筑长达数百里的河堤,关系涢水两岸各州县的利害甚巨,而官吏侵渔,与民众以及彼此之间发生激烈冲突。他沿途微服访问,严惩一批首恶,又选正派的士绅分段管理,责以三汛防守,冬夏加高培厚堤基,并免除各县的亩捐。

任武昌知府时,武昌船关征收税额巨大,官员私分附加税。李有棻裁撤知府衙门的附加税,禁绝私分,得船民、商民的拥护。任钦州兵备道员时,厉行保甲、团练法。任陕西按察使时,还创办《秦报》以开启民智。

李有棻到江宁不久,朝廷着他护理总督。虽是临时代理,但他对于邦交、国计,以及国家的财政、吏治、民生等大事,还是知无不言,言无不尽。在江宁时,创办了"三江(后改两江)师范学堂"(即后来的南京大学)。因反对张之洞购买兵轮,拒绝付款,被罢官回籍。

两年后朝廷命他为江西铁路总办。次年,他主持拟订《江西全省铁路简明章程》,并呈商部批准。其中全盘规划江西全省铁路,定下江西铁路"一干三支"的建设方案。南浔铁路动工之后,他亲赴九江工地督工,却不幸在鄱阳湖船祸遇难。

其著作有《保甲事宜摘要》5卷、《桑麻水利族学》4卷行世。另有《奏议・批牍》10卷、《卧云草堂文存》若干卷、《养闲轩诗抄》若干卷及有关团练著作传世。

新余市名人

卢　肇

卢肇（818—882），字子发，江西省分宜县（原宜春县）观光村人。唐代官吏、文学家。唐会昌三年（843）春闱殿试中进士第一名，成为江西省第一个状元。

卢肇主要在地方做官，先后在歙州、宣州、池州、吉州做过刺史，所到之处，颇有文名，官誉亦佳；又因他曾拜唐相李德裕（早年被贬袁州长史）为师，入仕后并未介入朝廷的"牛（僧孺）李（德裕之父李吉甫）党争"，故一直为人们所称道。

卢肇诞生在观光村的一个农民家庭。其曾祖父卢挺为袁州刺史，致仕后定居文标乡观光村，后世家境逐渐衰落。卢肇自幼生活贫困，但卓尔不群，自强不息。宜春令卢尊夸奖其曰："子异日当有闻！"卢肇四处寻师，苦读不已，在学业上曾拜韩愈、李德裕为师，文望渐起，诗作更佳。

卢肇洁身自好，虽受李德裕知遇，但不依附，不参与牛李党争，所以中状元后只落得个州、县地方官。四年后，才在鄂岳节度使卢商门下任幕僚之职，到山西做太原节度使裴休的门吏，被江陵节度使卢简留用，给潼关防御使纥干皋做防御判官。经过十七年的幕僚生涯，卢肇于唐懿宗（李漼）咸通五年（864）三月升任京官，先后任秘书省著作郎、仓部员外郎、集贤院学士、朝散大夫。在长安做了一年多京官后，卢肇被外放安徽任歙州（今安徽歙县）刺史。在歙州任上，他勤政爱民，深得百姓爱戴。不久，"不知何事犯星官"，被罢官谪往连州。后复起用，相继任宣州（今安徽宣城）、池州（今安徽贵池）、吉州（今江西吉安）刺史，卒于吉州任上（有史书记载吉州刺史未上任，回到老家，卒于家中）。

卢肇政事之余，勤于笔耕，一生著述很多，有散文《李蒼》，有《文标集》《庙堂龟鉴》《卢子史录》《逸史》《愈风集》《大统赋注》《唐摭言》《云溪友议》等一百几十卷。著述中比较著名的是《汉堤诗》《天河赋》《通屈赋》《海潮赋》。在歙州任上，曾赴钱塘江观潮，研究潮汐学，花费20余年的心血，提出其天地结构议潮新论，作《海潮赋》上奏朝廷。

为纪念卢肇，今宜春市袁州区城东秀江中一块沙洲，因他少年在洲上苦读诗书，后人称之为"卢洲"，又名"状元洲"。以卢肇命名的地方还有：袁州区城西南30里书堂山的"卢肇读书台"，萧滩（今新余渝水区）石溪寺的"卢肇读书台"，分宜县东袁河的钟山峡"卢肇读书台"以及读书台下的"卢肇读书潭"。家乡人在其出生地建造了"状元桥"。卢肇葬于文标乡观光村墓云（木叶）坳，其墓保存至今。

王钦若

王钦若（963—1026），字定国，新余市渝水区城东王家人，北宋宰相，政治家。历官宋太宗、真宗、仁宗三朝，四任副相，二任正相，封翼国公，赠太师、中书令，谥文穆，是北宋江南人担任宰相第一人。

王钦若生于官宦人家，父母早亡，由祖父抚养，后家境贫寒，曾寄食他人门下。年轻时就显露才华，到汴京一幕府做门客，撰写在纸屏上一副对联："龙带晚烟归洞府，雁拖秋色过衡阳"颇得寿王赵恒的欣赏，两人一见面，十分投合。赵恒就是后来的真宗皇帝。

淳化三年（992），中进士，放任亳州（今安徽亳县）防御推官，迁秘书省秘书郎，监庐州（今安徽合肥）税。咸平元年（998）五月，新登基皇帝宋真宗提升王钦若为太常丞，判三司理欠凭由司。王钦若的上司，度支判官毋宾古说：老百姓逃税，从五代到现在一直存在，现在百姓实在负担不起，我将要向皇上请求减免。王钦若听说后，当天夜里叫手下官员统计好逃欠的税租数目，次日向皇帝请求减免，共免除自五代以来1000余万担积欠的旧赋，释放系囚3000余人。皇帝更加信任他，不久，相继任右正言、知制诰、翰林学士、四川安抚使、左谏议大夫、参知政事、加给事中。

景德元年（1004），北方契丹大举入侵中原，王钦若主张迁都金陵（今南京），寇准主张真宗亲征，真宗同意亲征。王钦若自请以工部侍郎、参知政事判天雄、提举河北转运使身份，前往天雄军守御。临行时，真宗设宴壮行。王钦若指挥若定，战守有功，为宋军取得澶州战役胜利创造条件。回朝后，因与宰相寇准不和睦，就主动辞职，担任刑部侍郎、资政殿学士。两年后，他指责"澶渊之盟"为"城下之盟"，让真宗排斥寇准，罢其相位。后王钦若被任尚书左丞、刑部侍郎、知书枢密院事。

天禧三年（1019）六月，道士谯文易私藏禁书被查，并搜出王钦若送他的诗和信，真宗不得已罢了王钦若的宰相，以太子太保出判杭州。因政绩卓异，复任命为山南东道节度使、同平章事、判河南府（河南洛阳），因病要求回京就医，在未答复即回京，如此擅离职守，降职为司农卿。仁宗即位，改秘书监，起为太常卿、知濠州（今安徽凤阳），以刑部尚书知江宁府（今南京）。天圣元年（1023）九月，王钦若复入相，次年染疾而终，皇太后驾临哭哀，天子素服，三日不上朝。生荣死哀，宋朝宰相无人可比。死后晏殊作墓志铭，葬老家白鹤岭。

王钦若与杨亿、钱惟演、陈彭年等撰修《册府元龟》，此书为宋代最大的类书，历时 8 年完成，专录上古至五代君臣事迹，按门类编排。参与编《真宗实录》。主编《道藏经》《彤管懿范》等记叙神异的道教著作。

严 嵩

严嵩（1480—1567），字惟中，号介溪，勉庵，江西省新余市分宜县介桥村人。明代内阁首辅、政治家。

严嵩 5 岁启蒙读书，9 岁读县学，10 岁县试超群，19 岁乡试中举，25 岁弘治十八年（1505）廷试二甲二名，赐进士出身、庶吉士；正德二年（1507）授翰林院编修。次年因祖父、母亲相继去世及自己得病，严嵩回家服丧守孝，达 10 年之久。其间，刻意诗文，仅诗词即有 700 余首。同时，应袁州知府之邀，任《正德袁州府志》总纂。

正德十一年（1516），严嵩 36 岁，重返朝廷，复任翰林院编修；次年，受命讲学于内馆。正德十三年（1518），为副使随同正使册封宗藩。正德十四年（1519）宁王朱宸濠叛乱，严嵩应江西巡抚王阳明之邀参赞军事，颇有军功。事平之后，王阳明曾以宴席彩币酬谢。第二年，严嵩乃在家乡——分宜建"钤山堂"与"方伯（严嵩的曾祖父严孟衡）之祠"。

嘉靖元年（1522），严嵩去南京（应天府）任职，为翰林院侍读，掌院事。严嵩在南京 8 年，先后任国子监祭酒、礼部右侍郎、左侍郎，吏部左侍郎，礼部尚书，吏部尚书。嘉靖十五年（1536）严嵩以贺万寿节至京师，主持编修《宋史》，正值礼部尚书夏言入阁预机务，严嵩接任礼部尚书。嘉靖二十一年（1542），62 岁入阁，先后加太子太傅兼吏部尚书、谨身殿大学士、少师、太子太师，严嵩任次辅 6 年、首辅 15 年，时间之长，荣誉之多，为明代官场所不多见。

晚年世宗逐渐疏远严嵩，嘉靖四十一年（1562）听信方士所言，诏令严嵩致仕。嘉靖四十四年（1565），子严世蕃，官至工部左侍郎，因贪赃枉法，被以私通倭寇罪诛杀。加上御史弹劾、首辅徐阶等人陷构，严嵩被黜，家产亦被抄没。回原籍后，靠乞讨为生，寄食墓舍，卒时没有棺椁。葬于分宜县城东南方白田铺蛇形里。

严嵩待人平和，彬彬有礼。在家乡做善事甚多，曾捐资修建分宜县城墙及万年桥、永济桥、肖家桥、钤麓书院；并扩修分宜县学、捐赠大量书籍；同时赞助修通分宜到安福的绕山官道，全长 120 里。

《明史》载严嵩：唯一意媚上，窃权罔利；窃政二十年；溺信恶子、流毒天下；陷害忠良。列为六大奸臣之一。所以古戏曲、文学作品、影视及民间传说有很多关于严氏父子奸臣的故事。严嵩入阁 20 余年，正是世宗沉迷神仙方术、长期不理朝政。严嵩虚与委蛇，不敢谏阻，也未能对时弊进行改革，且多次卷入残酷的官场争斗，加上其子严世藩被诛，故称为世宗的替罪羊，被视为奸臣。然而在其任首辅时，实行过与民休息的政策，赈灾济民，及时大兴土木。针对当时国弱民穷的情况，提出对北虏以防为主，对倭寇实行安抚与镇压并举的方略。同时重用一批如翁方达、戚继光等社稷之材，有效控制了北虏南倭之患。

严嵩善青词好书法，其榜书、碑文、卷轴的书法艺术极高。诗文清丽婉约。著述甚丰，主要著作有《钤山堂集》《钤山诗选》《直庐稿》《南宫奏议》《历官表奏》《嘉靖奏对录》《南还稿》《振秀集》《山堂诗抄》《西昌杂草》《三疏稿》《负书草》《直庐续稿》《留院逸稿》等。

鹰潭市名人

张道陵

张道陵，生卒年月不详，字辅汉，原名张陵，东汉沛国丰人（今江苏丰县），生于吴之天目山，留侯张良八世孙，道教创始人，第一代天师。

张道陵通达五经，曾入太学，任巴郡江州（今重庆）令。后弃官隐居北邙山（今洛阳北）。汉章帝、和帝征诏之，皆不就。与弟子王长等游淮并经鄱阳溯流至云锦山（今龙虎山）炼丹，修长生之道，又在嵩山石室中得《三皇内文》《黄帝九鼎丹书》《太清丹经》等古道经。他在龙虎山炼丹修道三十余年，闻巴蜀疹气为害，自认为应当前往除之，遂带弟子赴四川鹤鸣山传道。传寿长123岁，与夫人于四川青城山羽化升天。后其四世孙张盛自汉中迁还龙虎山。

东汉永和六年（141），张道陵制作道书二十四篇，自称"太清玄元、太上老君"，奉行其道者，入道者须纳五斗米，时称"五斗米道"，为中国道教第一个宗教组织。汉安元年（142），托言太上老君亲降，授"三天正法"，命其为"天师"。同年又授"正一科术要道法文""正一盟威妙经"，重为"三天法师正一真人"。汉安二年（143）又托言太上老君下二十四治（布化行道地区机构）：上八治，中八治，下八治，嘱天师张道陵奉行布化。张以符水、咒法为人治病，并授民取盐之法，后人称"陵井"（用咸井水熬盐）。百姓得其益，奉之为天师，弟子达数万。进而设祭酒，分领其户，有如宰守；并立条制，使诸弟子随事轮流出米绢器物樵薪等；不施刑罚，以善道治人。让有疾病者书记生身以来所犯之罪，手书投于水中，与神明共盟，不得复犯罪，以生死为约。

张道陵奉《老子五千文》《太平洞极经》为主要经典，并著《老子想尔注》，宣扬人君按"道意"治国，天下则太平；循"道意"治民，民即寿考。张道陵死后，传子张衡，称衡为嗣师；衡死，传子张鲁，称鲁为系师。

张道陵创立道教，历代天师均居龙虎山行道修炼。大上清宫、嗣汉天师府几经兴替不衰，明代施耐庵名著《水浒传》第一回"张天师祈禳瘟疫，洪太尉误走妖魔"即源自于此。张道陵创立道派,被道教徒尊称为"天师"。后历朝历代赐予多个封号与赠号。唐天宝七年(748)和北宋大中祥符八年(1015)朝廷曾正式赐称天师;明皇朱元璋召见时问"天果有师乎?",随命称之为真人。然世人仍以张天师尊称之。天师道教自汉末创立迄今,已传至第六十四代。

鹰潭龙虎山为道教"正道"的祖庭,今存有天师府及上清宫、正一观等遗址。

汤 汉

汤汉(约1206—1277),字伯纪,号东涧,鹰潭市余江县崇义乡(今画桥乡)人。南宋末期大臣、理学家。

淳祐四年(1244)进士,初任象山书院堂长、上饶县主簿,后任饶州府教授兼象山书院堂长。主讲朱陆学说,名声远播,升隆兴府(南昌)知府。

淳祐十二年(1252),任史馆校勘,不久改任国史实录院校勘。他看到当时朝政腐败,天下骚乱,便不断上书痛陈朝政,大胆指出弊端。所论切中要害,理宗赵昀为其直谏而信服,将汤汉升任为太常博士。太子(宋度宗)满20岁,他上《冠箴》一篇,说明太子及冠后应注意的要务。宋理宗特令太子三次往谢汤汉,并进官秘书郎。

宝祐二年(1254),汤汉出任福建南剑州(今南平)知府,后以朝奉郎权知南剑州军政事务。宝祐六年(1258),升提举福建茶盐事。开庆元年(1259)因弹劾福州太守史岩之及泉州太守谢慎有功,被调回京任礼部郎官兼太子侍读。不久,先后任职华文阁,太府少卿兼太子谕德、秘书少卿,成为东宫太子的重要辅臣。

景定二年(1261),先后出任福建运判、宁国府知府、江西常平兼吉州知州、江东运判兼隆兴知府。五年召回京都任尚书左郎兼太子侍读。因不肯与奸臣同朝站班,上本直指:"自古以来,小人如果再次得志,所带来的祸患一定甚于往日"。事后,三次请求退休,太子致书慰留,汤汉自求外补,出任福州知府、福建安抚使、隆兴知府等。咸淳元年(1265),宋度宗继位,汤汉回朝,历任太常少卿、权兵部侍郎、实录院修撰、直学士等多个职位。咸淳三年至五年,又出任安徽宁国府(今宣城)、江苏江宁(南京)府、福州府福建安抚使、太平州(马鞍山)知府。贾后、贾似道姐弟专权误国,汤汉不计个人安危,奏请新君治家不能以私情坏国家制度。政令须出于朝廷,不可出于私门。用人唯贤,不可橡引亲友。这些政见都是群臣所不敢提出,说明汤汉胆识超凡,故能受到正直重臣的敬爱。度宗奖其忠贞有识,擢升汤汉为权工部尚书兼侍读,端明殿学士。

咸淳七年(1271),请准告老归家,封安仁(余江)开国子爵号,食邑600户,赐"金紫鱼袋",以文散官正奉大夫致仕。回乡后,于抚州设馆授徒,弘扬朱陆学说。卒后,谥号文清,追赠饶国公,诏令赐葬余江田南。遗著有《文集》60卷、《东涧集》及第一个为陶渊明诗作注的《陶诗注》6卷。

赣州市名人

钟绍京

钟绍京（659—746），字可大，兴国县清德乡人，唐代大臣、书法家。系三国魏国太傅、书法家钟繇的第17代世孙，史称江南第一个宰相。因书法出名，又称"小钟"。

钟绍京幼时家贫，出身卑微，全仗自己的才能进入京都长安府事职。初任朝廷司农录事，虽官职卑微，因为擅长书法而被兵部尚书裴行俭保荐擢升入"直凤阁"任职。此后宫殿中的门榜、牌匾、楹联等，尽是他的墨宝手迹。

唐中宗景龙年间，被擢升宫苑总监，处理宫廷事务。因从临淄王之平韦姓氏难成唐朝功臣，做中书侍郎，参知机务。不久又进中书令，越国公，实封二百户，赐物二千缎、马十匹。因主政掌权时，恣情赏罚，被百姓所厌恶，降为户部尚书，后出为蜀州刺史，逐出京都。唐玄宗即位，复召拜户部尚书，迁太子詹事，不久再贬为绵州刺史，后坐事累贬琰州尉，尽削其阶爵及实封，又迁温州别驾。直到开元十五年（727）才再度入朝，唐玄宗看他年迈，心中感到愧疚，授太子右谕德，后转少詹事。卒后归葬家乡。

钟绍京继承家学渊源，有著名的《灵飞经小楷字帖》《唐人小楷字帖》，虽然真迹极少，但为楷书中精品，董其昌认为钟绍京小楷"笔法精妙，回腕藏锋，得子敬（王献之）神髓，赵文敏（孟頫）正书实祖之"。苏东坡认为，榜书需要结密无间，以笔墨雍容、安静简穆为上。书法界认为榜书自古为难，而钟绍京能题天朝明堂九鼎和诸官门榜，实在难得。钟绍京嗜书成癖，不惜破产求书，家藏王羲之、王献之、褚遂良真迹至数百卷。

李 渤

李渤（772—831），唐代著名诗人，字浚之，号少室，河南洛阳人。早年隐居于庐山，在白鹿洞、栖贤寺一带读书。他在白鹿洞养一只白鹿，并常随白鹿外出走访与游览。

因此，时人称李渤为白鹿先生，其读书处称白鹿洞。

因饱读经书，且为人刚直，李渤为官前就是一个很有名气的人。唐元和二年（807）、三年（808），户部侍郎李巽、谏议大夫韦况两次联合上奏章向朝廷推荐李渤为右拾遗。但李渤是个清高、自重的读书人，对于出仕做官抱着谨慎的态度，对皇帝的两次邀请予以推辞。皇帝知道韩愈是他的挚友，遂让韩愈去信劝他，出于对韩愈的尊重，李渤走出隐身的河南少室山，可到了洛阳仍没去京城上任。元和三年（808）十二月，朝廷"求贤图治"，第三次下诏，以著书郎（主管著作局，掌管撰拟文稿）的职务下诏，李渤觉得这份新任命的工作有些对路，遂起身上任。一年多后，李渤调到中书省任右补阙——一个劝谏皇帝、举荐官员的要职。

李渤从一个隐士，到应诏入朝做官，一直是个奋发敢言、胸怀抱负的人。他官做得努力、勤奋，工作效率很高，得到天子的信任，皇帝对他的建议都给予一定的重视。于是，提升他为给事中，赐紫金服（三品官）。

李渤忠于职守，不避权势，终因上奏章反映苛捐杂税扰民、逐一评论宰相至三品京官考绩等事，遭人诬陷为"越职钓名"，而贬出京城，于唐长庆年间（821—824）到虔州任刺史。在虔州任刺史期间，李渤眼见虔州百姓为历年重税而民不聊生的悲惨境况，毅然上奏，为虔州百姓免除"赋米 2 万石，废冗役 1600 人，移税钱 200 万"，赢得虔州老百姓的深切爱戴。此外，李渤还是个才情横溢之人，他"孤操刚直，精诗书画"，并建造了城市第一个文化高台——郁孤台，其上名联"郁结古今事，孤悬天地心"就是他的杰作。郁孤台位于虔州城西北田螺岭，地势高卓，郁然孤峙。

杨 益

杨益（834—900），俗名杨救贫，名益，又名杨筠松。字叔茂，号筠松，唐代窦州人，著名风水宗师。杨筠松为唐僖宗朝国师，官至金紫光禄大夫，掌灵台地理事，为唐朝著名地理风水学家。杨筠松在地理堪舆学上具有极其重要的地位，其所有的著作，均为地理风水上的必学经典著作，所以杨筠松也被后人尊称为杨公。

杨筠松在赣州的时间长达 26 年，他主要在赣州杨仙岭（古时称虔州）、宁都黄陂（古时称怀德乡）、兴国三僚村（古时称寮溪村）一带活动。杨筠松到达赣州后，随即坐船沿着旧日奔赴仕途的老路由贡江逆流而上至汶潭，望着昔日知道的或游观过的石船山（今称杨仙岭）观音堂，遂上石船山参拜观音堂和山下的华林寺，查看、感受其风光，自感只身一人，遂萌断发为僧的念头。回船后由梅江逆流而上，沿途探悉断发为僧之所。回乡后举目无亲，忆及前悉的梓山乡黄禅寺，而反道奔赴黄禅寺。不期而遇隐居于黄禅寺的曾文辿，收曾文辿为徒。风水实践主要是率其高徒曾文辿协助卢光稠扩建赣州城，为虔州古城扩建选址布局。流传因杨筠松在杨仙岭潜心研究著书立说，杨仙岭成中国风水第一山。杨筠松在三僚带徒授业，三僚村被称为中国风水第一村，成为堪舆文化的发祥地，世界风水文化爱好者朝觐的圣地。杨筠松病逝于于都药口坝，并在临终时留下千年偈迷和在民间广泛流传的许多传奇故事。

风水祖师杨筠松携弟子曾文辿、廖金精隐居三僚村著书立说，创立中国赣派风水文化理论体系，三僚曾、廖二姓师从杨公奇术并发扬光大。从此中国风水文化传播海内外。自五代十国、宋、元、明、清历朝，共出了24个国师、72个明师，其中白衣承诏，由皇帝钦封为钦天监博士的风水师就达36人。古都南京、北京著名建筑，如明十三陵、故宫、长城清东陵等，都是杨筠松堪择。

卢光稠、谭全播

卢光稠（840—910），字懋熙，别名十七郎。今江西省上犹县人。上犹昔属南康，故称卢为南康人。光稠之父卢卓，曾任虔州刺史。与同邑谭全播相友好。谭全播生于唐大和八年（834），勇敢而多谋。

卢光稠祖父是卢公达，高曾祖父是因长安朝廷武则天之女——太平公主政治事件而埋名移居赣南的卢宗泰。光稠年少时，天资聪颖，自幼习武，喜爱骑马射箭，常用藤条、利器与坚甲操练武艺。身材高大魁伟，身长八尺五寸，虎背熊腰，臂力过人，相貌威严，声如洪钟。他博览典籍，细察民情，光明磊落，智勇兼备，文经武纬，融会贯通，甚得乡人好评。唐僖宗年间（873—888），政治腐败。王仙芝、黄巢等领导农民相继起义，各地农民纷纷响应，天下大乱。

一天，姑表兄谭全播对光稠说："方今天下汹汹，民不聊生，我等岂能徒然坐守如此贫贱而无所作为？"唐光启元年（885），光稠与姑表兄谭全播在南康县石溪都（今上犹县双溪乡）聚众起义，卢被推为统帅，谭为谋士（副首领）。当年正月，占据虔州（今赣州），自称刺史。天复元年（901）攻取韶州（今广东韶关市），遣其子卢延昌镇守。派其兄卢光睦攻占潮州。五代后梁开平元年（907），岭南割据者刘隐，派其弟刘岩领兵赶光睦出潮州（今广东潮安），并以数万兵攻虔州。光睦好勇而轻进，全播告诫他持重。

卢光稠、谭全播辖治虔州30余年，除奸暴、减租税、济贫困、保境安民，颇有善政。尤其唐天复二年（902）始，光稠扩展城区，修建城墙，增设城门，开凿城壕，筑拜将台，确定此后相沿千余年的赣州城规模，是一大功绩。卢光稠故，领地百姓对其感恩戴德，争相立庙塑像祀奉。今广东韶关的"忠惠庙"，南康唐江镇的"康王庙"，赣州水东的"康王庙""康公庙"，永丰北坑的"卢王庙"，洛口麻田与中元里的"卢王庙"，拜谒者世代络绎不绝。

阳孝本

阳孝本（1039—1122），字行先，今赣州市章贡区人。自幼爱好读书，智力过人，见识超卓，博学行高，为当地名士。宋熙宁年间（1068—1077），孝本就读于汴京（今河南开封市）上庠（即太学），与当时尚书左丞蒲宗孟交往甚密。蒲重其才学，聘请其为家庭教师。两年后，孝本学业已成，欲辞归故里。蒲以重金酬谢，孝本辞谢不受，但觉盛情难却，遂请蒲改赠图书。蒲用两年的薪俸购书千卷相送，还以诗相赠。孝本回乡后，即隐居通天岩达20年，坚持著书讲学，乐此不疲，一时遐迩闻名，地方文武官员及名人学士纷纷前往拜访、求教。时虔州郡守林颜对孝本甚为器重，尊其为玉岩翁，并在其居处题匾额"玉岩"二字。

苏东坡被贬路过赣州时，听说有位任过左丞西席的人在通天岩隐居，于是专程前往拜访，两人相见，"深讶相遇之晚，遂为刎颈之交"。此后，阳孝本多次来到苏东坡下榻的地方回访，两人除在廉泉旁几次彻夜长谈之外，还携手到光孝寺、郁孤台、八境台等处凭吊。相见时难别亦难，阳孝本还租一叶扁舟，邀苏东坡到自己的家乡莲花井和梅岭嶂等地游玩遣怀。因此，便有了苏东坡称颂上犹江的名诗："长河流水碧潺潺，一百湾兮少一湾。造化自知太元巧，不留足数与人看。"与此同时，苏东坡写了一首推崇阳孝本超然尘世之外的赞诗："道不二，德不孤。无人所有，有人所无。世之所宝者五，天啬其二而畀其三。是以月计之不足，岁计之有余也。"苏东坡不但以诗相赠，而且尊其为玉岩居士。后人在此处建夜话亭（今赣州一中校内），亭内凿二人造像，以资纪念。

宋崇宁年间（1102—1106），朝廷颁布八行科招贤，孝本被推荐应诏，赐官登仕郎，授职国子监学录转博士。后任宣教郎、秘阁校理，掌管宫廷图书。不久，提升为直秘阁，任洪州（今南昌市）提举。告老还乡后，仍隐居通天岩。孝本晚年得二子，常对其子说："吾无以遗汝，唯有书数千卷。"

宋大观三年（1109），70岁的阳孝本被朝廷任命为直秘阁参事，但阳孝本对腐败的朝廷心灰意冷，不久便辞官归通天岩继续隐居。宋宣和四年（1122），83岁的阳孝本在通天岩无疾而终。

曾　几

曾几（1084—1166），字吉甫、志甫，号茶山居士，谥号文清，今赣州市章贡区人，徙居河南洛阳。历任江西、浙西提刑、秘书少监、礼部侍郎。曾几学识渊博，勤于政事，为著名诗人陆游的老师。后人将其列入江西诗派。

曾几父亲曾准，刻苦好学，才华横溢，与理学家周敦颐为友，曾任集庆军节度推官，蓝田知县。曾几长兄弼、次兄懋、三兄开，均为进士出身，才德闻名。父兄对其影响颇大。宋徽宗年间（1101—1125），以兄弼恤恩授将侍郎。试吏部优等，赐上舍出身。历任擢国子正兼钦慈皇后宅教授、迁辟雍博士，除校书郎、应天府少尹。钦宗靖康元年（1126），提举淮东茶盐。高宗建炎三年（1129），改提举湖北茶盐，徙广西运判，历江西、浙西提刑。绍兴八年（1138），兄开反对议和，兄弟俱罢。逾月任广西转运副使，后主管台州崇道观，再侨居上饶茶山寺七年，自号茶山居士。绍兴二十五年（1155）秦桧卒，起为浙东提刑。明年改知台州。绍兴二十七年（1157）召对，授秘书少监，擢权礼部侍郎。以老请谢，提举洪州玉隆观。孝宗隆兴二年（1164）以左通议大夫致仕。乾道二年卒，年八十二。逝时谥号文清，封河南公，故人又称曾文清、曾茶山。曾几为官多年，不论在地方还是中央，始终清正廉明，坚持清吏治，据纲纪，以御外侮。

曾几为官善理财，清廉刚正，不畏强暴，被时人誉为清官。三次在岭南任官职，家无南物；任浙西提点刑狱时，处死刁吏张镐，百姓称快。浙江黄岩县令受贿，被两小吏抓获把柄，县令将两小吏关入监狱害死。曾几追查此事，有人告之县令是当今沈丞相门下客。对此，曾几毫无顾忌，速审此案，惩治县令。任应天府少尹时，有宦官前来索取钱财，府尹曲意逢迎。曾几力劝不可，宦官终未达目的。曾几任广东漕运司使，上书停赐，朝廷准奏，从此取消张家抚金。

曾几擅长为文作诗，文纯正雅健，诗自然清淡，是江西诗派后期的主要人物，但他不墨守形式理论，更多继承了杜甫现实主义精神。南宋偏安后，所作诗悲愤时事，忧国忧民。南宋"中兴四大诗人"中的陆游、范成大、杨万里均师从曾几，尤为陆游所敬重。曾几病逝后，陆游为其撰墓志铭，上饶建两贤祠祭祀之。曾几著有《经说》20卷，《文集》50卷；作诗近千首，所著《茶山诗集》收入《四库全书》，清四库馆臣据《永乐大典》辑为《茶山集》8卷。参校武英殿聚珍版本（简称武英殿本），及《两宋名贤小集》所收《茶山集》（简称小集）、《瀛奎律髓》（简称律髓）。新辑集外诗另编一卷。

王守仁

王守仁（1472—1529），汉族，幼名云，字伯安，别号阳明。浙江绍兴府余姚县（今属宁波余姚）人，因曾筑室于会稽山阳明洞，自号阳明子，学者称之为阳明先生，亦称王阳明。

明代著名的思想家、文学家、哲学家和军事家，陆王心学之集大成者，精通儒家、道家、佛家。晚年官至南京兵部尚书、都察院左都御史。因平定宸濠之乱军功而被封为新建伯，隆庆年间追赠新建侯。孔子（儒学创始人）、孟子（儒学集大成者）、朱熹（理学集大成者）、王守仁（心学集大成者）并称为孔、孟、朱、王。其学术思想传日本、朝鲜半岛以及东南亚，立德、立言于一身，成就冠绝有明一代。谥文成，故后人又称王文成公。

明正德年间（1506—1521），他以右佥都御史身份任南赣巡抚，治理动乱之中的赣南。率领军队在赣南境内及其周边的闽、粤、湘边境各地作战，打过许多胜仗。在南安（大余）、横水（崇义）、桶岗（即南康市唐江镇，客家话的"桶岗"与"唐江"音相近）等地创造过以少胜多、速战速决的战例，表现出卓越的军事才能。他能文能武，是中国历史上文武双全的人才。

很长时间以来，赣南在古代中国的版图上都属于荒蛮之地。经过多年的变迁，尤其是唐代开凿大余梅岭古驿道之后，逐渐成为一条沟通南北的交通要道，民俗人文有很大的改观。但是，当地的民风在淳朴中依旧带有些不开化的成分。王阳明到任之后，着手用理学思想来管理，从而给赣南文化的发展带来巨大的影响。当时赣南在全国经济文化方面相对落后，他利用自己特殊的地位，广为传播他在哲学和文学上的独创见解，促进了赣南文化的发展。历来流传着一种说法，说"赣州话是王阳明教出来的"，是否确实，已无从查考。按理，靠一个人教出一个城市数万人日常使用的方言来似乎不可能，但王阳明确实采取各种措施在赣州城区推广"官话"，使语音极靠近普通话的赣州方言统一起来、普及开来，令其成为赣州城区市民沿用至今的日常用语。阳明先生虽早在五百年前已经作古，但他在赣州市民经常使用的口语中为自己保留了一座无形的丰碑。

王阳明刚到赣南时，就订立赣南乡规民约，在赣南各县兴办书院、社学，刻印儒学经典，亲自授徒讲学，宣讲"致良知"学说。从制度上确保理学治人，同时采取非常有效的行动。他在赣南修葺濂溪书院，创办阳明书院，还在赣南大余、龙南、于都等县都创办书院、社学计有20多所。并且在上报朝廷设立崇义县之初，就将设立学宫作为第一重要事项。现今赣州一中校内的阳明书院已成标志性建筑，见证成千上万的优秀学子从这里走出。

王阳明一生事业的奠基在赣南，从这里出去后，平步青云，官至兵部尚书、两广巡抚。他的理学核心理论"致良知"，也在赣南完善，发表《传习录》《训蒙大意示教读》等代表作品，一时名声大震，四方学者云集其门、相聚赣南。赣南的学子更是纷纷拜王阳明为师，并在其教育和熏陶下，也成为一代理学名家。

魏　禧

魏禧（1624—1680），字冰叔、凝叔，号裕斋。在兄弟中排行第二，人们称他叔子先生。因为他自称自己的住所为"勺庭"，人们又称他勺庭先生。宁都县人。清代文学家、诗人。

魏禧从小勤奋好学，不爱嬉乐，十一岁补为县学生。谈论时事纵横驰骋，预见性很强。明朝亡后，清兵进入宁都，魏禧放弃功名，曾筹划起兵勤王，后与兄魏祥以及弟魏礼人称"宁都三魏"。与本籍李腾蛟、邱维屏、彭任、曾灿，南昌籍彭士望、林时益9名友人，避乱隐居在宁都县城西北郊的翠微诸峰。顺治十六年（1659）登翠微峰前，魏禧赞叹"易堂真气，天下罕三矣！"他们结庐聚居，志同道合，专心古学，读书著论，开馆教学，共同研讨"易学"，后世称他们为"易堂九子"。

魏禧年近四十时出外游历，往来于江、浙之间，以文会友。康熙十八年（1679），朝廷为延揽人才，下诏书到各地举荐士人应试"博学鸿辞"科，魏禧因为声望显著，在举荐之列，并用轿子强行将其抬到南昌，但他用棉被蒙头装病，坚辞不就，官方只好作罢。两年后，赴扬州游历，病逝于江苏仪真（今仪征）。

魏禧注重修身砺行，爱好史论，才学在诸子中最高，被众人推为"易堂"领袖。他的散文成就最高，注重"积理""练识"；同时，他也强调养气，重视文章的做法，他的散文具有力量与章法。《清史稿》称他"喜读史，尤好《左氏传》及苏洵文。为文凌厉雄杰，遇忠孝节烈事，则益感激，摹画淋漓"，《清史·文苑传》将侯方域、魏禧、汪琬并称为清初古文三大家。

魏禧著有《左传经世钞》10卷、《魏叔子文集》22卷、《日录》3卷、《魏叔子诗集》8卷并行于世。

戴第元

戴第元（1728—1789），字正宇，号簋圃，又号省翁，江西省大余县人，清乾隆朝大臣。

戴第元是戴珮的长子，从小就十分聪慧，能吟诗作对，被称作"神童"。童试时，南安府知府游绍安被戴第元端庄稚雅的举止吸引，对他一见如故，测试后又对他刮目相看，亲自为他办理入籍手续。之后，推荐给来南安视察的江西提学谢公，谢公亲自出题面试，对戴第元的敏捷才智倍感称奇，嘱咐游绍安知府要好好培养教育他。

戴第元13岁时，被选入道源书院（即南安府学）学习，他的文章经常被拿出来欣赏，道源书院认为他将来必定是大余最有出息的人物。

戴第元将大家对他的鼓励化为学习的力量，更加勤奋，更加刻苦学习钻研。乾隆十八年（1753）以突出成绩被选为贡生，升入京都的国子监学习，并参加了当年的江西乡试，"登本科贤书"（即中举人）。但在次年的秋闱会试中却未能高中进士，而中的是明通榜，被选派到江西的兴安县（今江西横峰县）任教谕。乾隆二十二年（1757）参加丁丑科会试，高中第二甲第17名进士，赐进士出身。先任翰林院庶吉士，后授编修。乾隆二十七年（1762）出任江南行省（地域包括今江苏、安徽、上海等地）乡试副主考官，选拔出来的人才中包括江永、朱筠、戴震等穷经饱学之士。后又到江南、山东、湖北等省主持乡试，任顺天府分校和安徽、湖北等省视学，出任江南道、四川道的监察御史。因"多识朝廷典礼"调入京都,先后在鸿胪寺、光禄寺、太常寺任职,晋升为太仆寺少卿,官居从三品。

戴第元虽然是一个朝廷重臣,但他从不恃官自傲,在教育子女方面要求尤为严格,经常教育子女要勤奋学习,严于律己,克己奉公。在他的带领和教育下,戴氏一门在短短的数十年间,出现了父子、兄弟先后成为朝廷重臣的盛事,戴第元与其弟戴均元、长子戴心亨和次子戴衢亨4人一起"并列清华""一门四进士,叔侄两宰相",被誉称为"西江四戴"。

戴第元是个才大学博的官员,他的诗词文章更是"推倒一时",名重海内,他编辑出版的作品有《唐宋诗本》80卷等。乾隆五十一年(1786),戴第元在他58岁时以身体有病为缘由辞官退休。退休后,戴第元回到家乡,乡里乡亲为他做寿酒庆贺,翰林院及内阁还联名写来祝寿贺词,浙江钱塘人吴锡麒为他撰写了贺文。乾隆五十四年(1789),戴第元因病去世,终年61岁。

谭　庄

谭庄(1718—1794),原名谭垣,字穆亭,号桂峤,全南县南迳镇中切村人。系清代赣南第一个在台湾当政的官员。

谭庄从小聪慧,10多岁便能吟诗,备受乡人邻里推崇赞赏。清乾隆十二年(1747)中为举人。清乾隆十三年(1748)进士,授福建政和(今闽北政和)县令,任职8年,多次用自己的俸薪赈济穷困百姓,民众对其拥戴之至,尊他为"谭菩萨"。

清乾隆二十年(1755),谭庄奉旨调任台湾凤山(今高雄所在地)县令,其地民族众多,匪患迭起,社会秩序混乱。匪首陈宗宝率匪常下山抢掠,杀人放火,挑起民族争端。前几任知县都无法消除匪患,先后被撤职。谭庄抵达凤山县后,立即督兵突然袭击匪巢,俘获匪徒30余名,匪首陈宗宝带残余匪徒仓皇而逃。接着,谭庄又着手整顿县内社会治安,招抚少数民族首领冷匕,并鼓励民众大兴生产,励精图治,使县内民族和睦,人民安居乐业,官民对此均心悦诚服。匪首陈宗宝慑于谭庄崇高的威望,带家小及残匪下山自缚而降。谭庄没有杀他,而加以教育,启发他改邪归正,痛改前非,然后放他回家。事后,遇朝廷大宪巡视至凤山,传讯陈宗宝,意欲杀之平民愤。谭庄在大宪面前力保宗宝,使其免于一死。陈宗宝跪地叩谢了谭庄的宽宏救命之恩后,涕泣而去。清乾隆二十三年(1758),谭庄任期满,接旨调任他处。

但是,谭庄离凤山还不足一个月,邻县的匪首黄教作乱,陈宗宝亦本性未改,乘机再度上山为匪。他联络黄教,率匪聚集傀儡山,打家劫舍,为害乡里,一时境内匪患迭起,社会再度动荡不安。乾隆皇帝传下旨意,急调谭庄回台湾凤山平定匪乱。谭庄奉旨返回凤山,率领少数民族首领冷匕及其兵勇直捣傀儡山。民众闻谭庄来平匪,沿途挟壶提酒相迎,乡勇也纷纷自愿随其前往。一时,傀儡山布兵如网,将匪徒重重包围。陈宗宝和黄教正欲负隅顽抗，忽闻山下领兵之人正是前任知县谭庄，大惊失色，陈宗宝拔剑引颈自刎。傀儡山不攻自破，匪首黄教被生擒。后全台悉平，大宪上其功，升上洋通判，历署延平、邵武、建宁、福州（以上均属今福建省所辖县市）府知府兼摄清军同知，所至老幼欢迎，谭菩萨之称几遍州郡。

谭庄年迈后，辞官告老还乡，潜心治学著述。清乾隆五十九年（1794）卒于故乡。墓葬于南迳镇中切村西面土坡上。著有《敬直郡文稿》。

戴衢亨

戴衢亨（1754—1811），字荷之，号莲士，江西省大余县人。清乾嘉时期朝廷重臣，"西江四戴"之一。

乾隆四十九年（1784），戴衢亨随高宗到南方巡视，之后提督山西学政，经调查调整人才选拔名额，保证了人才质量，却招人告发，受革职留任处分。后参与平定台湾反叛事件，受高宗奏奖。

嘉庆三年（1798）迁任礼部侍郎，又调户部右侍郎，不仅掌管全国的钱粮，还要主持社会安定事务。在他到任不久的八月，率军平定四川省安乐坪叛乱，生擒叛军首领王三槐，嘉庆帝加恩奖赏戴衢亨，赐其可在紫金城跑马之荣誉。第二年，高宗去世，戴衢亨操办所有丧葬事务，积劳成疾，不得不请假养病。假满之后，被仁宗任为吏部侍郎。嘉庆八年（1803）三月，戴衢亨受命阅读考试翰林院、詹事府各员试卷，以公正准确、有识力见称。接着又与礼部尚书纪昀一起共同续办编纂《四库全书》事务。后调任工部尚书，充会典馆副总裁等职。其时，四川、陕西、湖北等省的白莲教起义均被平定，仁宗任命在实录馆供职的戴心亨之子戴嘉谷为知县，以此形式嘉奖戴衢亨。嘉庆九年（1804），顺天府发生书吏盗窃府印案件，戴衢亨以"失察"被免府尹一职，交都察院议处，部议降一级调用，又以加级相抵销。

嘉庆十三年（1808），戴衢亨回到阔别多年的故乡。在大余，他到了祖先坟前进行了祭祀，探望了在乡养病的叔叔戴均元。并到县城周边的一些地方察看，留下许多佳话传说。他在《南安诗草》中写到"此去竹林勤问讯，亲传天语到柴门"，专记此事，以感天恩。

嘉庆十六年（1811）三月，戴衢亨随仁宗巡视西北诸省，刚到河北正定时却忽发重病，帝命先行回京调治，虽经太医诊治却无效果，于四月病逝，年仅57岁。

戴衢亨去世后，加恩晋赠为太子太师，谥号文端公，入祀贤良祠。拨库银1500两为戴衢亨办理丧事。赐戴衢亨11岁儿子戴嘉端为举人，袭云骑尉。嘉庆十七年（1812），戴衢亨归葬南昌冈前岭之北。

戴均元

戴均元（1746—1840），字修原，号可亭，南安府大余县人，清乾隆、嘉庆、道光三朝重臣，大余"一门四进士，叔侄两宰相"的"西江四戴"之一。

戴均元生于清乾隆十一年（1746），是戴珮最小的儿子，戴第元同父异母的弟弟。据传，他的母亲江氏嫁给戴珮后，很长时间都未能怀胎生育，就到神庙中祈祷，之后就怀孕生下了戴均元。戴均元出生后长得面目丰润，宽额大耳，显现出一股机敏聪慧的灵气。均元还在12岁时，他的兄长戴第元已官至太仆寺少卿，不久又官至翰林院，并于乾隆二十七年（1762）主持江南考试。但他不以此为靠山，而是经常到山中寺院，以烧篝火、燃松明为灯，彻夜通读至天明，终至通经史，善诗文，于乾隆三十三年（1768）乡试中举。乾隆四十年（1775），他和他的侄儿戴心亨一同参加乙未科会试，两人均高中进士，戴均元中第二甲第25名进士，赐进士出身，入翰林院任庶吉士，三年期满授编修，从此入仕。

戴均元一生历乾隆、嘉庆、道光三朝，为官50多年。他既执权柄于朝廷，又曾治于地方州府。入仕之初，他充任江南、湖北等地乡试主考及四川、安徽等省学政，均能秉公持正，选拔人才。乾隆四十五年（1780），均元任江南乡试副考官，"因录取骈体，拔冠榜首，下部议处"，但他坦然处之，最后为朝廷选拔出了有真才实学的人才。嘉庆三年（1798），均元在安徽任职期满调还京都时，其侄戴衢亨已超授军机大臣，按亲属对品回避惯例，均元改授为六部员外郎，（太上皇乾隆）特命以鸿胪寺少卿候补。嘉庆四年（1799），戴均元以鸿胪寺少卿之职，将他所了解到的地方种种弊端写成奏折上奏，他说："外省州县设立常平仓谷，原为赈恤平粜之用。近年多有缺额，其实储之仓者十无二三，请敕各督抚通行所属，勒限买补。"仁宗阅后，给予嘉奖，传谕照办。之后，均元擢升为工部侍郎。嘉庆八年（1803），黄河在河南衡家楼发生决堤，上命均元与藩理院左侍郎贡楚克扎布一同察视处置。他实地勘察，安排周详，待一切妥帖才返京复命。第二年正月，调任户部右侍郎。二月治河工程完工，奏报"启放引河，溜势顺畅，旬日内计可堵合。"不久，衡家楼大坝合龙，河归故道，均元因督河有功而受嘉奖。之后他受命连办多次治黄浚河事务，均极成功。嘉庆二十三年（1818），仁宗以均元办事敢言，认真无私升其为文渊阁大学士，晋太子太保，管理刑部。入阁那日天降小雨，仁宗即兴写了一首"喜雨"诗，诗的末联是"六气欣协和，启沃资加益"，倚重恩眷之意，溢于言表。第二天，均元上谢折，称"一门之内，叔侄同此殊施；十载以来，先后构兹荣遇。"仁宗阅后大为动容，说："诚为难得，汉人中似此有几家？"道光二十年（1840）去世，终年94岁。

陈 炽

陈炽（1855—1900），原名家瑶，字克昌，号用絜，后更名炽，取字次亮，别号瑶林馆主，瑞金市瑞林镇人，清末爱国思想家、教育家、维新志士。

陈炽12岁赴宁都州试中秀才，优廪生。19岁被选同治癸酉科拔贡。次年朝考录为一等第四名，签分户部山东清吏司任职。28岁中举人，光绪十二年（1886）考军机章京名列榜首，次年正月转到军机处行走，补户部陕西清吏司主事，37岁起先后任四川清吏司员外郎，户部捐纳房，方略馆纂修，方略馆邦总，福建清吏司郎中。方略馆保升以道员补用，后升员外郎，赏戴花翎加三级，诰授中宪大夫。恩奖得道员后，赏加二品衔。

1889年前后，陈炽在户部任职期间，先后上书李鸿章、翁同龢、陈宝箴等学政者，对朝鲜内乱、黄河改道、铁路筹建诸事陈述己见。在福建清吏司任上，他鉴于鸦片战争后的危局，痛恶冥顽不化的封建守旧势力在西方列强进逼下"辱国辱身，茫然无所措"，又嫌洋务实践大多袭西方之皮毛，一心想转变中国积贫积弱的颓势，遂留心天下利弊，深究富国要策，遍历沿海诸要埠，历香港、澳门等地，考察其政治、经济诸形势，又博览群书，特别是西方政治经济方面的书籍，广泛结交通晓洋务者、外交使节，探究综合古今中外全局，发奋著书立说。1894年，完成《庸书》内外百篇，全面阐述其治内攘外、挽救危亡的主张。《庸书》的问世，在当时社会上引起了很大的反响，各书局竞相刊印，一版再版，并被维新运动的改良派作为变法的参政书进呈光绪皇帝御览。

甲午战争后，陈炽积极投身维新运动，是维新运动的有力推动者和积极参与者，同时也是帝党与维新派的中间联络人。1895年6月，他为翁同龢与康有为起草变法大纲。7月捐资刊行中国最新的维新报——《万国公报》，8月在康有为和梁启超筹划下，成立了中国资产阶级维新派第一个政治团体强学会，陈炽被推举为强学会提调（相当于会长），强学会三日一会于北京云草堂，商谈时政，抗声救亡，影响甚广，对推动维新运动的开展起了积极作用。11月，京师强学书局成立，陈炽为总董。1895年年底，书局遭禁，遂潜心研究经济问题，探索中国富强之路。1896年，陈炽撰写并刊印了一部系统的经济专著，取名《续富国策》。该书分农、工、商、矿4卷，共60篇，较系统地阐述其振兴经济的思想及方略，主张设立议院，振兴商务，发展工商业，并提出成立商部，制定商律，保护关税，取消厘金，设立公司，实行专利等保护商业的措施。《续富国策》深受时人追捧，一版再版，成为当时中国经济振兴的教科典范。

与此同时，陈炽非常注重教育，提倡办新教育和"学西方而自强"。他倡议各省府县治，应仿书院之意广设学校，在学校讲授内容上，强调更应兼授化学、光学等知识，即"中学西学，合同而化"。主张"于通商各埠，广设工艺学堂"，建议以民间集资与官方资助相结合的形式大办学校，并广增女塾，分门别类，延聘女师。同时认为要大力学习西方之经验，传播西文之文明，主张通商各埠，设立翻书局，专翻西国士、农、工商、兵、刑等一切有用诸书，译成华文，颁行天下学宫书院，使天下读书之士，皆通知海外之情形，并亲自翻译《富国策》（英，法斯德著《政治经济学提要》）。1851年，陈炽休假在家，与诸邑人筹资，倡立"宾兴会"，专款济助应考之贫生员、穷秀才，1892年，再次约集诸邑人，增益宾兴会，使之成为瑞金县地方性人才基金会。

1898年，戊戌变法失败后，壮志未酬的陈炽，愤慨不已，加之多年心血之著作——《庸书》被禁止销售发行，忧郁成疾，经常高歌痛哭，若痴若狂。1900年6月6日病卒于京都赣宁新馆。

宜春市名人

马祖道一

马祖道一（709—788），俗姓马，名道一，四川什邡人。唐代"洪州禅"师祖。谥号大寂禅师。史有"马祖建丛林、百丈立清规"的说法，其被尊为"佛教禅宗八祖"。

史书说他容貌奇异，牛行虎视，舌头长得可以触到鼻，脚下有二轮文。12 岁出家，依资州（今四川资中、资阳）和尚（即处寂）剃染，就渝州（重庆）圆和尚受具足戒。开元二十三年（735），到南岳从怀让禅师（禅宗七祖）学禅 10 年。天宝初年（742）到过福建建阳佛迹岭，开始弘化授徒。不久到临川（今江西临川县）的西山，后又至虔州（今江西赣县）的龚公山宝华寺弘法 28 年。代宗大历四年（769），马祖道一来到洪州（今江西南昌市）的开元寺（今佑民寺）说法，四方信徒云集，法嗣有 139 人，以西堂智藏、百丈怀海、南泉普愿最为闻名，号称洪州门下三大士，后各为一方宗主，也使开元寺成为江南佛学中心，"洪州禅"由此发源。江西的法嗣广布天下，影响深远，称洪州宗（洪州禅），与青原一系下的石头宗遥相呼应，自此禅宗大盛于天下。道一俗姓马，因此以"江西马祖"闻名于世。日本哲学、佛学、汉学大师铃木大拙指出："马祖为唐代最伟大的禅师"。胡适称马祖为"中国最伟大的禅师"。

记述马祖道一禅法的资料主要有《景德传灯录》《祖堂集》《古尊宿语录》《四家语录》等。在《四家语录》卷一里收有《江西马祖道一禅师语录》。马祖道一的禅法，从引导修行者达到最好修行境界的角度看，分为三个阶段，即他用了"三段论"，从"即心即佛""非心非佛"到最后的"平常心是道"。

除佛学思想外，马祖道一对佛教的一项重要贡献就是创立"丛林"。唐朝以前禅僧没有统一的道场，或是寄居官府认可的寺庙中，或是零星散居于大树下、山洞中，一衣一钵，实行乞食制，靠信徒的施舍度日，日中一食，修头陀行。这种散居形式使禅僧无法集中交流，修行也容易受到外界影响。圆寂前的两个月，马祖道一在靖安县泐潭寺（宝峰寺）创立"丛林"（道场，僧尼集中修行的场所），提倡农禅并重，农禅合一，主张一日不作，一日不食，使禅宗终于有了修行、交流、传法的场所。马祖创立"丛林"后，禅者的生活为之一变，禅徒集中生活，自行劳动，寓禅于生活之中，把搬柴运水，都当作佛事。又主张禅者应以山居为主，在深山中建道场，远离嚣尘。

马祖圆寂后，归骨于建昌石门山（今靖安宝峰寺），藏舍利于塔内。马祖塔始建于唐朝中期，宋代重建，全称为"宝峰马祖道一大寂禅师舍利之塔"，并建有一石亭，护罩塔身，1957年列为江西省重点文物保护单位。

怀 海

怀海（720—814），俗姓王，福建长乐市人，原籍太原，是马祖道一的法嗣，唐代佛教改革家。穆宗长庆元年（821），敕谥大智禅师，塔曰大宝胜轮。

大师早年在广东潮阳西山，依慧照禅师落发，赐法号"怀海"，其师授以经句，始悉文字，两年后离西山寺，慧照临别嘱曰："遇马则参，逢丈则止"。又到衡山依法朗受具足戒，后又往庐江（安徽庐江县）浮槎寺阅藏。因听说马祖道一在南康（江西赣县）弘法，于是前往参学，是道一门下首座。唐贞元四年（788），马祖圆寂，其舍利葬于靖安宝峰寺，怀海遂结庐于马祖墓塔房，继续修行马祖的洪州禅法。有檀越请怀海禅师住洪州新吴（今江西奉新县）大雄山，另创禅林，开建百丈寺。四方禅客云集，以沩山灵祐、黄檗希运为上首，由是百丈丛林门风大盛。从此百丈寺成为一处弘扬禅法的大道场，四方学子闻风而至，从学僧众多达千人，人们称此禅法为"百丈禅"，称怀海为"百丈禅师"。怀海在百丈寺住持弘法20年，他创立的百丈禅寺，标志着禅宗真正独立。

怀海的禅学思想深得祖师慧能和马祖道一的真传，十分强调佛法就在各人心中，不假旁求；学佛就是要消除自心所受妄想的系缚，明心见性，也就是证得佛法。有人问："如何是大乘顿悟法要？"答道："汝等先歇诸缘，休息万事。善与不善，世出世间，一切诸法，莫记忆，莫缘念，放舍身心，令其自在。心如木石，无所辨别。心无所行，心地若空，慧日自现，如云开日出相似。"

怀海对禅宗发展的最重大贡献，是大胆进行教规改革。他提出：我们修行的是大乘法，岂能受属于小乘系统的戒律、教规所束缚？他根据实际情况制定出一系列切实可行的新规制。首先是创意别立禅居，即创立独立的禅院、禅寺，不与律寺混杂。禅院（寺）中不立佛殿，唯树法堂，表示佛法不依赖言象，只靠师傅的启发和僧人自身的体认。这是将慧能"不立文字，教外别传"的主张制度化了。又调整"丛林"中师徒、同学间的关系，打破旧寺院中尊卑、贵贱分明的等级结构，令僧徒不论高下，尽入僧堂。堂中设长连床，施横架挂搭道具。僧徒睡觉的姿势规定为斜枕床唇，称为带刀睡，旨在保证僧徒的身心健康。又规定悟道最深、德高望重的禅僧为化主，称为长老；独住一室，称为方丈。长老说法，僧徒在法堂分列东、西两行立听，宾主问答，激扬宗要。僧徒排列的次序，唯由出家时间即僧龄而定，不问出家前的贫富贵贱。在生产方面，怀海倡导普请法，即自长老以下不分长幼普遍参加生产劳动，提出"一日不作，一日不食"的口号，并身体力行。此外还有关于禅院事务的其他种种规定，怀海将它们编为一书，称为《百丈清规》，或称《禅门规式》。这一清规在"百丈丛林"推行开后，天下禅僧纷纷仿效，很快风行全国。

中国禅宗教义的确立，基于六祖慧能；中国禅宗教义的传播，仗于马祖道一；中国禅宗戒律的制定，始于百丈怀海。故有"马祖建丛林，百丈立清规"之说。怀海流传至今的有《百丈怀海禅师语录》《百丈怀海禅师语之余》和《百丈怀海禅师广录》，均收录在《古尊宿语录》中。

良　价

良价（807—869），俗姓俞，浙江诸暨人。禅宗五家之一的曹洞宗的创建者，习称洞山良价禅师。

良价幼年在五泄山三学禅院10年，奉佛之心愈加虔诚。21岁那年，他遵师嘱，开始云游四方，先到河南嵩山接受戒礼，领了度牒，再到安徽池州（今贵池区）南泉山，参谒马祖三大入室弟子之一的普愿禅师，深得普愿禅师的赏识。后到湖南沩山参灵祐禅师。灵祐是百丈怀海法嗣，为沩仰宗的初祖。良价在沩山目睹和体验了农业对禅业发展的巨大作用，经灵祐的推荐和介绍，到云岩参昙晟禅师。昙晟认他为正传弟子。

得心印而归的良价先后游于湖南、湖北。唐大中十一年（857），良价由上高进入宜丰，住新丰山吉祥院，继续禅修悟道。前来参谒的学僧络绎不绝。一天，良价来到宜丰洞山。在涉渡葛溪时，忽然看见了自己倒映在水中的影子，于是心窍豁然开通，大彻大悟，刹那间，解开了"无情说法"的多年疑惑，大悟"只这个是"的禅意；原来老师的真正意图，是让他明白自心不异诸佛、无须外求的道理。于是，在洞山建起广福寺（后改名普利禅寺），自立山头，创五位禅法，开场弘道，禅发洞正教义。其弟子本寂深得其中三昧，本寂辞别良价时，良价嘱曰："吾在云岩先师处，亲印宝镜三昧，事穷的要，今付与汝。"另有纲要偈三首，一曰敲唱俱行偈，二曰金锁玄路偈，三曰不堕凡圣偈，一并付与本寂。本寂受良价重托，来到宜黄曹山弘发良价学说，由是曹洞宗正式确立。

良价的言行，有《瑞州洞山良价禅师语录》及《筠州洞山悟本禅师语录》各1卷，记述甚详。

良价圆寂后，唐懿宗李漼追封他为"悟本大师"，并传旨为他建造墓塔，名曰"慧觉宝塔"，后世称"价祖塔"，至今犹存于洞山普利寺后。

钟 传

钟传（850—906），上高县田心镇人。唐末南平王，控制大半个江西达三十余年。

钟传年少时不事农桑，"以贩为业"负而以勇毅闻于乡里。曾酒后挥剑斫虎，传为美谈。功成名就之后，每忆起少年博虎之事，总觉得那是有勇无谋之举，常有悔意，戒诸子曰："士处世尚智谋，勿效吾暴虎也！"乃画《博虎图》状示子孙。钟传开始一改其赳赳武夫形象。

唐乾符四年（877），黄巢起义军连克江西多州。江西各地农民"群聚"响应，官府鸟散，强梁蜂起。钟传以博虎闻名为众所服，被推为首领"保境安民"。钟传起兵末山，后移寨华林山，聚众上万，自封高安镇抚使，领兵入驻抚州，朝廷封为抚州刺史。中和二年（882），钟传逐走江西观察使，占据洪州。唐僖宗封钟传为江西团练使、镇南节度使、检校太保、中书令，赐爵颍川郡王，旋改南平郡王。钟传儿子娶抚州刺史危全讽女儿为妻，钟传手下将领彭玕为吉州刺史，儿子匡时、养子延规分别为袁州、江州刺史，实力雄厚，控制大半个江西。钟传常以荐贤为急务，吸引了许多外地的知识分子来到江西，以求进取。"虽州里白丁，片言只字，求贡于有司者，莫不尽礼接之"。坚持开科考试，"设会供帐"，比太平年月还要隆重。每逢解送举子入京赶考，常率各级官员临视，大摆宴席为之饯行。而且还厚礼相送，十万至三十万银两不等。

钟传崇信佛教，曾奏请于洪州建寺，曰"报国上蓝寺"。并捐出上高九峰山的故宅辟为崇福寺，在上高武泉山创建普济寺，宜春蟠龙山创建蟠龙禅院。凡出军攻城，必祷佛而行，不忍妄杀。兵围抚州时，城内突然大火，诸将请急攻之，钟传曰："乘人之险，不可！"乃祷告火神弗为民害。抚州守将闻之，谢罪听命。兵不血刃收复抚州，一时传为佳话。

钟传统治江西三十余年，直至去世，为国内诸侯中专权最久者。后养子延规与儿子匡时争权不遂，降于吴。吴兵攻陷洪州掳钟匡时及部下，江西全境归于吴。

郑 谷

郑谷（848—910），字守愚，宜春市人，晚唐诗人。

郑谷出身官宦之家，书香门第，其父郑史官至永州刺史，有诗赋百篇。郑谷受家庭影响，自幼颖悟绝伦，七岁能诗，当时有名的诗人、诗论家司空图便认为他是个奇才，曾抚其背曰"当为一代风骚主"。因其《鹧鸪》诗饮誉诗坛，人称"郑鹧鸪"。咸通十一年（870）应京兆府试，列"芳林十哲"之一。但科举不顺，连考11次，至40岁，光启三年（887），才进士及第，又因时局动荡，45岁才任京兆鄠县县尉，后历任京兆府参军、右拾遗、右拾阙、官至刑部都官郎中。故诗坛又称其为"郑都官"。乾宁三年（896），郑谷随昭宗避难华州，寓止云台道舍。天祐元年（904），朱全忠逼哀帝迁都洛阳，举火焚毁长安，郑谷乘乱弃官归宜春。寓州城西北之北岩别墅（今化成岩）。唐亡，遂入山，隐居城南仰山东庄（今洪江镇东南村花桥），筑堂读书。在北岩别墅去世，葬江北岭。

郑谷以《鹧鸪》诗和"一字师"饮誉诗坛。唐朝末年，湖南益阳的著名诗僧齐已自郴州至宜春，以诗谒见郑谷，其《早梅》诗中有"前村深雪里，昨夜数枝开"句，郑谷认为"数枝非早也，不若一枝佳"。齐已大为叹服，拜郑谷为"一字师"，成为流传千古文坛佳话。郑谷一生诗文甚多，自结有《云台编》《宜阳集》《国风正诀》等。作诗不少于千首，仅《全唐诗》就收录其诗327首，作四卷。

郑谷的诗深入浅出，别具机杼，有独到之处，在"锻炼句意"上肯下功夫，合乎诗道。清婉明白，通俗易晓。

郑谷是宜春历史上第一位在全国诗坛上具有重要地位的诗人，也是唐代江西诗人中成就最大的一位。宜春人为纪念他，曾将城南一条街命名为"鹧鸪路"。郑谷的读书堂是宜春历代名胜之一，范成大、辛弃疾、朱熹等均到此凭吊，并留下诗句。

刘　敞

刘敞（1019—1068），字原父，世称公是先生，今樟树市（北宋时属临江府新喻）人。北宋文史学家、经学家。

刘敞自幼聪明，精读经书。庆历六年（1046）与弟刘攽同中进士。刘敞廷对时本为第一，因编排官、翰林学士王尧臣系刘敞其子的哥哥，为避嫌疑，将刘敞列为第二。以大理评事通判蔡州（今河南汝阳县），后任吏部南曹、考功员外郎，知扬州、郓州、永兴军，官至集贤院学士、南京留守司御史台。

刘敞在朝为官时，敢于坚持原则，对于不合理的事，常常是切言直谏，不畏权贵。皇祐二年（1050）宰相夏竦死后，仁宗不经百官集议，赐谥号文正。刘敞认为夏竦虽有才智，但为人奸邪阴险，性贪婪，好弄权术，一生的言行与"文正"二字不合；议定谥号不经百官讨论，也是不妥当的。他三次上书力争，终被改谥文庄。仁宗宠妃张贵妃死后，被追谥为温成皇后。有些善于逢迎者，要将温成皇后死日定为国忌日，刘敞认为不可，上书切谏，仁宗只好作罢。宦官石全彬因看护温成皇后坟墓有劳绩，迁官苑使并代理观察使。因未能真授观察使，有怨言，后仁宗任命石全彬为观察使，命刘敞起草任命书，刘敞拒绝，石全彬最终没有得到任命。

刘敞知郓州（故址今在山东东平县）和永兴军（治今陕西西安）期间，都因治旱有方，农业生产迅速恢复发展，社会安定而深受百姓的爱戴。他在知扬州时，及时清理归还达官显贵冒占农民的田亩数百顷，使农民耕者有其田。刘敞为官清正，还为贫民平反冤狱。

刘敞是一位著名的经学家，尤长于《春秋》三传，其解经说义，与传统的汉代学者不一样，开宋学者批评汉学者之先声。刘敞既精通经学，又熟悉史学。翰林学士欧阳修撰写《新唐书》《新五代史》时，亦求教于刘敞，称刘敞"于学博，自六经、百氏、古今传记，下至天文、地理、卜医、数术、浮屠、老庄之说，无所不通"。刘敞奉命出使契丹，契丹人带着他故意走了许多弯路，以显示路途的遥远。刘敞熟知地理，对道路了如指掌，就质问对方，契丹人又惊又愧，只得认错。契丹山地中有一种怪兽，形状像马，却能猎食虎豹，契丹人问刘敞怪兽为何种动物，刘敞告知他们为"驳"，还描述了这种兽的叫声和模样，在古书《山海经》和《管子》中，都有这种兽的记载。契丹人听后，敬佩不已。

刘敞对金石学亦有研究，尝得先秦彝鼎数十，考青铜器铭文，辨识古文字。因以知夏、商、周三代之典章制度，补充史籍之不足。著有《春秋权衡》《春秋传》《七经小传》《春秋传说例》《春秋意林》等，还与弟刘攽、子刘奉世合著《汉书标注》。今存《公是集》54卷。

其弟刘攽，史学家，官至中书舍人。《资治通鉴》副主编之一。

刘　恕

刘恕（1032—1078），字道原，筠州高安县（今高安市）人，祖上为陕西。北宋史学家，《资治通鉴》副主编之一。

刘恕从小聪明颖悟，理解力强，读书过目不忘。8岁时，家中有客人，有人认为孔子没有兄弟。刘恕应声回答："以其兄之子妻之。"这是《论语·公冶长》里的句子。在座的人都十分惊讶。

皇祐元年（1049），刘恕十八岁，中进士。再试经义、说书皆列第一，轰动东京开封，名重诸公间。任河北巨鹿主簿、和川（今山西安泽）县令。司马光慕名与他相识，官至秘书丞。

嘉祐六年（1061），刘恕调至开封，与刘攽、范祖禹负责校《后魏书》。这时，他与苏轼、苏辙相识，成为好朋友。刘恕求知若渴，对科举以外的、一般读书人不读的书，如历数、地理、职官、族姓、历代公府案牍等，特别喜好，并边读边审核考证，尤擅长史学。

治平三年（1066）四月，司马光向英宗进献《通志》8卷（即今《资治通鉴》战国至秦8卷）。英宗十分赞赏，诏命续编，并设书局于崇文院。司马光荐刘恕参与《资治通鉴》编修，居二年转著作佐郎。在编书局，司马光为《资治通鉴》全书主编，刘恕、刘攽、范祖禹三人为副主编，在制订全书主例方面，司马光经常和刘恕商讨，不仅如此，纷繁错乱的史事，都由刘恕来完成，全书分量最大、最难处理的魏晋南北朝、隋和五代部分的长编，都由刘恕来编写。家中藏书不足，他到百里之外抄阅别人家的藏书达几十日，以致眼睛患疾。

熙宁三年（1070）九月，因不赞同王安石的变法，司马光担心影响《资治通鉴》的编纂，自请离京。获准以端明殿学士出知永兴军（陕西西安）。刘恕也觉得自己性格直爽，好论是非，于是以奉养父母为由，请求调任南康军（江西星子）监酒。诏即同意，改秘书丞并仍遥隶书局，在监酒任内仍然编修《资治通鉴》。熙宁九年（1076），为与司马光商议修书事宜，不远千里前往洛阳，归途中得知母亲钱太夫人去世，悲哀忧郁，患风挛疾，右肢废不能用。仍对修书锲而不舍，口授给儿子刘羲仲书写。临终也没忘记好好保留所有的稿件和资料，把它们归束一起，寄回书局。刘恕于家中去世，先葬于星子城西，后改葬于九江龙泉。

元丰七年（1084），《资治通鉴》编成，朝廷追录刘恕的功劳，赐予他家书一套，任命他的儿子刘羲仲为郊社斋郎。刘恕著有《十国纪年》42卷，《疑年谱》《年略谱》各1卷，《通鉴外纪》10卷等。

徐梦莘

徐梦莘（1124—1205），字商老，樟树市溧江镇后岗徐家村人。南宋官员、史学家。

梦莘自幼聪慧，爱读经史，览阅稗官小说，寓目成诵，过目不忘。宋绍兴二十四年（1154）考中进士，初授南安军（治江西大余）教授（七品），后改湖南湘阴知县。时值湖南实行括田，增耕地税。梦莘独谓本邑无新田，租税无法增加。湖南道派人亲自查访湘阴，欲从簿书间的田册上寻找出梦莘的漏洞，最终未能得逞，反倒显示出梦莘在湘阴执政为民，从不虚报数据，处处想着百姓的艰难困苦。最后，如实上报朝廷，反被朝廷重用。之后，调广西转运司主管文字。

徐梦莘在广西转运司主管任职时，朝廷议易二广盐法，派广西安抚司官员胡廷直与东西漕臣集议于境。梦莘从行参加巡察。之后，徐梦莘发表不同见解："广西多山，应实行官般法。广东靠江，可容客贩，不宜二广同行一法。"梦莘调任宾州任知州，因不满胡廷直的盐法而屈辱，故而罢官辞职，回江西新干县溧江后岗。后一度任荆湖北路安抚参议官。

徐梦莘清闲著书之时，将宋政和七年（1117）的海上之盟至绍兴三十一年（1161）的宪颜亮之毙，前后四十五年之久的曰敕、曰制、诰、诏、国书、书疏、奏议、记序、碑志，收集编汇，著编年体史书《三朝北盟会编》250卷。绍熙五年（1194），书成呈送朝廷审校。宋孝宗闻而嘉之，重新圣诏徐梦莘出山，官至直秘阁编修。

徐梦莘平生多所著述，主要著有《集补》《会录》《读书记志》《集医录》《集仙录》。因毕生嗜学博文，宋代国史均已列为儒林传记，誉为宋代大理学家，皆以"儒学"冠之。

揭傒斯

揭傒斯（1274—1344），字曼硕。丰城市杜市镇大屋场人。元代文学家、史学家。为"元诗四大家"之一，元代"儒林四杰"之一。

揭傒斯青年时曾游历抚州、南城一带，后又到两湖漂游。受到湖南宣慰使赵淇和湖北肃正政廉访使程钜夫及翰林学士卢挚的赏识。延祐元年（1314），被举荐，由布衣直任翰林国史院编修，升应奉翰林文字，迁国子助教。元文宗时，任奎章阁授经郎。元顺帝时，先后任翰林待制、集贤学士，翰林直学士，侍讲学士、同知经筵事，连进四等，转九阶。前后三入翰林院。至顺元年（1330）朝廷预修《皇朝经世大典》，元文宗看到揭傒斯写的《秋官宪典》，很惊讶，又看到《太平政要》四十九章，更是爱不释手，把它放在床头，经常阅看。并把《太平政要》发给文武百官观赏，皇帝直呼"曼硕"，以示亲重。其后参与编修《经世大典》。

至正三年（1343），朝廷下诏编修《辽史》《金史》《宋史》，揭傒斯任总裁官之一，时已年近70。次年，《辽史》修成，又编《金史》，病卒于史馆。元顺帝为此停止朝会，赐楮币万缗治丧事，并派官兵以驿舟送灵柩到故乡安葬。葬于丰城秀市乡水洲村对面山坡上。追封为豫章郡公，谥号"文安"。

揭傒斯长于文史，最突出的是他在史学思想和史书编纂实践方面的贡献。《千顷堂书目》载有《揭文安公集》50卷，明初已缺13卷。尚存古代全集本有三种：《四库全书》本（14卷）、《四部丛刊》本（14卷，又补遗诗一卷）、《豫章丛书》本（18卷）。1985年6月，上海古籍出版社重新编辑出版《揭傒斯全集》。

揭傒斯善书法，存世书迹有《千字文》《杂书卷》等。

杜　本

杜本（1276—1350），字伯原，学界称"清碧先生"，清江（今樟树市）人，祖籍陕西西安。元代文学家、理学家。

杜本是一位不愿入朝为官的大学者。博学多才，手不释卷。天文、地理、历法、数学无不通究，经史、诗文、声韵、书法莫不精工，且留心于经世致用之学。有一年吴越之地闹饥荒，杜本向朝廷献上《救荒策》，江浙行省采用他的办法，米价顿平，朝中大臣听闻此事后都称杜本为奇才，并推荐给武宗，于是被召进京。可没过多久，杜本便辞官归隐武夷山，友人买房置田，请他长住，前往向他求学者众多。文宗在江南时，就对他早有耳闻，待文宗即位后，许以厚禄请他进京为官，他仍未同意。至正三年（1343），朝廷编修《辽史》《金史》《宋史》，右丞相脱脱征召杜本入京，参与修史，授予翰林待制、奉议大夫，兼国史院编修，行至杭州，杜本以自己年老多病为由坚持请辞,最终没有赴任,继续归隐。杜本在武夷山寓居30多年,构筑"思学斋""怀友轩",读书著述,终其一生。归葬清江原籍。

杜本著述颇丰,有《四经表义》《六书通编》《十原》《清江碧嶂集》等。其所编的《五声韵》,自大、小篆至分、隶、真、草,以至外蕃书及蒙古新字,靡不收录,题曰"华夏同音"。二楷隶,善绘山水,有《论书》传世。在中国文学史上,杜本所编的《谷音》是很重要的诗歌总集,所作多为对宋室衰亡的忧愤、悲凉,风格雄厚。其所修订编纂的《伤寒金镜录》,是我国现存最早的一部舌诊专书。该书"察舌辩证",绘以36图,为历代医家所推崇。杜本之后,虽有人将舌诊推之于130余图,然明代著名医家薛立斋认为:"汇而观之,不简不支,取杜本三十六图足矣!"

北京故宫博物院珍藏了一件元代银器,名曰"龙槎",制作于至正五年(1345),是一只造型奇异的酒杯。被选录全国博物馆(包括台北"故宫博物院")从新石器时代至清末的馆藏珍品100件,这件"龙槎"便以"国宝"而位居其列。制作者为元代工匠朱碧山,杜本在龙槎上留有题款。龙槎上的老者很可能就是朱碧山为杜本的造像。

周德清

周德清(1277—1365),字日湛,号挺斋。高安县(今高安市)人,元代散曲家、音韵学家。一生未仕。

周德清十七八岁时开始从事乐府创作,外出漫游,庐山、鄱阳湖、吉安、大都(北京)等地都有他的足迹。从事乐府创作30年,散曲声律格调端谨流畅,遣词造句功力很深,在当时影响很大。著名诗人虞集称他"工乐府,善音律"。明《录鬼簿续编》评价他的作品时说:"德清之韵,不但中原,乃天下之正音也。德清之词,不惟江南,实天下之独步也。"

周德清不仅创造了大量的散曲作品,而且对于北曲的创作和演唱都有比较深入的研究。当时北曲创作问题不少,要使北曲发挥更高的艺术效果,就必须使它的体制、音韵、语言等方面都有明确的规范。泰定年间(1324—1327),在大都有一场关于"正语作词"的论争,他是这场论争中的"革新派"代表。他不仅批判了"吸呼之间动引《广韵》为证"的人为"泥古非今""不达时变",而且鲜明地提出了"欲作乐府,必正言语;欲正言语,必宗中原之音"的主张。

他针对当时艺坛上的混乱现象,根据自己的创作实践,总结出了一套创作方法,写成《中原音韵》。这是我国最早的一部全面论述北曲的体裁、技巧和韵律的著作。《中原音韵》一问世,就在戏曲界产生了很大的影响,"德清之韵,不独中原,乃天下正音也;德清之词,不惟江南,实天下独步也"成了"北曲的准绳"。明戏曲理论家王骥德评价说:"作北曲者宗之,兢兢不敢出入。"起到了规范戏曲用韵的作用,促进了戏曲用韵的统一。《中原音韵》分韵、审音、收字，都以实际的语言为依据，摆脱了传统旧韵书的束缚。它音系的显著特点是：韵分十九，平分阴阳，浊音清化，入派三声。这些都是旧韵书所未曾有过的首创。《中原音韵》记录的音系，即是14世纪的大都（今北京）话，有声母21个，韵母46个，声调4个，这个语言系统和后来的北京话很接近。他建立的这个新的语言系统，被语言学家称为普通话的祖语。

1964年，中华书局出版隋树森所编《全元散曲》，录存周德清小令31首，套数3套。

况　钟

况钟（1383—1442），字伯律，号如愚、龙冈，靖安县龙冈洲（今高湖乡崖口村）人，明代官员，与包拯、海瑞齐名的中国古代三大清官。

其家原为当地望族。元末兵乱，全家遇害，仅遗6岁孤儿况仲谦，匿于挚友黄胜祖家，因从其姓，取名黄仲谦。生子黄钟。黄钟47岁时，明宣宗准奏复姓况，即况钟。

况钟自幼聪颖，刻志于学，秉心方直，律己清严，习知礼仪，处事明敏。明永乐四年（1406），23岁的况钟被进士出身的靖安知县俞益聘为礼曹吏员。满9年后，去南京吏部考绩时，俞益把他推荐给礼部尚书吕震。况钟被补为仪制司主事，领正六品俸。在任期中，他勤谨廉洁，博识干练，又任劳任怨，极得朝廷赏识（仅永乐帝的奖赐就有31次之多）。况钟任满9年，再次考绩，晋升为本司正四品郎中。

宣德五年（1430），况钟出任苏州知府。当时苏州豪强污吏相互勾结利用，百姓赋税繁重，是全国有名的难治之府。况钟到任后，除弊兴利，不遗余力。他首先惩办奸吏，裁汰冗员，整饬吏治，破除阻力，为全面推行"益国利民"的惠政铺平了道路。接着，他大力倡修水利、减重赋、废苛捐、招复流民。他秉公执法，清积案，平冤狱。他每日轮治一县事，未及一年，就堪问过轻罪过重囚1520余名，使吏不敢为奸，民无冤抑。况钟治苏9年任满，例应上调朝廷，而当地官民13000多人联名请求况钟连任。明英宗准奏，况钟以正三品按察使衔留任苏州4年。况钟为官清廉，三餐佐饭，仅一荤一素；身居简室，未铺设华麋之物。他在饯别苏州父老诗中写道："检点行囊一担轻，长安望去几多程？停鞭静忆为官日，事事堪持天日盟。"况钟出任苏州知府13年，为官清正廉洁，为兴利除弊不遗余力，做了许多好事，深受苏州老百姓的爱戴，被誉为"况青天"。况钟卒于苏州任所，他死后，苏州民众痛哭罢市。灵柩从运河运回故乡时，十里长堤之上站满了祭送哭奠的人群。以后，一府七县都建况公祠，百姓家中均立况钟牌位祭祀。

况钟的诗作以规劝诗为主，有一定的思想性和艺术性。如对农民，有《劝农诗》2首；对于后代的教育，有《又勉子侄诗》。主要著作多收集在《况太守集》中，全书16卷。另一《况靖安集》，全书8卷。

昆曲《十五贯》以况钟为原型，反映断案不搞逼、供、信，注重调查研究和真凭实据的形象。1956 年，《十五贯》上演后，经毛泽东、周恩来推荐观看，况钟的清官之名享誉全国。

靖安县城郊建有"况钟园林"纪念他。苏州的况公祠是市文物保护单位。

雷 礼

雷礼（1505—1581），字必进，号古和。江西丰城市秀市镇雷坊村人。晋代丰城首任县令及天文学家雷焕后代，明代大臣，是明清建筑艺术的主要开创者。其主持修建的明十三陵为"样式雷"建筑清东陵与清西陵提供了样板。

明嘉靖十一年（1532），雷礼中进士，任福建兴化府（莆田市）推官，后又任宁国府（安徽宣城）推官，由于审判案件十分清明，升吏部验封司主事、考功司员外郎，受首辅夏言的排挤，外迁先后任太名府通判、浙江提学副使、太仆少卿。严嵩任首辅后，雷礼先后任太常少卿兼提督四夷馆、顺天府尹。又因为他品学兼优，有"文宗第一"的美誉，不久又调升为工部右侍郎、右都御史。随后在指挥修筑天寿山皇帝坟陵的工程上立功，加上当时故宫三殿和午门受灾损，又奉旨督修，他节省开支，苦心恤民，节约白银近千两，因而在嘉靖三十七年（1558）擢升为工部尚书（位同宰辅）。同年九月，雷礼奉旨，督奉天、华盖、谨身三殿大工。嘉靖四十一年（1562），三殿成。九月，改奉天为皇极，华盖为中极，谨身为建极（清代改为太和、中和、保和三殿，今故宫三大殿）。在修理永定河的工程中，又得到皇帝的赞许，皇帝唤他做"冬卿"，又嘉奖他"忠、敬、勤、敏"四字，加封为太子太保，太子太傅，又晋升少保、太傅柱国，赐他蟒袍龙衣。

雷礼主持督修的工程有：陵寝、卢沟桥、三殿朝门、云照宫、万寿宫、玄熙、承华、宝月三殿亭以及乾清宫等重大工程和皇宫修缮。

雷礼对功名富贵看得很淡薄。从明隆庆初年（1567）起连呈 17 道退休的疏表，才得以返家。卒后赠太保（正一品）。

雷礼喜读书，共著有 33 部著作，其中《大政纪》36 卷、《列卿表》139 卷、《南京太仆寺志》16 卷、《阁臣行实》8 卷、《列卿纪》165 卷、《真定府志》32 卷、《镡墟堂稿》20 卷。

邓子龙

邓子龙（1531—1598），字武桥，号大千，别号虎冠道人。江西省丰城市杜市镇狮子邓家村人。明代抗倭将领，军事人物。

邓子龙早年因生计所迫，游走四方。遇吉水罗洪先于丰城东门白云寺，在罗洪先的帮助下，考中武举。率领江西官兵进驻福建泉州、漳州一带，英勇抗击倭寇达十余年，先后转战福建、广东沿海，大小数百战，屡立战功。由一名下级军官升为把总。

万历二年（1574），邓子龙被调回江西，先后任抚州把总、鄱阳守备，并在江西铜鼓平定李大銮起事。在巡抚潘季驯的举荐下，邓子龙由铜鼓守备升任江西都司，后任浙江参将，巡视宁波一带海防。

万历九年（1581），邓子龙奉命进入黔任武靖参将，镇压金道侣等作乱，平定"五开兵变"，威名远播。万历十一年（1583），云南陇川岳凤勾结缅甸东吁王朝发动叛乱。缅军10万，分兵占领滇西重镇，永昌（今保山）、大理告急，昆明震动。邓子龙任永昌参将率军3000驰援云南，与西线的刘綎击溃缅军，并越境攻至阿瓦，收复全部沦陷的国土。戍边云南10余年，修关隘，开垦屯田，发展生产，深受当地人拥戴。滇西人民在清平洞北侧建《恤忠祠记》碑亭。邓子龙升为云南副总兵后，因下属军卒叛乱而被夺职。

万历二十六年（1598），朝廷启用居家5年的邓子龙，率军抵御日本发动的侵朝战争。邓子龙随朝鲜将领李舜臣在釜山海面落梁海峡设伏，击毁日船450艘，击毙日军万余人，取得大捷，史称"落梁海战"。此战，年近70的邓子龙与朝军将领李舜臣战死。邓子龙遗骨归葬丰城，朝鲜国王亲自参加丧礼，并为其修建庙宇。

据说明末努尔哈赤欲起兵攻明，一次微服侦察，被明军抓获，交给了邓子龙。邓子龙赞赏努尔哈赤并放了他。为了报恩，努尔哈赤为邓子龙立庙，并把神位放入清室最重要的圣殿"堂子"中祭祀，随着堂子迁往北京，邓子龙的神像一直在尚锡神亭中安放。清末，堂子又称"邓将军庙"。

邓子龙善书法，好吟咏，著有地理书《风水说》、兵书《阵法直指》和诗文《横戈集》。在福建、广东、江西、湖南、贵州、云南一带均有许多邓子龙的遗迹保存至今，在他的家乡，其墓地被列为江西省重点文物保护单位，不少地方和著名品牌均以邓子龙命名。

陈邦瞻

陈邦瞻（1557—1623），字德远，号匡左。高安市人。明代大臣、史学家。

明万历二十六年（1598）进士，初授南京大理寺评事，执法公正严明，参决疑狱，所判无一冤民。不久升工、兵二部曹，审核出岁饷万余两银子。改南京吏部司勋司郎中，深受吏部尚书器重，升为浙江参政。钱塘湖盗盐之徒为害已久，当地官吏不能平定。陈邦瞻只把其中的主要头目绳之以法，对其余施行安抚，使四境安定。升福建按察使，执法持正不阿。时福建巡抚想推荐亲戚为官，忌惮陈邦瞻执法公正，不敢任命。迁右布政使，后改任河南布政使，分理彰德诸府，主持开渠筑堤，开水田数千顷，并亲自传授南方桔槔汲水（吊杆提水）灌溉之法，为百世利。筹建滏阳书院，培养人才。当地士民建生祠来祭祀他。后改左布政使，继以右副都御史巡抚广西。光宗继位后，陈邦瞻任兵部右侍郎，总督两广军务兼巡抚广东。

天启二年（1622）五月，陈邦瞻上书四件事，极言宦官的弊病；认为皇上应生活节俭，以免增加宦官人数；又认为皇帝乳母客氏已经出宫，复又召回是错误的；宰相本应封反而内降。皇上阅后很不高兴，诏旨对陈邦瞻严词遣责。不久再兼户、工二部侍郎，专理军需事务。时边境多事，陈邦瞻又上书应对安抚边关事务。由于陈邦瞻总理兵、户、工三部事务，日夜辛劳，次年因病卒官，诏赠尚书。

陈邦瞻为官三十年，清廉正直，迁调各地，旅装仅旧衣2箱。公务之余，从事史学编撰。万历三十二年（1604），陈邦瞻依据冯琦、沈越的部分遗稿，历时一年余，编纂《宋史纪事本末》。全书分立109目，编为28卷，共约60万字。记述了宋代历史的大概轮廓和宋代社会的一些重要事件。除政治事件外，如治河、茶盐、学术思想及金和蒙古早期的历史情况等都有专题叙述。随后，陈邦瞻又用一年左右的时间，续编《元史纪事本末》，全书立27目，合为6卷，约10万字，对元代政治、经济上的一些重要事件，特别是与明代有关联的问题，做扼要介绍。如对元代推步之法，科举学校之制以及漕运、河渠等大政记载甚详。还著有《荷花山房稿》《皇王大纪》。

曹汝兰

曹汝兰（1566—1628），字斯馨，号心言。上高县南港镇马湖村人。明代大臣。

曹汝兰自幼勤奋好学，5岁能背《三字经》《声律启蒙》等。15岁母亡故，他以昼夜苦读来排遣心中的哀思。

万历三十年（1602）中进士，授文林郎，并授四川江津县知县。江津地处偏僻，路途艰险，曹汝兰携一仆乘舟赴任，舟到富池时突发险情，船翻漂流十几里却幸免于难。汝兰主仆有幸得免，于是对天誓曰："他日还乡而载之物中若有非分所得者，舟如此日！"时四川白莲教兴事，江津县盗匪盛行，讼狱繁多，民众疾苦。曹汝兰到任后，立刻抚慰调停，示民安业，悉宽其政。该县年应缴税赋三万六千多，经多次申报获准后，岁以十分之五解报。有一年大旱，曹汝兰赤膊光脊祈雨，三日雨落，霈足，万民欢欣，共赞其诚。

曹汝兰公余爱好文学，士庶感激，纷然就学，民风益振。天启初，首进《乞保圣躬疏》，后又条议时弊若干，再调任南京浙江道监察御史。泰昌、天启年间又被任命为钦差，巡视江南江北数省，兼理屯田、马政兼署河南御史。

后任明朝万历、泰昌、天启三朝御史大夫，秉公直言，勤政廉明。崇祯皇帝为表彰他的功绩，颁旨为曹汝兰建立"三朝侍御"牌坊。并恩准在上高县衙前立"三朝侍御"牌楼。牌楼立成之日，也是明王朝灭亡之时。清兵入主关内，牌楼在上高百姓的景仰中依然傲立于县衙之前。次年曹汝兰之孙曹志明联合七姓举人举兵反清，兵败身亡。清廷以曹志明"世受明恩,恩有以报"为由不予追究,使牌楼逃过了第二次劫难,在史学上留下一段佳话。清顺治八年(1651),知县为兴上高的儒学之风,将牌楼迁建于县城下游的状元洲。后被洪水冲倒。清道光二十七年(1847),经马湖人不懈请求,该牌楼获准迁建于南港镇员山马湖村曹汝兰故居前,牌坊为四柱三间双层歇山顶楼阁式。该牌坊是江西省文物保护单位。

另外,曹汝兰还在上高县敖山镇修建敖山石洪桥,石桥有两段呈七字形,具有水库的溢洪、蓄水双重功能,在全国古桥类中很少见。著有《日知传习录》《诗集》《南台奏议稿》等。

宋应星

宋应星(1587—约1666),字长庚,江西奉新(今江西宜春)人,明末清初科学家。

万历四十三年(1615)宋应星与兄宋应升参加乡试中举。奉新诸生中只有他们兄弟中举,故称"奉新二宋"。后六试不第,遂绝科举之念。

崇祯八年(1635)宋应星任袁州府分宜县学教谕。在分宜县任教四年,是他一生中的重要阶段,主要著作都发表于此期间。崇祯十一年(1638)升任福建汀州府推官,于崇祯十三年(1640)辞官归里,崇祯十六年(1643)又出任南直隶凤阳府亳州(今安徽亳州市)知州,崇祯十七年初(1644),辞官返回奉新。清朝建立后,宋应星一直过着隐居生活,在贫困中度过晚年,拒不出仕。

宋应星是我国明代著名的科学家。他编著的《天工开物》一书,科学地总结了农业、手工业、冶铁业等多方面的生产实践,不但论述了中国历史上工农业生产中许多先进科技成果,用技术数据给以定量解说,且提出一系列理论,使之成为一部科学技术的较完整的著作,是对中国古代农业、工业生产技术系统全面的总结,在世界科学史诗中也占有重要地位。早在19世纪这本书就以《中华帝国古今工业》为书名,被介绍到了欧洲。这是一部影响巨大的科学著作。

宋应星还著有《卮言十种》《画音归正》《杂色文》《原耗》《美利笺》《乐律》等著作,多已失传。后在江西省发现宋应星4篇佚著的明刻本:《野议》《论气》《谈天》和《思怜诗》。

奉新县建有"宋应星公园"和"宋应星纪念馆","宋应星纪念馆"是江西省重要的科普基地和爱国主义教育基地。

朱　轼

朱轼(1665—1736),字若瞻,号可亭,高安县(今高安市)人。清代大臣、史学家,乾隆帝的老师。从小聪明好学,族中长老称之为"千里驹"。康熙三十二年(1693)

举乡试第一,次年中进士。康熙三十九年(1700),授潜江知县,有德政。后升刑部主事、员外郎、郎中。康熙四十八年(1709),任提督陕西学政。康熙五十二年(1713),授光禄寺少卿。康熙五十四年(1715),迁奉天府府尹,再迁通正使。

康熙五十六年(1717),授浙江巡抚,"清官治、正风俗",境内之治,号"通国第一"。海宁、上虞旧多海患,元、明时筑有堤塘,因堤基尽为浮沙,多次崩塌。朱轼实地勘察后,用松、杉耐水木材,做成长丈余、高四尺的木柜,内塞碎石,横贴堤基,使基坚固,再用大石高筑堤身。附堤另筑坦坡,高及堤半,仍用木柜为主干,外砌巨石二三层,以护堤脚。从此堤塘坚固,滨海之民免除水患之忧,其堤至今犹存。康熙五十九年(1720),擢左都御史。康熙六十年(1721),山西、陕西大旱,朝廷差朱轼往山西劝粜给赈。他严惩贪官污吏,奖励富户、绅士捐献粮钱,救济饥民。组织劳力整治漕河水道,停收米船课税,以利粮食流通。同时,责令地方官设厂医治患病灾民。此后,他又疏请山西各县建立社仓以备荒歉;大兴水利,引泉灌田,民受其利。

雍正即位,朱轼参与王公大臣会议,迁吏部尚书,加太子太保,入直上书房。任《圣祖实录》总裁官。后任顺天乡试正考官,会试正考官,《明史》总裁。雍正二年(1724),朱轼到江浙一带勘察海塘一年余,对余姚、上虞、海宁、海盐、上海、嘉定等地的土塘、石塘的加固或改建都列出具体的方案,由部议施行。雍正三年(1725),授文华殿大学士兼吏部尚书,并协助怡亲王总理畿辅水利营田。直隶省发生水灾,朱轼殚精竭力营救。他主张浚修河道,疏畅淤塞。以为水利既兴,可开稻田,令官府以身作则,奖掖百姓种植水稻,于是营田之利大发。

雍正八年(1730)朱轼总理水利营田事。不久兼兵部尚书。雍正十二年(1734),署翰林院掌院学士。第二年,再往浙江督修海塘。乾隆元年(1736),召朱轼回京,命协同总理事务,任会试正考官及《世宗实录》总裁,并赐予拜他喇布勒哈番(骑都尉)世袭职务。同年九月,朱轼咯血而死。乾隆闻讯惊愕悲悼,停朝哭。赠"太傅",谥"文端"。

朱轼平生崇尚理学,工古文,编著甚丰,有《朱文端公文集》《四余堂诗钞》《史传三编》《春秋钞》《周易传义合订》《礼记纂言》《仪礼节略》《昌谷集笺注》《易春秋详解》《红雨亭稿》《楚辞评注》《庄子内外篇注》等,与蔡世远、张江等人合编《历代名臣传》。

朱轼墓位于高安市村前镇,牌坊上有乾隆帝赐的"帝师元老"四个字,为省级和国家级文物保护单位。

李荣陛

李荣陛(1727—1800),字奠基,号厚冈。万载县高村人。清代官员。精通地理、考据、经学、文学。

乾隆二十八年（1763）中进士。后出任湖南永兴县知县，上任后他体察百姓之忧虑，秉公执法，解除困惑，政绩卓然。因服丧回万载，创书院，兴义学。

乾隆三十九年（1774），李荣陛一度受命为湖南乡试同考官。后分发云南权知云州（今云县），兼缅宁（今临沧县）通判，寻补呈贡县知县。他兴修义学，奖励人才，提倡教化，颇得民心。乾隆四十八年（1783）、乾隆五十四年（1789）两度任云南乡试同考官。后因被治内一桩杀人案所连累而去职。后又任恩乐知县（今云南镇沅县）、嶍峨知县（今云南峨山县）。66岁时，他告病乞休，获得恩准，却短少返乡路费。云南布政使费淳知其学养深厚，请他掌管大理书院，着力改变了各种文风之弊。一年后，李荣陛才靠积攒的薪俸回到万载。嘉庆五年（1800）卒，年73岁，葬万载高村九顶山黄冈之原。

在云南期间，李荣陛"求山川脉络于南斡之龙，曾蹑其首于大江之水，又沿其流"，对云南及周边的山脉水系进行了辛勤勘察和系统整理，写下《云缅山川志》《黑水考证》《江源考证》《云南花卉记》，内容多为以前书籍不载。又因不满于原有的云缅地图的"粗缪无足徵"，他西赴顺宁，东过猛麻，南极底回之边，以往而精审之，从而重新绘制云缅地图。《流江三录》记载云南一带的名胜古迹、历史典故、民族风俗，为研究我国西南地区及缅甸、印度等周边国家的历史、地理留下了一份宝贵的资料。

除云南史地的考究之外，对前代地理文献的考释、补注、辨误，也是李荣陛致力颇深的一个方向。如对《禹贡》所涉地名的考证。对《唐书》所涉有关的地名，则写有《唐书回鹘传证误》《考三受降城》《考回鹘牙所》等文。其余著作还有《易考》《续易考》《周易篇第》《尚书考》《厚岗经学》《厚岗诗集》等。

黄懋材

黄懋材（1843—1890），字豪伯，别字柏庭。上高县田心乡王家村大屋里人。晚清地理学家。

黄懋材天资聪明，勤奋好学，才华出众。16岁中秀才后，屡试不第，遂放弃科举，立志钻研科学，尤致力于数学、天文等"经世之学"，对地理测量更加谙熟，潜心研究历代书中的地志和外夷列传。

先后任云南平彝（今官源县）、弥勒知县。调京后先后任会典馆协修，加稽查同文馆差。首先提出"学术经济"之概念，也是"横断山脉"名称的提出者。同治五年（1866），黄懋材抵达上海。常出入于街头巷间，以及戏园、妓院，透视社会上的流弊；又跻身于驿馆、洋行、夷场和教堂，搜索外国人的底细。时逾一年，对英、法、德等西方各国的政治、经济、军事、文化等，都做了详细的了解，并将所见所闻写成《沪游脞记》一书。

光绪元年（1875），学政李文田在江西主持考试，黄懋材上书自陈，其学术方才得上司赏识。继任学政许庚身以黄懋材品学兼优，尤精通数理，向朝廷推荐。经考核合格，进入专门培养译员的同文馆学校。

光绪四年(1878)，英国以烟台议约“准其入藏探路”之文为借口，企图吞食西藏。朝廷特派黄懋材“以四品顶戴出境换二品顶戴”，前往三藏五印察看情形。黄懋材等一行6人，于七月初七由四川成都起程，翻越大象岭、大雪山，跨过大渡河、泸定桥，过野人寨、火焰山，行走211天，于翌年二月初八，方进入中缅交界地蛮允。在缅月余，黄懋材详尽了解缅甸国风民情、气候物产，及其被英国蚕食的前因后果。又用半年多时间，对英属之印度进行了考察。十月初一动身返回，过孟加拉湾，经新加坡、越南，各停留半个多月。十一月初二日，乘船出海口，过七洲洋时，飓风骤起，满船人呼天叫地。黄懋材等人僵卧五昼夜，漂泊半个月始到香港。光绪六年(1880)正月到达广州。历时2年，行程5万里，搜集大量资料，在国内如此勘察边疆者罕见，在中国外交使上也堪称壮举。黄懋材回来后，向朝廷提出一系列新政见，但均未被采纳。

根据考察资料，黄懋材绘制《五印度全图》1册、《西域回部图》1册，著有《西游日记》《印度札记》《西徼水道》《游历刍言》等政著，汇成《得一斋杂著四种》。另著有《象数新理》《机器略释》《海国见录》《沪游吟草》《厄言》《江西晷度表》《得一斋外集》等多种，共20余卷，多已散佚。47岁时病逝于上海同文馆。

上饶市名人

吴 芮

吴芮（约前248—前201），上饶市余干县邓墩五彩山人，吴王夫差七世孙。西汉长沙王。其父吴申，因与春申君黄歇不合，被谪居番（今鄱阳）邑。当时有人劝其入齐为官，吴申不从，遂迁居余干县西南善乡龙山南麓（今社赓乡），吴芮即出生于此。

吴芮自幼聪慧、好义。青年时常研究《孙子兵法》和《吴起兵法》，带领族人和南下军士的后代演练阵法。

秦末，统治严酷，徭役繁重，使百姓妻离子散，田园荒芜，散兵游勇四处抢劫。吴芮为保卫乡亲不受伤害，组织家丁亲兵抗击流寇。他为人宽厚，只要是不袭扰百姓的散兵，一律给予出路，队伍因此不断壮大。他18岁时就统兵马17000多人，分布在鄱阳、余干、浮梁的各处要道，部队军纪严明，很受百姓拥戴。秦二世元年（前209），被乡亲们举荐为番阳令。其间兴修水利，轻徭薄赋，深得当地民心，百越人均听其号令，被尊为"番君"。

陈胜、吴广在安徽宿县大泽乡揭竿而起后，第一个起兵响应的秦吏就是吴芮。他用同乡人梅𨱏为将，教练士卒，起兵反秦，横扫赣、湘、桂一带，威镇江南，声势十分浩大，各地群雄纷纷投奔，有闽越王无诸、越东海王摇，均为越王勾践后裔，皆领兵归属吴芮，其中淮南义军首领英布亦率几千人归附，并被吴芮招为女婿。项梁起兵江东，吴芮即率百越军队响应。刘邦攻南阳（今河南邓州市）时，吴芮令副将梅𨱏与刘邦一同攻下析、郦二县。在攻打咸阳时，吴芮与各诸侯入关有功，得项羽赏识重用，被封为十八王之一的衡山王，建都于邾（今湖北黄冈市）。其女婿英布被封为九江王，同乡梅𨱏也封为十万户侯。楚汉相争时，吴芮因与项羽不合，被项羽削去封地，在好友张良的劝说下，改拥刘邦。西汉建立后，刘邦论功定封，高祖五年（前202）诏封吴芮为长沙王，都临湘（今长沙市），领长沙（今湖南辖地）、豫章（今江西辖地）、象郡（岭南一带）、桂林（今广西辖地）、南海（今广东辖地）五郡。

高祖六年（前201），奉令率兵定闽（今福建省），至赣南金精山（今宁都县翠微峰）病死，谥号"文王"。吴芮死后，其子孙吴臣、吴回、吴右、吴著相继沿袭，至汉文帝七年（前173）吴著病故时无后，长沙王封号才被废除，在刘邦所封的八个异姓王中，长沙王是唯一善终的诸侯王。婺源县今还存有吴芮墓。

陶　侃

陶侃（259—334），字士行，鄱阳县人，后迁居寻阳县（今九江市西）。东晋时著名政治家、军事家。父陶丹，吴扬武将军。母湛氏，新干县人，中国古代四大贤母之一。孙陶渊明，田园诗人。

陶侃幼年丧父，家境贫寒。陶母湛氏携他会新干娘家，纺织为生，供他读书。及成年，陶侃在寻阳县衙当差。有一年冬天，鄱阳孝廉范逵造访陶侃家。天下大雪，家贫的陶侃拿不出像样的东西招待客人。陶母偷偷入室剪掉自己的长发，出外换来些酒食款待客人，并用芦席喂范逵的马。

范逵有意提携陶侃，路过庐江时，全力向太守张夔推荐。张夔召见陶侃后，委以郡都邮兼枞阳县令职。不久，又提拔为郡主簿。长沙太守万嗣路过庐江，与陶侃交谈，了解其才干与为人后，十分敬悦，称赞侃道："君终当有大名"，并令子与之结友而去。随后，陶侃被张夔荐举为孝廉，入京城洛阳。后陶侃多次拜访司空张华，终获赏识，授郎中之职。

八王之乱时，陶侃南下荆州。不久投靠荆州刺史刘弘，被认为南蛮长史，率军去襄阳讨伐起义军张昌，因军功封为东乡侯。

永兴二年（305），广陵相、右将陈敏叛乱，刘弘命陶侃为江夏太守，加封鹰扬将军，参与平叛。因母亲去世，陶侃辞职服丧。丧满后，受江州刺史华轶举荐，任扬武将军，驻守夏口（今汉口）。在琅琊王司马睿的感召下，被司马睿任命为龙骧将军、武昌太守。

此后，陶侃奉命参与平定杜弢等人的流民起义。晋升荆州刺史，未上任而转任广州刺史、平原中郎将。在广州10年，境内无事，战事稀少。太宁三年（325），平定王敦之乱后，被晋明帝任为荆湘雍梁四州都督、荆州刺史、征西大将军。入荆州后勤于军政大事，大饥荒时，下令秋收大量购进粮食，灾荒时低价卖出。勤俭节约，连造船所剩的木屑、竹头也不许丢失，都要派上用场。在其治理下，令行政举，治安整肃，所辖区域，自南陵至白帝，千里之内路不拾遗。

咸和三年（328）陶侃参与平定苏峻之乱，使王朝转危为安。咸和五年（330），出兵斩杀江州刺史郭默。被升为太尉，八州都督，荆、江两州刺史，封长沙郡公。后官拜大将军。咸和九年（334），陶侃病重，主动让位回长沙，临行前将所有军械器杖和牛马舟船造册登记，加盖印记，封存于库中，钥匙由自己亲自掌握，直到交给继任者后，才登船出发。朝野上下传为美谈。途中病逝于樊溪（今武昌），葬于湘潭，墓今仍存。追赠大司马，谥"桓"，祠太牢。

《晋书》《世说新语》《资治通鉴》中有不少关于陶侃的典故，如"陶侃留客""陶侃惜谷""陶侃运壁""陶侃检厉"等。

林士弘

林士弘（？—622），鄱阳县太阳埠人。隋末农民起义首领。

隋末，各地爆发农民起义。大业十二年（616）冬十月，操师乞率领鄱北一带农民起义反隋，林士弘积极响应。入义军后，为操师乞出谋划策，奋勇战斗。不久，义军战败守鄱阳的袁赟军，占领郡城，操师乞自号元兴王，建"天成"年号，一说"始兴"。接着带领部队攻占豫章郡（今南昌）。操师乞命林士弘为大将军。隋王朝诏令治书侍御史刘子翊领兵镇压。操师乞身先士卒，与之激战，不幸中箭牺牲。林士弘统率部队，与刘子翊大战于彭蠡（今鄱阳湖）。刘子翊败亡，义军威势大振，兵力发展到十多万人。

大业十三年（617）冬，林士弘率起义军攻占虔州（今赣州），自号南粤王，不久改称楚帝，建年"太平"，并命部将王戎为司空。当时临川、庐陵、南康、宜春等郡都先后归附。至此，北起九江，南至广东番禺（今广州），都为林士弘统辖。

兖州人张善安收聚败散士卒八百人，攻破庐江郡，来豫章归附林士弘。林士弘对其存有戒心，命其率部驻扎南塘。张善安很不满意，乘机袭击林士弘，烧毁豫章郡外城，林士弘兵败，退守南康。当时割据江陵的肖铣，趁这两人有隙之机攻陷豫章，不久，肖铣守军被张善安驱走，肖铣残部归附林士弘，林士弘军势复振，退守余干。

武德三年（620），鄱阳另一支起义军高法澄、冼宝彻等来归属林士弘。武德四年（621），唐将李孝恭派人来循州（今佗城）、潮州阴谋策反。林士弘的一些部将受其煽惑，归附唐军。武德五年（622），林士弘与弟鄱阳王林药师领兵两万，围攻循州，与杨世略（《资治通鉴》称王世略）大战失败，在危急中退守安城（今安福）山洞中。这时，林部南昌将军王戎见势不妙，投降唐朝，被封为南昌州刺史。王戎暗地通知林士弘潜来私宅，议召原义兵来归，以图再起。这事被降唐的洪州总管张善安探知底细，领兵攻入南昌，俘虏王戎，林士弘忧愤身死，林部彻底溃散。

戴叔伦

戴叔伦（732—789），字幼公，一字次公，金坛县（今江苏金坛市）西南窑村人，唐中期官吏、诗人。

戴叔伦出生隐士家庭。祖父戴修誉，父亲戴昚用，都是终生隐居不仕的士人。戴叔伦年少时拜著名的学者萧颖士为师，他博闻强记，聪慧过人，"诸子百家过目不忘"，是萧门弟子中出类拔萃者。

　　相传戴叔伦幼年才思敏捷。一次，老师带他到郊外游玩，来到一个名叫白店的地方，正好遇见一只白色的公鸡站在高处啼叫。老师即兴拟出上联："白店白鸡啼白昼"；小叔伦边走边寻思，一直到了日头偏西，还未想出恰当的对句。当走到一个叫黄村的地方，恰巧碰到一只黄狗从大门内窜出来，追着他们狂叫，戴叔伦灵机一动，马上对出下联："黄村黄犬吠黄昏"。

　　至德元年（756）岁暮，为避永王兵乱，24岁的戴叔伦随亲族搭商船逃难到江西鄱阳。在人生地疏的异乡，家计窘迫，于是他开始探寻仕途。先得到户部尚书充诸道盐铁使刘晏赏识，任秘书省正字、湖南转运留后、监察御史。此后，曾任涪州督赋、东阳县令、大理司直、侍御史、抚州刺史，以及广西容州刺史，加御史中丞，官至容管经略使。他在任期间，政绩卓著，是个出色的地方官吏。贞元五年（789）四月，他上表辞官归隐，在返乡途中客死清远峡（今四川成都北）。第二年返葬于金坛小南门外县城南郊。明万历四十六年（1618），金坛知县张翰中为疏通城内漕河，将其墓地移至南郊高坡（今南门面粉厂南围墙前），并亲自题立"诗伯夜台"墓碑，即"大诗人之墓"的意思。

　　戴叔伦的诗，体裁形式多样，五言七言、五律七律、古体近体皆有佳作，题材也十分丰富，最有价值的是反映社会现实的作品，如《女耕田行》《边城曲》《屯田词》等。著名的还有《除夜宿石头驿》《三闾庙》。但今存《戴叔伦集》中多伪作，胡震亨《唐音统签》发现《戴叔伦集》混有元代丁鹤年、明代刘嵩之伪作。其实还不只此，包括《苏溪亭》《兰溪棹歌》已经被确认为明人汪广洋所作，《戴叔伦集》还混入了明人张以宁、宋人王安石、周端臣等人的作品，合计可能达百首之多。

慧　南

　　慧南（1002—1069），俗姓章，玉山县人。北宋禅宗、临济宗黄龙派创始人，世称黄龙慧南。

　　慧南从小个性沉稳，如同大人一般，从不沾荤食，也不喜欢玩闹嬉戏。11岁时跟随怀玉山定水禅院智銮法师出家，19岁受具足戒，23岁开始游学参访。曾经参庐山归宗寺自宝禅师（云门派），在其门下住了半年多。自宝禅师在堂上说法时，慧南身体斜靠着墙，自宝禅师多看了他几眼，从此慧南对自己行住坐卧的细节都很注意，坐必跏趺，行必直视。后来又到栖贤寺参澄谌禅师（法眼宗），3年后又参三角山怀澄禅师，并随怀澄禅师移居到泐潭寺（江西靖安县内），且受到怀澄禅师分座说法的礼遇。在这里，他遇到了南昌云峰寺文悦禅师，文悦禅师认为慧南禅师将来一定可以成为佛门的龙象，于是经常提点他，并指引他去参临济宗的第六代传人石霜楚圆禅师。因不能领略楚圆的宗风，慧南半途改道，前往南岳福严寺，任书记一职。庆历四年（1044），慧南到同安崇胜禅院任住持，并于第一次升座开堂说法时，宣布自己师承于湖南楚圆禅师，在同安两年之后，又到庐山归宗寺任住持。1054年，移往宜丰黄檗山。最后几年在修水黄龙寺任第四代住持，大振禅风，接引禅众，在临济宗的基础上，开创黄龙宗派。

慧南禅师提出向临济禅复归的要求，认为"多虚不如少实"。在接引学人的方法上，不用死板的言语，也不像临济宗那样滥用棒喝，而是充分酝酿疑情，将学人的思维推上绝路，再伺机推一掌，使其大疑而后大悟。曾有人问他这么做的用意，慧南回答："父严则子孝。今日之训，后日之范也。"创立"三转语"即著名的"黄龙三关"，总喻为开悟的初关、重关、出关三个阶段，慧南所开创的这一派别，被称为黄龙派，与杨岐派及临济宗、沩仰宗、曹洞宗、云门宗、法眼宗合称为南宗禅的"五家七宗"。

慧南禅师法席昌盛，媲美马祖、百丈及大智禅师，号称"黄龙宗派被天下"。北宋熙宁二年（1069）3月16日，慧南上堂辞众说道："山僧才轻德薄，如何能够作为人师？由于不迷昧本心，不欺诳诸圣，而能解脱生死，得到自在。所以大觉世尊在燃灯佛那里，没有得到一法；六祖半夜在黄梅那儿，又传到了什么？"接着说一偈："得不得，传不传，归根得旨复何言；忆得首山曾漏泄，新妇骑驴阿家牵。"17日，在寝室内结跏趺坐，在众僧环拥之下圆寂，寿年67岁。慧南禅师圆寂后，弟子建塔于黄龙山，世称黄龙慧南。大观四年（1110），皇帝敕谥"普觉"。门下得法弟子83人，以晦堂祖心（又称黄龙晦堂）、宝峰克文、东林常聪最为著名。著述有《黄龙禅师语录》。淳熙十四年（1187），日本僧人荣西到中国研习黄龙宗禅法，开禅宗东传日本之先河。

熊　本

熊本（1025—1091），字伯通，鄱阳县人。北宋官员。自幼喜爱读书，范仲淹知饶州时，见过他写的文章，惊异这位小小年纪文士的才华。仁宗庆历六年（1046）进士及第后，当上了抚州军事判官。治平元年（1064）迁秘书丞知浙江建德县。到任后，发现有劣绅侵占鱼池为祭田，当即责令其退还农民。神宗登基不久，他上书朝廷，要求"师用贤杰，改修法度"，深得欣赏，便提举他为江南常正检正、中书礼房事。

神宗熙宁六年（1073）5月，四川泸州罗、晏的少数民族部落背叛朝廷。神宗皇帝下诏任命熊本为梓、夔两州的察访使，了解情况，采取平叛对策。熊本不负厚望，采取杀鸡儆猴、招降安抚、变夷为汉的举措，平息了反叛。

回到京城，神宗龙心大悦，将熊本提升为刑部员外郎、集贤殿修撰、同判司农寺。神宗赵顼称赞熊本道："爱卿既没有花费国家多大财力，又没有伤害到民众，却一下子消除了百年隐患，写出的奏章又如此生动详细，用词清丽，真是一个人才。"破格赐给熊本三品服饰。北宋收复河、湟地区后，熊本任秦凤路都转运使，剪裁冗官140多人，每年节省开支数十万。

熙宁八年（1075），熊本再次成功平定渝州南川（今重庆市）夷人木斗的反叛。

熊本班师回朝后，满朝文武交相赞赏。神宗欣然任命熊本为知制诰，让他起草法令。

熊本与王安石交谊深笃，始终支持其变法，并上书神宗坚持变法。王安石有《送熊伯通》《同熊伯通自定林过悟真二首》等诗赐熊本，给予了熊本高度评价。

后因治河之争，受罚被贬西京（洛阳）。元丰四年（1081），重任滁州知州、广州知州。元丰五年（1082）召回京为工部侍郎，半路上改任龙图阁待制、桂林知州兼广西经略使，处理宜州（广西）少数民族战乱。

自神宗元丰初，熊本先后历官吏部侍郎，先后知洪州、杭州、江宁（南京），在知洪州。元祐六年（1091）返京任职，行至真州（江苏仪征）病逝。著有文集、奏议共80卷。

汪　藻

汪藻（1079—1154），字彦章，祖籍婺源，后迁居德兴（今德兴市）。南宋文学家、史学家。

汪藻幼年聪慧过人，年轻时入太学读书，崇宁二年（1103）中进士，先任婺州（浙江金华等地）观察推官，后升任著作佐郎。北宋时先后任屯田员外郎、太常少卿、起居舍人。南宋高宗即位后，任中书舍人，兼任直学士，后升任给事中、兵部侍郎、翰林学士、左朝请大夫等职，绍兴元年（1131），以龙图阁直学士知湖州、徽州、宣州。卒赠端明殿学士。

崇宁四年（1105），徽宗赵佶要亲自编纂一部《君臣庆会阁》诗集，下诏要全国臣子选自己佳作送呈，并由翰林院对上呈诗作逐一品评，结果只有江南徽州婺源县胡伸与汪藻能相提并论，此后，二人名声大噪，当时人称江左二宝。

汪藻在任九域图志编修官、著作佐郎时，心清身正，疾恶如仇，不与当权奸佞同流合污，且不顾自身处境，一有机会就上表指奸责佞，一度为高宗赵构所重用。当时，皇帝下达的文告和命令都由汪藻负责起草，诏令类都出自其手。高宗亲书"紫诰乃兼馆，黄麻似《六经》"的白团扇赐他。

绍兴元年（1131），汪藻遭到排挤，除龙图阁直学士知湖州。汪藻上书提议编修《徽宗实录》，在国史馆修撰范冲支持下，于绍兴八年（1138）完成《徽宗实录》编撰，并上呈皇上，共计665卷。汪藻也由此升为显谟阁学士。高宗还派使者赏赐了茶药。不久，汪藻任徽州知州，一年后，任宣州知州。绍兴十四年（1144），他再次受诬陷被贬永州零陵（今湖南境内），于绍兴二十四年（1154）在零陵病逝。

汪藻是四六文集大成者。工于俪语，所作代言之文，皆明白洞达，曲当情事。诏命所被，无不凄愤激发，天下传诵。在汪藻手中，用骈体写作公文已到了游刃有余的地步，其制诰代言之文尤其出色，代表宋代四六文的最高水平，与唐代陆贽齐名。

汪藻诗作格调清新，深淳雅健，韵律精美，倾向于散文化。现存诗作282首。汪藻词亦美赡，有《彦章词集》1部，集已散佚，今《浮溪集》仅辑录3首。汪藻一生著述很多。原有《浮溪集》和《龙溪文集》等共120卷，大部分已失传。清代四库馆臣经搜罗编为36卷，即《浮溪集》。除有文集《浮溪集》和《文献通考》传世外，还有其他多部著作。主要有《世说新语叙录》2卷，《青唐录》3卷，《裔夷谋夏录》3卷，《元符庚辰至宣和乙巳诏旨》及《靖康要录》《古今俗雅字》44篇等，大部分已散佚。

汪应辰

汪应辰（1118—1175），字圣锡，初名师闵，字孝伯，后改名洋，中第后宋高宗为其改名应辰，玉山县人。南宋状元、政治家、文学家，"玉山学派"代表人物，后世称"玉山先生"。

汪应辰先祖是徽州婺源人，因避战乱迁居玉山县。少时家境贫寒，父亲早逝，祖母鲁氏出身读书之家，对孙子学业督促甚严。家里没钱买不起灯油，晚上读书用山上采来的松脂照明，先生教的课本常常提前读完，还到外边借其他书来读。11岁时，新任县尉名叫喻樗，是个刚中榜的进士，听说属下的孩子是个神童，便召见并出上联"马蹄踏破青青草"，话音刚落，应辰答道"龙爪拿开薄薄云"，喻樗非常惊奇，将他留在身边做书童，并将女儿早早地许配给他，后来喻樗赴洪州任赵鼎幕僚，又将他带到南昌，入豫章郡学深造。

绍兴五年（1135），汪应辰以乡试第一的成绩参加在临安（今杭州）举行的会试和殿试，殿试以"吏道未肃，民力未苏，兵势未强"为题，汪应辰以"为治之要，必以至诚为本"为主旨，旁征博引，洋洋数千言，高宗皇帝看后觉得"纯正典实"，大加赞赏，亲自圈定为进士第一，状元卷被后人誉为"吏治宝典"。原先皇帝认为能写出这样的好文章一定是个老成书生，等到唱名时却发现是个年仅18岁的后生，于是龙颜大悦，赐名"应辰"，即兴书写《中庸》一幅赐予留念，并要立即任命他在朝廷任职，这时，宰相赵鼎建议，为了今后能发挥更大作用，应该让他先到地方锻炼，于是任命他左承事郎、金书镇东军（今浙江绍兴）职务。高中状元后，汪应辰的应酬多了起来，为不耽误学习，他就在来客座位上贴上一标签"为学急如火，来客莫久留"。

汪应辰是中国科举史上最年轻的状元，宋高宗最初对他寄予厚望。当时正处宋金对峙局面，汪应辰主张收复失地，恢复大宋江山，与主和派高宗、秦桧一伙政治主张格格不入，所以他的一生在仕途上并不顺利。他先后担任过秘书省正字，建州（今福建建瓯）、袁州（今江西宜春）、静江（今广西桂林）、广州通判，吏部郎中，婺州（今浙江金华）知州，权吏部尚书，权户部侍郎兼侍讲，福州知州，四川安抚制置使兼知成都府，吏部尚书兼翰林学士并侍读。遭人谗言，以端明学士知平江（今江苏苏州）府，仍连遭贬秩，郁郁寡欢病逝，谥"文定"。

汪应辰是南宋著名理学家，其所形成的流派后世被称为"玉山学派"，著名弟子有汪逢、汪逮、尤袤、吕祖谦、章颖、张杰、赵焯、郑侨、王介等，其主要观点有：为学以至诚为本，强调克己之私，君子当识前言往行以经世治国，公与正乃万物之本；政治上主张正纲纪，抑侥幸，裁滥赏，汰冗兵。汪应辰一生著作颇丰，但大多已亡佚，现存《文定集》24卷。

朱 熹

朱熹（1130—1200），字元晦，一字仲晦，号晦庵，别称紫阳，婺源县蚺城人，出生在福建尤溪县，侨居建阳（崇安）。南宋哲学家、教育家，理学之集大成者。

从小聪敏勤思，4岁时，就向父亲朱松问天问地。8岁，朱熹通《孝经》大义，并书其上："若不如此，便不成人。"10岁，读到《孟子》"圣人与我同类者"时，喜不可言，决心学做圣人。绍兴十七年（1147）中举人，次年登进士。绍兴二十一年（1151）授左迪功郎、泉州同安县主簿。后历任知南康军、提举浙东常平茶盐公事、知漳州、知潭州兼荆湖南路安抚使、秘阁修撰、焕章阁待制兼侍讲等职。庆元年间，发生"党禁"，朱熹遭"伪学罪"落职罢祠，还居建阳。卒后，嘉定二年（1209）宁宗诏谥"文"；理宗时赠太师、追封"信国公"，后改"徽国公"，从祀孔庙；元至正二十二年（1362），改封为"齐国公"；明崇祯十五年（1642），诏先儒朱子改称"先贤"，位在汉唐诸儒之上；清康熙五十一年（1712），诏升"先贤朱子于十哲之次"。

朱熹授业于李侗，得程颢、程颐之传，兼采周敦颐、张载等人学说，集理学之大成，建立理学体系，世称"程朱学派"。他认为理和气不能相离，"天下未有无理之气，亦未有无气之理"。但又断言："理在先，气在后""有是理便有是气，但理是本"。强调"天理"和"人欲"的对立，要求人们"存天理，灭人欲"。淳熙二年（1175），应吕祖谦之邀，在铅山县鹅湖寺院与陆九渊、陆九龄展开10日之久的辩论，史称"鹅湖之会"。在宋、元、明、清的历史进程中，朱熹完成之理学，不仅影响中国哲学、教育、礼制等700多年，而且对日（本）、朝（鲜）之文化的影响亦数百载；尤其在明清两代，更是被封建朝廷提到儒学正宗的地位，作为维护封建统治的理论加以倡导，使之成为人们日常言行的是非标准和识理践履的主要内容。

朱熹积极从事教育活动，在任同安县主簿时，开办县学；知南康军时，重建白鹿洞书院，手订白鹿洞书院教规，使之成为全国书院的典范，又请陆九渊讲授"君子谕于义、小人谕于利"一章；知漳州时，创设州学；知潭州时，修复岳麓书院；晚年更是专心，在建阳筑寒泉精舍、考亭书院，在武夷山建武夷精舍，在这3所精舍从事教学、著作20多年。他提倡读书，认为"为学之道，莫先于穷理；穷理之要，必在于读书；读书之法，莫贵于循序而致精；而致精之本，则又在于居敬而持志"。他在长期的教育实践活动中，总结出"虚心勤奋与切忌自满，穷理致知与笃行并重，循序渐进与熟读精思，读书知疑与解难释疑"等一整套的学习方法。

朱熹生平广注典籍，所著《四书章句集注》，被元、明、清三朝定为科举取士的必读之书，时有"非朱子之传义不敢言"之说；又在经学、史学、文学、乐律以至自然科学方面都有不同程度贡献，并对书法、绘画、诗词、金石篆刻等亦有较高的造诣，其诗《春日》《观书有感》世人皆知。曾吸收当时科学成果，提出对自然界变化的某些见解，如关于阴阳二气的宇宙演化说，如从高山上残留的螺蚌壳论证地质变迁（原为海洋）说等；英国学者李约瑟明确提出：世界上第一个辨认出化石的人，就是中国宋代理学家朱熹。

朱熹学术著作甚富，有《楚辞集注》《周易本义》《四书章句集注》《诗集传》及后人编纂的《晦庵先生朱文公文集》《朱子语类》等。

姜　夔

姜夔（1155—1221），字尧章，自号白石道人，鄱阳县人。南宋文学家、书法家、音乐家。

父姜噩，任过新喻县丞、汉阳县令。姜夔幼时随父居汉阳。父死，依汉川县姐姐而生活。在汉阳一带，所结识的朋友很多。淳熙十二年（1185）、十三年（1186），他客游湖南，认识了老诗人肖德藻。肖工于诗，与当时杨万里、范成大、陆游、尤袤诸人齐名。肖德藻会见姜夔后，自认为40年作诗，始得此诗友，甚爱其才，于是介绍自己的侄女与他成婚。这期间，他常与友人游头陀、郎官、太白等胜地，登临吟赏，生活颇闲适。在汉阳20余年间，他间或回鄱阳，历淮楚，客湖南，行踪无定，而当他二三十岁时，已在汉阳、汉川一带羁留较久。

淳熙十三年（1186）年底，他应肖德藻的邀请，到湖州住了八九年，湖州苕溪附近有个白石洞，于是自号"白石道人"。这期间，他曾来往于苏州、杭州、合肥、金陵、南昌等地，不过都是旅食客游。经杭州时，由肖德藻介绍见杨万里，又由杨万里介绍至苏州见告老还乡的参知政事范成大。从此，姜夔与范成大交往甚密，被范成大认为高雅脱俗，"翰墨人品酷肖魏晋人物"。他曾三次寄寓合肥，前后时间也较久。绍熙五年（1194），他四十岁左右，与杭州张鉴（平甫）结交。张鉴家境豪富，曾表示愿赠良田供养姜夔。后二年秋，又与张镃（张鉴族兄）相识，自此与张氏兄弟关系密切。他晚年曾随张氏兄弟到南昌、无锡。后又遍游浙东、金陵、扬州，这时期，寓居江苏时间最长，但过的仍是作客旅游的生活。当时，南宋偏安已六七十年，音乐理论很少有人研究，一般士大夫都想讲讲古制以补遗缺。姜夔欲正庙乐，便于庆元三年（1197）上书论雅乐，进呈《大乐议》及《琴瑟考古图》，论当时乐器、乐曲、歌诗之失。但当时权贵妒贤嫉能，他在音乐方面的才能无法发挥。庆元五年（1199），他又上《圣宋铙歌十二章》，宁宗诏下，免除他由地方送考的手续，叫他直接参加礼部的进士考试，但未被录取。以后他终身不第，以布衣而终。

姜夔的词境独创一格，善用联想来表现独特的心理感受。写景状物不直接刻画，而是侧面描写，虚处传神。词的特点是"清空"和"骚雅"，清空出自苏轼，骚雅脱胎辛弃疾，两者结合，形成以姜夔为典范的江湖词流派。后人又将以姜夔为首的南宋词人称为骚雅派。

姜夔也是一个书法家，他的《续书谱》对书法进行系统、全面的论述，是南宋书论中成就最高的著作。

姜夔还是杰出的词曲作家，他留给后人的《白石道人歌曲》有自己的自度曲、古曲和词乐曲调，是流传至今唯一带有曲谱的宋代歌集，被视为"音乐史上的稀世珍宝"。

张鉴死后，姜夔家境清寒，依人为食，时而卖文鬻字以支家用。他的晚年更是穷困潦倒，三个儿子先后夭折，所居房屋遭火灾，60岁前后，还为衣食奔走于金陵、扬州等地。他死后无法殓葬，还是由一些朋友资助，方埋葬于浙江杭州钱塘门外的西马塍。著作可考的有12种，今存《白石诗集》1卷、《白石道人集外诗》1卷、《白石道人集补遗》1卷、《诗说》1卷、《白石道人歌曲》6卷、《续书谱》1卷、《绛帖平》6卷（原为20卷）。

谢枋得

谢枋得（1226—1289），字君直，号叠山，弋阳县叠山镇人，南宋末爱国主义诗人，与文天祥一起被誉为中国历史上的爱国主义"二山"。

宋宝祐四年（1256）谢叠山与文天祥同科中进士，因对策时严厉攻击丞相董槐与宦官董宋臣，由甲科被贬为乙科，任命为抚州司户参军，弃职不就。开庆元年（1259），元兵南侵，谢枋得任兵部架阁，在广信、抚州两州募兵援助江东宣抚使赵葵抗元。宰相贾似道惧怕元军，遣使求和，景定元年（1260），贾似道将坚决主张抵抗元军的赵葵等人以清算招兵钱粮为由革职罢官，谢枋得即变卖全部家财帮助赵葵偿还招兵所用经费。宋景定五年（1264），谢枋得在建康（今南京）当考官时，以丞相兼枢密使贾似道政事为题，言"兵必至，国必亡"，命题考试官员。为贾似道所恨，捏造谢枋得有居乡不守法纪、起兵时冒领使用科降钱的罪名，将谢枋得革职贬谪至兴国军（今湖北阳新县），至咸淳三年（1267）才遇赦返乡。咸淳十年（1274），谢枋得挺身而出，任江东提刑江西招谕使知信州，组织民兵抗击元军，此时妻儿子女、兄弟叔侄，均被元军害死。兵败后弃家入闽，隐居建宁唐石山中，生活极其贫困。期间创作大量诗文，痛斥南宋昏暗和大臣卖国求荣，表达复国还乡的强烈愿望。

元至元二十三年（1286），降附元廷的南宋遗臣程文海向朝廷推荐谢枋得，但他不肯出任元朝的官职。次年，元行省丞相忙兀台再次请求他出来做官，谢枋得坚决辞谢。至元二十五年（1288），宋故丞相留梦炎又推荐他出来做官，他修书谢之，明确表态：我至死也不会做元朝的官。同年9月，福建行省参政魏天祐强逼他出来，并派兵将他押送到大都（今北京）。至元二十六年（1289），谢枋得被强行押至大都后，仍坚决辞就，以绝食对抗朝廷，绝食5天，饿死于北京悯忠寺（今法源寺），至死未降为元臣。同年8月，其子奉枢还乡，葬于玉亭乡雷打石（今弋阳县港口镇上坊村）。

谢枋得著述颇丰，著有《批点檀弓》《碧湖杂记》《千家诗》《文章轨范》等。后人辑录其传文为《叠山集》。

谢枋得的纪念遗址有北京叠山祠、弋阳县的墓和叠山书院。南昌市城区有叠山路，就是为纪念谢枋得而命名。

夏原吉

夏原吉（1366—1430），字维喆。祖籍德兴县十六都中村（今德兴市李宅乡中村）。明代五朝重臣。从小随父迁居湖广湘阴（今湖南湘阴县）。

洪武二十三年（1390）举湖广乡试，入太学读书，后选授户部主事。建文年间（1399—1402），升任户部右侍郎。

永乐元年（1403），升任户部左侍郎。两年后，升任户部尚书。吴浙两地水患严重时，夏原吉受命巡视浙西诸郡，治理嘉（兴）、湖（州）、松（江）水患，指挥十万役夫，以大禹治水导三江入海的办法，疏浚吴淞江下游，并上接太湖，在其出口处建造蓄泄水闸，导湖水由吴淞江入海。开始，同僚中有人对夏原吉的治水方案不甚理解，认为工程浩大，劳民伤财，颇多怨言。但当地百姓却支持他，对他说："相公开河，功多怨多。千载之后，功在怨磨。"坚定了夏原吉根治太湖水患的决心。施工时，他布衣徒步，亲临现场，日夜经画，盛暑不张伞，对左右说："民劳，吾何忍独适！"工程完毕返回京城，以"支流未尽疏泄，非经久计"之由，向朝廷请命再赴浙西，疏浚白卯塘、刘家河、大黄埔等，竣工后，苏、淞农田大受其利。明成祖对夏原吉的功绩予以表彰。永乐十年（1412）2月，永乐帝在颁发给夏原吉祖母刘氏诰书中称赞夏原吉"弼予治化，劳效有称"。

其间，与吏部尚书蹇义等制定赋役制度，提出裁冗食、平赋役、清仓场、广屯种、严盐法钱钞等30多项建议。

永乐二十年（1422）冬，夏原吉因劝阻成祖朱棣出征漠北，先被贬职为开平粮储，后遭拘因，家产籍没。被抄没的家产中，除御赐的钱钞外，只有布衣瓦器。后经好友力救，才幸免一死。洪熙元年（1425），仁宗朱高炽即位，复夏原吉户部尚书，加太子少傅，赐"绳愆纠谬"银章。宣宗朱瞻基即位后，夏原吉辅佐宣宗平定叛乱，随宣宗北巡等，获赐"含弘贞靖"银印。完成三朝《实录》。晋爵太子少保兼太子少傅，入内阁参与机务，成为朝廷台阁重臣。夏原吉以施政才能、爱惜人才著称，历仕五朝。

逝世后赐谥"忠靖",赠太师。著有《夏忠靖集》6卷传世,诗文平实雅淡,不事华靡。

娄 谅

娄谅(1422—1491),字克贞,别号一斋。上饶市信州区人,明代教育家、理学家。

少年时就有志于成圣的学问,曾经求教于四方,最后不屑一顾地说:"大家所说的举子学,并非是身心的学问。"明景泰四年(1453),31岁的娄谅中了举人。乡举之后,娄谅自认为学尚不足,故不急于出仕,于是继续修学于上饶的家中,中间还不停地往来于崇仁的师门。天顺八年(1464),娄谅应试,中进士。随即朝廷派他任成都府学训导,他在成都的任上只呆了2个月,即谢病南归,并因此而号"病夫"。

回到上饶的家中以后,娄谅依然足不出户,和弟弟娄谦(号莲塘)整日在自己建的"芸阁"里读书讲学,因此在上饶的知名度很高。娄谅的学术,主敬穷理,即以"收心放心"为居敬之门,以"何思何虑,勿助勿忘"为居敬要旨。他讲学的时候,常常是议论慷慨,善发人智,听者忘倦。娄谅虽退老于上饶家中,爱君忧国却很诚切。见朝廷行一善政,用一善人,则喜形于色;若事有不公,且影响到朝廷的政治清明,则忧动于颜。对于地方政治,他也非常关心,遇到郡邑政令有不便于百姓的时候,他一定要向官府提出意见并极力制止;若遇到旱灾、水灾、蝗虫等自然灾害,娄谅则忧叹不已,并常常替民向苍天祈祷。如果发现乡邻迎神、搬戏、划船及建斋醮之类,他一定要站出来痛加禁止,即使得罪士大夫也无所顾忌,以正风俗为己任。

明弘治二年(1489),18岁的王阳明因送新婚的夫人诸氏从南昌归浙江余姚,舟行至广信时,拜谒娄谅,并向他求学。娄谅教授他宋儒格物学,谓"圣人必可学而至"。黄宗羲《明儒学案》说"姚江之学,先生(按:娄谅)为发端也"。所谓"姚江之学",即王阳明以后所发展出的心学。

娄谅生有二子,长子娄性,次子娄忱,均为当时名儒。孙女(娄性长女)为宁王(宸濠)妃,知书识礼,颇有贤声。宁王反叛朝廷时,娄妃多次规劝,宁王不听,于是投江自尽。娄谅父子皆受株连,被捕入狱。

娄谅原有著作《日录》40卷,词朴理纯,不苟悦人,《三礼订讹》40卷,《诸儒附会》13篇,《春秋本意》12篇。因宁王之祸,其文散佚。现存上饶市水南街劳动路娄家巷的"理学归第"为娄谅的生地,其匾额为皇帝御赐,是上饶市现存历史最为悠久的建筑。

费 宏

费宏(1468—1535),字子充,号健斋,亦号鹅湖,铅山县人,明朝状元,内阁首辅。

费宏自幼聪慧好学,13岁中信州府童子试"文元",16岁中江西乡试"解元",20岁中殿试"状元",深受宪宗皇帝朱见深的赏识,把费宏留京任翰林院修撰。此后官职屡迁，曾三次入阁。正德六年（1511），武宗封授费宏为文渊阁大学士，第二年加封太子太保、武英殿大学士。正德九年（1514），任户部尚书。费宏因揭露当时的宁王朱宸濠篡夺皇位的野心遭到迫害，与弟费寀辞官回乡。正德十六年（1521）世宗继位，召费宏入朝，继任吏部尚书，加封辅国少师兼太子大师。嘉靖六年（1527），宁王余党对费宏加封晋爵不满，对费宏继续进行攻击陷害，迫使费宏再次回乡。嘉靖十四年（1535），世宗皇帝重新启用费宏，任内阁首辅。这是费宏第三次入阁，同年10月，费宏无疾而终。世宗皇帝闻讣，念费宏忠心为国，历成化、弘治、正德、嘉靖四帝，乃有功老臣，赐太保，谥文宪，辍朝一日，亲自拟谕三道祭文，率三品以上官员至费府悼念，并派宰相夏言护送灵柩返归故里，按九千岁礼仪敕葬。

费宏在朝中不为幸臣钱宁、奸王朱宸濠威逼利诱所动，不怕孤立，不怕罢官，虽屡遭迫害，仍不屈不挠，合一族之力对抗濠党，为国家的统一和地方的安宁做出了很大的贡献。在皇统问题的政治争论"大礼仪"中，费宏不怕仪礼新贵的攻讦，不计同僚的误解，苦心斡旋，积极引导世宗朱厚熜推行嘉靖新政，使"大礼仪"的风波渐趋平复。费宏持儒家的亲民思想，主张以仁义待民众，以民生为根本，竭力解决民生问题，从根本上稳定社会。对大同兵变，他坚持认为士兵"变出于激，不叛者固多"，反对一味镇压，主张用招抚的方法解决；在解决民生问题上，主张实行"损于上而后益于下"的理财之道，为此他率先垂范，大幅削减自己及所属衙门的费用，并建议世宗"凡百冗费痛加裁抑"；在处置救灾、减赋、治河、漕运、兵变、江南设造宫室营建等重大朝政问题上，十分重视从解决民生问题入手而使社会稳定。

费宏赋闲在铅山，仍闭门读书著作，重视教育，以"诗礼衣冠振厥字"开办含珠书院，经过几代人的努力，文风大开，在小小的村落中，竟走出了状元1人、探花1人、进士6人、举人18人，贡生、国学生、邑庠生不计其数；更有叔侄四人四榜、兄弟四人同科，盛极一时。首辅夏言曾赞"叔状元侄探花连登甲地，兄宰相弟尚书并作名臣"。

费宏勤于笔耕，著作颇丰，见于史志及书目的有：《武庙初所见事》《宸章集录》《湖东集》《遗德录》《太保费文宪公摘稿》等，其中《太保费文宪公摘稿》20卷本为《四库全书》录入存目，台北文海出版社已录入《明人文集丛刊》第一集影印出版，《续修四库全书》亦已录入出版。

铅山县河口镇仍存费宏墓，并建有费宏纪念馆。

江 永

江永（1681—1762），字慎修，又字慎斋，婺源县江湾村人。清代经学家、音韵学家，皖派（徽派）朴学的创始人，为宋明理学向乾嘉汉学转化做出重要历史贡献。

江永生于寒儒世家。自小聪颖超群，6岁"庭受父训"，可日记数千言。后入私塾，读书过目成诵，且能周密思考。21岁中秀才，27岁起，在婺源、休宁、歙县等地开馆授业。中年开始著书立说，晚年转向小学、天文、历算的研究。为诸生数十年，蛰居乡里执教，不以利达富贵为事，唯以授徒、讲学为乐终其身。其对学生，上至京师书院的名才俊士，下迄乡里的顽童稚子，无不殷切教诲，并欢迎学生质疑问难，进行论辩。束脩所入"则尽以购书"，坚持刻苦攻读，潜心研究，开皖派（徽派）经学研究新风，被誉为东汉郑玄以后第一人，著名学者戴震、金榜、程瑶田等皆从其受业。

江永以丰补歉之法，在家乡提倡和参与捐田输粮建义仓，并实行30多年。在故里江湾的汪口设计建平渡堰，以平缓水流，抬高水位灌溉农田。建曲尺形导流坝，让木排通过，此坝俗称曲尺堰。设计建造一架风车推动石碓，日可舂米几百斤。

江永治学以考据见长，擅于比勘，举凡古今制度、天文地理、钟律推步、中外历算等，无不探究索隐，对"三礼"（《礼记》中的周礼、仪礼、礼记）尤其精思博考。《四库全书·春秋地理考实提要》评价他的考证著作时说："其订伪补漏，多有可取。虽卷帙不及高士奇《春秋左传地名考略》之富，而精核则过之矣。"

江永一生潜修砥行，著述甚丰。撰《周礼疑义举要》6卷，考释先秦名物，其中《考工记》2卷颇多创见；广泛搜集散见经传杂书中的古代礼乐制度，撰《礼书纲目》85卷，仿南宋朱熹《仪礼经传通解》体例，博考群经，洞悉条理，以补正朱熹《通解》之不足及未竟之绪。精研数学，读梅文鼎书，有所发明，并参考西洋算法作《算学》（又名《翼梅》）8卷续1卷、《推步法解》5卷。又精于音理，注重审音，尝撰《古韵标准》，定古韵为十三部，对研究中国古韵有重要创见；其《音学辨微》《四声切韵表》，阐明等韵学及韵书中分韵的原理。深研乐律，著《律吕新论》与《律吕阐微》，于《管子》书徵羽宫商角之叙，及《吕氏春秋》称伦作律，先为黄钟之宫，次制十二筒，以别十二律，据以正《汉书·律历志》的谬误。此外，还著有《近思录集注》《深衣考误》《仪礼释宫增注》《仪礼释例》《礼记训义择言》《春秋地理考实》《群经补义》《乡党图考》《考订朱子世家》《四书典林》《河洛精蕴》《读书随笔》等。乾隆三十八年（1773），清廷为编纂《四库全书》博采天下遗书，江永的著作被四库馆采入的有16种。后张之洞撰《书目答问》，江永著作又被介绍为治学必读的"最有用"之书。

蒋仕铨

蒋仕铨（1725—1785），字心余，又字苕生。上饶市铅山县永平镇人，出生于南昌市小金台。因家有"清容斋"，故号清容，又号藏园，晚年号定甫。因书斋叫"离垢庵"，因此又自称离垢居士。清代著名戏曲家、文学家。

蒋仕铨先世姓钱，居浙江湖州府长兴县（今湖州市长兴县）。明末，其祖父9岁时因避兵乱与家人失散，流落到铅山县永平镇，被邑长蒋某收为子嗣，从此宗蒋氏。蒋仕铨出生时，家境贫寒，父亲外出谋生，母亲钟氏乃携儿寄居外祖家。钟氏娴静聪慧，通晓经史，便教仕铨3岁识字，4岁读诗词经史，留下"折箸成字"的故事。

11 岁随父母游览名山大川,使他心胸眼界开阔。游历时,结识了泽州(山西省晋城市)王氏,王氏富闻遐迩,自有藏书数万卷,蒋仕铨废寝忘食日诵夜读,学问大进,16 岁开始学习写诗,因多为模仿之作,19 岁时便将这些诗稿付之一炬。从此改读杜甫、李白、苏东坡等各家诗文。

蒋仕铨 22 岁时,适逢殿撰金德瑛按郡督学,蒋仕铨应古学试,接着,应正试,名列第一。金德瑛对仕铨很赏识,带他游览江西各地,广结江西名士,学识大长,诗名渐著。26 岁担任《南昌县志》总纂。32 岁中进士,入庶常馆,任翰林院编修。38 岁任顺天府乡试同考官。第二年,任《续文献通考》纂修官。40 岁时裴师颖推荐蒋仕铨为景山内伶,仕铨不受。8 月乞休获准,寄居南京,与袁枚为邻。两人游山泛水,吟诗听琴,怡然自得。42~52 岁,先后主讲会稽山、扬州安定书院。51 岁仕铨母亲去世,扶灵柩归铅山。在家乡,他倡导开焦溪坝、建试院、修县内署,开黄柏畈水利。黄柏畈水利可灌溉田地 6000 余亩。53 岁时,因他才气横溢,乾隆皇帝称他与彭元瑞为“江右两名士”。蒋仕铨感恩,再度出山,57 岁任国史馆纂修官,专修《开国方略》14 卷。59 岁时得风痹症,于是回南昌,袁枚来探望,他嘱袁枚为他作墓志铭,并要袁枚为他的诗集作序。蒋仕铨大部分时间生活在南昌,并建造了名噪一时的“藏园”(今南昌市绳金塔东北面)。60 岁时病逝于南昌藏园。

蒋仕铨同情人民,热爱祖国,把文学创作视为抒发忧国忧民之情、“激扬忠义”“经世致用”的崇高事业。他奏请为孤军坚守扬州之抗清英雄史可法建祠,创作《冬青树》剧本,歌颂文天祥、谢枋得抗元死节的事迹。他虽才气横溢,名震京师,但一身正气,不入污泥,自称“以方柄入圆凿,恐不合且得祸”。其精神和气节令后人敬佩。

蒋仕铨为乾隆时代最负盛名的戏曲家,而且以戏曲成就独步当时。有人称其曲为“近时第一”(李调元《雨村曲话》)。梁启超称赞他“为中国词曲界之最豪者”。除《藏园九种曲》(杂剧 3 种,传奇 6 种)最为有名外,还有《忠雅堂文集》12 卷,《忠雅堂集》27 卷,《铜弦词》等,存诗 2600 余首、词 270 余阕。著作多次翻刻流传海内外。

蒋仕铨墓位于铅山县永平镇,1959 年被列为省级文物保护单位。

齐彦槐

齐彦槐(1774—1841),字梦树,号梅麓,又号荫三,婺源县翀田(今冲田)村人。清代科学家,于天文、历算、地理、机械制造、文学、楹联、金石、书法、鉴藏均有很深的造诣。

齐彦槐幼时颖敏异常,读书刻苦,初入塾学作文便能援笔立就。嘉庆十三年(1808),仁宗召试名列第二,恩赐举人;次年中进士,选任翰林院庶吉士。散馆,授江苏常州府金匮(今无锡崇安区)知县,后迁苏州府同知。罢官后,侨居荆溪(今属宜兴市),葬于江苏溧阳市载埠镇马墩桥。

齐彦槐任职金匮县期间，为官清廉，勤政爱民，清理积案，剖决如流，民称"齐青天"。同时力维风教，制定并镌立"金匮县公布办理田赋章程碑""金匮县规定脚夫为商人转运商货应听自行雇唤，禁止把持争夺碑""金匮县规定瓜果蔬菜行不许增添，见外来客贩及本地耕种之家成船装载者，听其投牙发卖碑""金匮县窑户议禁规条碑"（这些碑今仍存无锡崇安）等晓示邑人，民风翕然改观。嘉庆十九年（1814）大旱，创立"图赈法"，令各图捐资自赈，一切钱物不经官吏的手，使绅富踊跃捐银14万两有余，解救灾民无数；灾后，又以余银造"望亭桥"，修"泰伯墓"，为民办实事。任内政绩斐然，时有《衙斋书壁诗》19首纪其治绩。

道光三年（1823），曾力陈《海运南漕议》于朝，得旨优奖。尝因乡间农田灌溉沿用三国时期流传下来的翻车，劳动费工费时，钻研制造出"龙尾车""恒升车"，一车可抵普通水车五部，中丞林则徐试之大加赞赏，称"有益于农田水利"。

道光十年（1830），精心制成"中星仪"（现藏于中国历史博物馆）、"天球仪"，可准确观测星象位置和运行，时人誉为"开千古以来未有之能事，诚精微之极致矣"。中星仪是我国的第一座恒星时钟。

齐彦槐精于文学，且工书法。其诗出入韩苏，尤长骈体律赋，林则徐曾赞曰："近数十年海内诗家，惟齐某必传"。其诗开诗坛新风，常以诗歌传播科技知识，如其诗《区田图为潘功甫舍人作》，较黄遵宪的《人境庐诗草》要早半个多世纪。其著述甚富，除《梅麓诗钞》《梅麓文钞》《双溪草堂全集》《双溪草堂书画录》《松雪斋墨刻》之外，尚有《天球浅说》《中星仪说》《北极经纬度分表》等科技著作。

吉安市名人

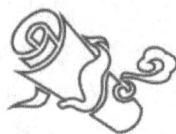

行　思

　　行思（673—740），又名青原行思。俗姓刘，吉州庐陵（今安福县严田乡龙云下村）人，传系汉长沙王之后裔。

　　唐代高僧，佛教禅宗七祖，禅宗青原派系——曹洞、云门、法眼三宗的鼻祖。行思幼年出家于宝云寺，与寺中和尚谈论佛法，思索佛教真谛。武则天万岁通天二年（697），时已出家13载，年及24岁的行思，翻山越岭来到广东韶关南华寺参拜六祖慧能为师。六祖对行思的佛性表现出极高的兴趣，行思也表现了愿为顿悟弘法成为天下第一的决心。唐玄宗开元二年（714），行思时年已41岁，出家已届30载的行思，谨遵师命，回到故乡吉州，归主青原山，在净居寺大倡禅学，恪守不立文字的祖训，弘扬禅宗顿悟学派，宗风大振，四方来参者甚众。

　　行思在青原山弘法期间，冲出了佛学虚幻的思想范畴，把佛教从单纯的学问修行引入道德修行。经过行思教诲的门徒甚多，其中最有成就的就是希迁和尚（即石头和尚）。希迁和尚原也是六祖慧能的信徒。行思归主青原山后，希迁千里跋涉来到青原山，拜在行思门下，成为行思的高徒。行思圆寂之后，希迁离开青原山，在南岳（今湖南衡山）南寺东边的一块大石头上结庵修行，经希迁再传，禅宗佛学发展成为曹洞、云门、法眼三宗，世称"禅宗青原派系"，使青原山成为全国瞩目的佛教圣地，顿悟禅法流传江西、湖南、浙江、山东。南宋时，禅宗青原法系的曹洞宗传入日本，广泛流行于日本，成为日本的佛教正宗。曹洞宗还传入朝鲜和越南。

　　行思在青原山净居寺弘法28载，为禅宗顿悟学派献出了毕生精力，为达摩祖师"一花开三叶"奠定了"曹洞、云门、法眼"三叶的基础，无愧于一代佛门祖师。唐开元二十八年（740）12月13日，行思升坐佛堂跏趺圆寂，终年67岁。乾符年间（874—879）僖宗皇帝赐予禅宗行思七祖谥号"弘济。"

刘 沆

刘沆（995—1060），字冲之，永新县埠前镇三门前村人。北宋宰相、政治家。刘沆所在村后北山名后隆，唐代宰相姚崇曾寄寓此山之聪明洞，牛僧孺曾在山上建读书堂。刘沆自小听父老谈姚、牛故事，心向往之。年长，应试不第，自嘲说："人中'进士'，我则退士也。"不复出，其父极力勉之。宋仁宗天圣八年（1030），擢进士第二人。

初任大理评事、舒州通判，在衡州做官时，当地有大姓尹氏，伪造卖券，夺邻居孤子田产，刘沆秉公直断，使尹氏服罪。并主持修建北宋四大书院之一的石鼓书院。

赴京后，官至右正言、知制诰。奉命出使契丹，抵制了契丹的挑衅和无理要求，朝廷里恐引起外交事端，于是出京，先后知江宁府、潭州。

知潭州时，率大军平息瑶族人闹事，招降起义军邓和尚部2000余人，其首领皆奉命以官，又募士兵分捕余党。次年夏，战事复起，刘沆被论罪降知鄂州，迁给事中，徙洪州。不久，以龙图阁学士知开封府，迁尚书省工部侍郎。多次揭发隐伏的奸佞邪恶，朝中权臣、近臣都对他敬且畏避。

皇祐三年（1051）三月，任参知政事。刘沆既拜命，有利害辄廷议，多所救正。至和元年（1054）八月，刘沆拜同中书门下平章事、集贤殿大学士。进言指出用人三弊：近臣保荐，多出私门；任人唯亲，求近地，求在京；奖罚升迁不论功过是非。要求革除三弊，皇帝依奏。为相期间，大刀阔斧进行改革，近幸尊贵和守旧派强烈不满。嘉祐元年（1056），因同僚上奏弹劾刘沆请求罢相，为工部尚书、观文殿大学士，知应天府，迁刑部尚书，知陈州。

刘沆病逝于陈州任所。丧过国门，仁宗制挽诗以赠，御篆碑首曰"思贤之碑"，诏赠左仆射兼侍中。徽宗时，加封刘沆为秦国公，赠楚国公，谥文安。刘沆葬于后隆山前，坟外土城有门三，名中村三门前。

欧阳修

欧阳修（1007—1072），字永叔，号醉翁，晚年更号六一居士。北宋吉州庐陵（今永丰县沙溪）人。少孤贫，父早亡，从母郑氏学习，折芦荻练字，史称"画荻教子"。宋天圣八年（1030）进士，授将士郎，试秘书省校书郎、西京（今河南洛阳）留守推官。景祐三年（1036）为馆阁校勘，作《高司谏书》为范仲淹呼吁，被贬夷陵县（今湖北宜昌市）令。庆历年间召知谏院，改右正言、知制诰，参与新政改革，新政失败，作《朋党论》驳斥守旧派，上书反对罢范仲淹等政事，被贬知滁州（今安徽滁县）、扬州、颍州（今安徽阜阳）。嘉祐元年（1056）回朝任翰林学士、史馆编修等。嘉祐二年（1057），权知礼部贡举，以主考官之便，对科举进行大胆革新。次年，加龙图阁学士。

嘉祐五年（1060），擢枢密副使，次年升参知政事（副相），封开国公。英宗即位后，又进阶紫光禄大夫。神宗即位，欧阳修深感政治险恶，连递辞呈，罢参知政事，转为刑部尚书。出知亳（今安徽亳县）、青（今山东益都）、蔡（今河南汝南）三州。期间曾反对王安石新法，多次请求致仕。后归隐逝于颍州（今安徽阜阳）。他是北宋著名的政治家、文学家、史学家和经学家。

沙溪镇欧阳修手书的《泷冈阡表》，是欧阳修代表作，被誉为中国古代三大祭文之一。该文是欧阳修在他父亲死后六十年所作的墓表。在表文中，他盛赞父亲的孝顺与仁厚，母亲的俭约与安于贫贱。该碑刻保存完好，2006年被列入第三批全国重点文物保护单位。

欧阳修是北宋时期著名的史学家之一，中国的二十四史，他参与编修的就有两部，其中《新五代史》是由他一人编著而成，这在古今史学家当中是极为罕见的。《新五代史》不仅体裁与文笔堪称楷模，而且褒贬得当，启迪后人。《新唐书》的编撰工程浩大，欧阳修负责本纪、志、表等部分的写作和全书的统稿工作。

欧阳修在经学方面的研究能够不囿前人，敢于提出自己的创见。正如苏轼评价他在经学研究方面的独创精神时说："欧阳修长于《易》《诗》《春秋》，其所发明，多古人所未见。"欧阳修还著有《毛诗本义》《易童子问》《春秋论》等。他又是中国金石学的开创者，他的《集古录》集录三代以来金石遗文1000卷，形成了一部空前完整的金石大手册，对于纠正过去所修史册的某些谬误具有重要的参考价值。

欧阳修的文学成就主要集中在散文和诗词两个方面。他是"唐宋八大家"的主将。上承唐势，下启宋风，提出诗文革新主张，是北宋诗文革新运动领袖人物，公认的一代文宗。古文创作众体兼备，政论文、记叙文、策问、奏表、笔记、杂文、祭文、墓志铭、杂题跋、书简、著作、序言等，还有散文、诗赋。政论文以《朋党论》为代表，观点鲜明，议论剀切，气势磅礴，鞭辟入里。散文《醉翁亭记》《偃虹堤记》等情景交融，富于哲理。祭文和墓志铭，如《尹师鲁墓志铭》《泷冈阡表》《祭石曼卿文》等写得情感深沉，催人泪下，而且高度概括，发微深刻。欧阳修的书、序也与常人不同，别开生面，如《与乐秀才第一书》《答祖择之书》等十分讲究描写和抒情，有机地把理和情结合在一起，做到了理中见情，情中见理，有的则表现得挚情似火，正气凛然。他的政治诗歌敢于揭露矛盾，同情民众，痛斥昏庸统治者，鞭挞如狼似虎的贪官污吏。欧阳修作词，充分地保持了宋初的风格，并且成为代表人物之一。他的毕生创作中，有诗800余首，词200多首。其词在宋初词坛上可与晏殊相提并论。艺术上的主要特征和鲜明风格以抒情为主，感情婉转缠绵，十分真挚，清疏隽永，蕴藉沉厚。

欧阳修卒后被朝廷追赠太子太师，谥号"文忠"。从政42年，历经仁宗、英宗和神宗三朝，官场三起三落，上下往复。倡导古文运动，勤奋写作，著述丰富。今存《欧阳文忠公集》153卷、《新唐书》225卷、《新五代史》74卷等专著。

解　元

解元（1098—1142），字善长，吉水县人。南宋抗金将领。相传长相英俊挺拔，光彩照人，竦眉俊目，垂手过膝。从小习武，有百步穿杨的本领，能用铁索牵引犀牛倒行。曾经乘骏马驰骋突袭敌阵，往来如飞。

早年在保安军德清寨起兵，积累功绩后授予清涧都虞侯。南宋建炎三年（1129），依诏划归韩世忠统率，提拔为偏将军。韩世忠出兵下邳，遭遇金军大队人马。解元带领20余名骑兵，游击深入敌营，生擒活口，详询敌情。不久，再次前往，适逢敌数千骑兵从四面包围过来，解元奋不顾身左右冲杀，像鹘一样猛击，大声呼喊，声振刀甲。敌军一位酋长失惊落马，众兵士落荒而逃。因功授合门宣赞舍人。苗傅、刘正彦兵变，迫使高宗让位，解元跟随韩世忠追至临平，与叛军激战，在浦城生擒苗傅、刘正彦。

建炎四年（1130）三月，金兵入侵浙西，韩世忠驻守京口，以海舰横截大江，断绝金兵退路。金兵出小舟数十艘，用长钩扳舰解困突围。解元从大船上奋力跃入敌舟，短兵击杀金兵数十人，活捉金千户长。授忠州团练使，统制前军。不久，奉命讨伐闽寇范汝为，转战打击海外诸盗。当时刘忠占据白面山，凭险筑垒固守。韩世忠距敌30里安营扎寨。解元只身匹马涉水迫近敌寨，四顾周览，观察敌方阵势。发现敌军依白面山设瞭望楼，屯精兵于周围四山，视刘忠在瞭望楼上的号令而战。归营后就对韩世忠说："若想取胜，须先取瞭望楼。"韩世忠深以为然，派解元率精兵500名，以长戟居中，两翼辅以弓箭手，自下趋高发起进攻，叛军不支。于是就占领瞭望楼，插上红旗，宋军四面齐头并进，叛军很快得到平定。解元改任相州观察使。

绍兴四年（1134），随韩世忠抵御金人、伪齐联合进攻，驻守承州。金军到达承州近郊时，解元派遣100人在要道上埋伏，100人在岳庙埋伏，自己带领400人在路边埋伏。命令："一旦金军到来，我先出击掩杀，要道上的伏兵看到我的旗号，就树起旗帜来吓唬他们，金军定会从岳庙逃走，岳庙伏兵就从身后攻击他们。"又准备决开河堤来阻断金军退路。第二天，金军果然来到承州城下，伏军发起攻击，金军进退不得，于是往岳庙逃走，解元率军追击，俘获148人，仅逃走2人。当时承州城里只有不到3000宋军，金国的一个万户黑头虎直接来到城下要求解元投降。解元藏起兵马，穿着普通人的衣服出城假装投降。等到金军稍一松懈，便迅速发动埋伏，抓住了黑头虎。四面金兵赶到，解元战退他们，向北追击数十里，很多金兵溺水而亡。解元因功改任同州观察使。绍兴六年（1136），随韩世忠出兵下邳，只用几百骑兵就打败了敌军伏兵，授保顺军承宣使。

绍兴十年（1140），解元随韩世忠部攻打淮阳，至刘冷庄，以骑兵300人抵挡敌骑数千。解元挥戈大呼，士兵争相奋战。金兵援军到达，解元安抚部下说："有我在此，不必惊慌。"众人转而奋勇杀退金兵。因功加封神龙卫四厢都指挥使。第二年，韩世忠被罢兵柄，任枢密使，解元代领其众，升任侍卫亲军马步军都虞候，不久授保信军节度使。因病卒于任上，赠检校少保、晋国公，谥"武襄"。孝宗追封太原王，谥"忠武"。

胡　铨

胡铨（1102—1180），字邦衡，号澹庵，吉州庐陵（今青原区值夏镇道院）人。南宋政治家、爱国大臣。胡铨自幼聪慧好学，强于记览，跟随萧楚习读《春秋》，能得其精髓。

南宋建立伊始，急需人才。建炎二年（1128），25 岁的胡铨怀着一腔报国热情参加应试。高宗皇帝见到试文后大加赞赏，想点胡铨为状元，只因有的考官以他的言词过于直率，而把他排在第五名。被授予抚州军事判官，因父去世，胡铨回家守孝，没有赴任。建炎三年（1129），金兵大举进攻南宋，隆裕太后为躲避金兵追击，逃至吉州（今吉安市）。正在家中守孝的胡铨闻讯后，立即招募乡勇入城固守，协助官军抵御金兵，保卫家乡。由于胡铨抗敌有功，他被起用为承直郎兼吉州军事判官。绍兴五年（1135），胡铨升任枢密院编修官，掌管全国军事文件。

绍兴八年（1138），奸相秦桧决策主和，朝野舆论一片哗然。当时身为枢密院编修官的胡铨对此坚决抵制，奋笔书《戊午上高宗封事》，直截了当地指出秦桧卖国求荣的险恶用心，劝诫高宗"此膝一屈不可复伸，国势陵夷不可复振"，声明自己"不与秦桧等共戴天"，要求皇上砍下秦桧、王伦、孙近的头，然后"羁留虏使，责以无礼，徐兴问罪之师"，否则，宁愿"赴东海而死"，也不"处小朝廷求活"。这篇奏疏，不仅"当日奸谀皆胆落"，而且使"勇者服，怯者奋"。金人闻讯急忙以千金购得此文，读后"君臣失色"，连连惊呼"南朝有人""宋国不可轻"。像胡铨这样义正词严、毫不畏惧地上书反对议和，甚至公然要求斩秦桧之头以谢天下的大臣，在当时绝无仅有。此后宋高宗和秦桧以"狂妄上书，语多凶悖，意在鼓众，劫持朝廷"的罪名加于胡铨，革职送往昭州（广西平乐县）、广州、新州，最终贬谪到吉阳军（今海南省三亚市）。

胡铨流放了 23 年。直至宋孝宗即位（1162），才被起用，任命他为知饶州、吏部官员。孝宗隆兴元年（1163），胡铨任秘书少监兼侍讲、起居郎、枢密院编修官、工部兵部侍郎等职。再次成为反议和、反割地的主战派代表，向孝宗提出一系列抗战建议，并亲自带兵抗击金兵；手持铁锤下河击冰，击退金兵的入侵。胡铨以资政殿学士致仕辞官回乡，定居青原山南麓。弥留之际，口授《遗表》，称"为厉鬼的杀贼，死亦不忘"。

胡铨擅诗文，工书法，精儒学，著有《澹庵文集》100 卷、《周易拾遗》10 卷、《春秋集善》30 卷、《澹庵词集》等文献，受到宋孝宗赞赏，诏令藏秘书省。

2000 年 1 月，江西省的新闻媒体举办"千年回眸"活动，选评江西省千年之中最杰出的十位历史名人，胡铨被评为"脖子最硬的人"。

周必大

周必大（1126—1204），字子充，又字洪道，自号省斋居士、青原野夫，又号平圆老叟，南宋吉州庐陵（今吉安县永和镇周家村）人。南宋丞相、政治家、文学家。

周必大出身书香门第，早年父亡，由外祖母家抚养，母亲督学。自幼勤奋好学，饱读诗书。少年时作文赋诗，名噪庐陵。绍兴二十年（1150）考中进士，授左迪功郎、徽州司户参军，从此步入仕途。绍兴二十七年（1157）中博学宏词科，授建康府学教授、左修职郎。隆兴元年（1163）后历任中书舍人、知州、兵部侍郎知太子詹事、直学士院、吏部侍郎、翰林学士、参知政事、枢密使、右丞相、左丞相，直接参与处理朝廷大事，为安邦兴国做出了贡献。后遭同僚弹劾，以欢文殿大学士贬潭州（今长株潭、岳阳、益阳、娄底等）、隆兴府（今南昌县）。庆元元年（1195）以少傅致仕。卒于吉安青原山，追赠太师，谥号文忠。

周必大从政期间，无论是辅佐朝廷还是主政地方，总是一片忠心，勤奋治政，处事有谋，风虎云龙。他体察民间疾苦，蠲免赋税，赈灾救荒。人们敬重他，皇帝倚重他。周必大是朝廷重臣，协理皇帝治理国家，但他没有忘乎所以，而是对南宋的局势有十分清醒的认识。他任宰相后以国事为重，直言敢谏，第一个奏章就提出：要居安思危，长治久安，不可急于求成。为达到富国强兵的战略目的，在内政方面，一要强兵，二要富国，三是安民，四是政修。在外交方面，周必大始终抱着不亢不卑的态度。他非常重视选才用人，强调用人要赏有功，罚有罪，把任官、信赏、罪罚看作政治之道的三条原则。周必大所提出的这些内政外交方针，充分表明了一个政治家的远见卓识，表现了一个成熟的爱国政治家的骨气。周必大任宰相八年之久，他"立朝刚止"，言事不避权贵，为了维护国家和民族的利益，力排权贵败坏纲纪，故而勋业更为出色。

周必大为官四朝，三朝为相。他不仅是一位政治家，还是一位智识高远、学术精微的大学问家。他一生不仅勤于著述，还不遗余力地致力于雕版印刷术和活字印刷术的发展。他在政务之余，积极进行印刷出版的实践活动。尤其是告老还乡，在青原山从事著书、刻书活动。他举全力雕版印刷他任丞相时没有完成的欧阳修文集，使这部洋洋百万言的《欧阳文忠公集》共153卷终于雕刻成功。刻版本卷帙浩繁，印装精美，校勘准确，是宋版图书中的上品。周必大刻本以其校勘精良、刻写俱工，在中国图书史上一直享有盛誉，备受推崇。在周必大所刻图书中，晚年所刻《欧阳文忠公集》和《文苑英华》最为著名，也最能代表他的刻书风格与刻书成就，被历代名家视为私家刻书之典范。他是继毕昇之后第一个试验胶泥活字印刷并获成功的人，对中国印刷术做出了贡献。

周必大善为文章、诗词，曾被宋高宗称为"掌制手"（即大手笔）。有诗600多首，遗著80余种，内有《平园集》200卷。

杨万里

杨万里（1127—1206），字廷秀，号诚斋，吉州吉水（今吉水县黄桥镇湴塘村）人。南宋著名爱国诗人、文学家。

南宋绍兴二十四年（1154）进士。绍兴二十九年（1159），为永州零陵县丞，当时主战派代表人物张浚谪居在家，杜门谢客。万里力请见，浚勉以"正心诚意之学"，万里终身遵其教诲。乾道六年（1170）初，担任奉新知县，颇有惠政。十月，经宰相陈浚卿、虞允文推荐，召为国子监博士。淳熙元年（1174），出任漳州知州，后改知常州，不久，提举广东常平茶盐。

淳熙十一年（1184），入京先后任尚书右郎、吏部员外郎、吏部郎中，应诏上书，陈述革除弊政十大问题，孝宗亲自提升他为侍读。淳熙十四年（1187），宰相王淮问为相之道，万里答："以人才为先。"王淮又问："当今谁为人才？"万里即举荐朱熹、袁枢等60人。王淮次第擢用。原来，他袖中常藏一小本，每遇贤士善事，随时记下，后人称他那个袖中小本为"淳熙荐士录"。历枢密院检详，迁左司郎中。淳熙十四年（1187）夏旱，万里复应诏，疏两事以献，言皆恳切。迁秘书少监，从直秘阁调任筠州知州。

绍熙元年（1190），以焕章阁学士身份为接伴金国贺正旦使，后为江东转运副使，力主减轻江南诸郡钱粮。绍熙年间，多次受到任命，屡召不赴。开禧二年（1206）正月，任宝谟阁学士，赐衣带鞍马。五月，卒于故乡，追赠为光禄大夫，谥"文节"。

万里性刚直，力主积蓄力量，抗击金兵，收复失地，反对偏安江左。他的《初入淮河》诗："刘、岳、张、韩宣国威，赵、张二相筑皇基，长淮咫尺分南北，泪湿秋风欲怨谁？"流露出对奸臣误国的愤慨心情。韩侂胄专权，欲网罗四方名士，筑南园，请万里为记，万里说："官可弃，记不可作！"韩侂胄十分恼怒。万里耻与侂胄同朝。绍熙三年（1192）回湴塘，辞官居家15年。

万里出身寒微，在京城临安做了官，家风始终俭朴。《鹤林玉露》载："杨诚斋立朝，计料自京还家之费，贮以一箧，锁而置之卧所，戒家人不许市一物，恐累归，日日若促装者。"湴塘老家旧屋一栋，仅避风雨，"三世不增饰"，其妻罗夫人年届八十，还亲自下厨，亲自种麻纺织。世人称诚斋"清得门如水，贫唯带有金"。

杨万里与陆游、范成大、尤袤同为"江西诗派"的第三代代表人物，人称"南宋四大家"，被誉为一代词宗。一生写诗2万多首，现存4200余首，是历史上多产的诗人之一。其诗语言自然活泼，想象丰富，新颖且幽默诙谐，别具一格，后人称之为"诚斋体"。它的特点是新、奇、活，有风趣，层次曲折，变化无穷，诗意透脱。他认为看事物不能够认一迹、一象、一点、一面，要贯通各面；识度、胸襟要通达超豁，心境要活泼，不执着。诚斋晚年家居潜心研究《易》，著有《诚斋易传》20卷，诗编入《退休集》。长子东山将其诗文合编为《诚斋集》，共133卷，分《诗集》42卷，《文集》90卷，《附录》1卷。

欧阳守道

欧阳守道（1209—1273），字公权，一字迁父，初名巽，晚号巽斋，吉州庐陵县（今江西吉安县永和镇）人，南宋著名教育家。

守道年幼丧父，孝敬母亲，家贫无钱读书，乃发愤自学。乡人见他淳朴厚道，学识渊博，聘为塾师。他一边教书，一边继续自学，不到30岁，就以文章行谊著称，而成为乡邻儒宗。

淳祐元年（1241）考中进士，初授雩都县（今江西于都县）主簿，后调任赣州司户。此时吉州太守江万里为推进教育事业，培养庐陵才俊，创办了白鹭洲书院，聘请欧阳守道回吉州为家乡培育英才，任第一任白鹭洲书院山长执掌院事。欧阳守道品行正直，学问渊博，讲课条理清晰而又生动有趣，深受学生欢迎。他发扬江万里所开创的民主学风，勇于进取，大胆开拓，将书院办得生气勃勃。宝祐元年（1253）四月，应吴子良聘为岳麓书院副山长。宝祐二年（1254），守道辞去岳麓书院副山长，把岳麓书院的办学经验带回家乡，使白鹭洲书院进入一个鼎盛时期。

宝祐四年（1256），学生文天祥殿试一举夺魁，成为白鹭洲书院第一个状元，并同时考取了40名进士，名列全国前茅。理宗皇帝特御书"白鹭洲书院"匾额以示奖励，使书院名扬天下，成为江西古代最著名的三大书院之一。白鹭洲书院能办成全国第一流的学校，培养出第一流的人才，这与欧阳守道的教育是分不开的。欧阳守道热爱自己的家乡，乐于为家乡培养人才。他博学多才，对儒、释、道、兵、法、医、阴阳、纵横诸家都有深入的研究。他洁己爱民，待人"如和风之著物，如醇醴之醉人"。受先贤影响，庐陵自古以来就是忠节之邦，出现过许多爱国志士，是培养学生的爱乡之情和历史责任感的好教材。欧阳守道在办学中既注重选择有学术水平的教师讲学，又注重听取学生的不同意见，引导他们讨论问题。他还建立"诗人堂"，让爱好诗歌的人聚集在这里吟诗、议诗、作诗，交流诗歌写作经验。

欧阳守道累官著作郎，兼崇政殿说书。景定元年（1260），江万里荐欧阳守道为史馆检阅，召试馆职，授秘书省正字。咸淳三年（1267），少傅吕文德以欧阳守道首荐，旋即派任建昌通判。欧阳守道办事公正，为官清廉，深得民心。病逝时家徒四壁，毫无积资，赖亲友给予安葬。丞相江万里、文天祥分别为他写墓志铭和祭文。著有《巽斋文集》27卷，其中《赠了敬序》是岳麓书院历史上最重要的史料，《易故》27卷，《皇朝通鉴长编纪事本末》150卷和《经筵讲义》等。

文天祥

　　文天祥（1236—1283），字履善，又字宋瑞，号文山。南宋吉州庐陵淳化乡富田魁巷村（今吉安市青原区富田乡文家）人。南宋政治家、民族英雄、文学家。宝祐四年（1256）丙辰科状元。

　　文天祥从小在严父和良师的教导督责下，刻苦学习，熟读诗文，精通经史，攻读之余，亦作诗绘画，苦习武艺，可谓文武全才。他关心百姓疾苦，立志要为国家做一番贡献。从16岁起，文天祥开始游学求师。宝祐三年（1255）转入白鹭洲书院，受业于名儒欧阳守道先生，从此文思大进。宝祐四年（1256），文天祥在父亲的陪同下，赴京城临安（今浙江杭州市）参加会试。对策集英殿，宋理宗赵昀以"天道人极"问，文天祥以"法天不息"为对。他文思泉涌，运笔如飞，洋洋万言，其中除了部分针对试题作答之外，很多议论大胆独特。于是理宗亲定他为进士第一名——状元。文天祥考中状元时，正好20岁，朝廷授以宁海军节度判官。后不久被起用刑部郎官，出守瑞州，改江西提刑，调任尚书左司郎官，军器监兼权直学士院。

　　文天祥所处的时代，恰逢昏君无能、奸臣当道、政治腐败、外族入侵、人心涣散的南宋末期。开庆元年（1259），元兵南进，临安受到严重威胁。在举朝慌乱的危急时刻，文天祥提出抗元。从景定元年（1260）到咸淳八年（1272），因反对宦官董宋臣、奸臣贾似道，文天祥三次被劾罢官。咸淳九年（1273）正月，文天祥出任荆湖南路提刑，只有8个月，获得"使民不冤"的好评。次年，文天祥调任赣州知州，仅3个月就将混乱的状况梳理得有条有理，使赣州出现了新气象。德祐元年（1275）正月，朝廷闻元军沿江东下，直攻临安，急诏天下勤王。文天祥接到诏书痛哭，几天就组织了一支3万多人的勤王军亲自率军护卫临安，并用自己的全部家产充作军费。德祐二年（1276）正月，任平江知府时，元兵大举南下，至皋亭山，距临安30里，朝廷上下震恐。朝廷授文天祥以右丞相兼枢密使，赴元营谈判。他深入元营，与元军展开面对面的舌战。元军见文天祥有胆有识，大义凛然，不敢杀他，也不敢放他，便把他拘留起来，押往大都（今北京）。途中，在友人帮助下脱逃，复由海路南下，几经辗转，历经艰辛，至福州，拜右丞相兼枢密使。与张世杰、陆秀夫等坚持抗元。景炎二年（1277）文天祥率军进攻江西，接连收复许多失地，从此军威大振。兴国一战，文天祥的妻儿均被元军所俘，文天祥脱逃。祥兴元年（1278）十二月，文天祥在广东海丰五坡岭被叛军张弘范部所俘。

　　文天祥身囚敌营，但他一心挂念的仍是国家的存亡，人民的痛苦。元军多方对他威逼诱降，只能使他的报国之志愈加坚定。他在《过零丁洋》中写道："人生自古谁无死，留取丹心照汗青"，成千古名句。文天祥被囚4年，经历种种磨难，宁死不屈，表现出坚贞的民族气节和昂扬的斗争意志，慷慨悲壮，感人至深。在囚牢里，他集自已的诗作，编为《指南前录》3卷，《指南后录》5卷，又作《集杜诗》200首，写下长诗《正气歌》。于至元十九年（1282）十二月初八日（1283年1月9日），在大都柴（菜）市口从容就义。时年47岁。

文天祥不但是一位伟大的民族英雄，而且是一位杰出的爱国诗人。他留下了大量的诗、词和散文作品。其诗作八百余首，成就很高。他的著作，经后人辑为《文山先生全集》，多为忠义愤慨之文，诗风气势豪放，允称诗史。特别是在他临死前挥笔写下的《正气歌》，热情地歌颂历代忠臣义士的崇高气节，表达了自己以身殉国的决心。后人为纪念他，在吉安市、井冈山、南平、海丰、香港、台湾、北京、温州、深圳、南充等地保存有遗址，建有公园、纪念祠堂等。

刘辰翁

刘辰翁（1232—1297），字会孟，号须溪，庐陵县（今江西吉安县梅塘镇小灌村）人。南宋爱国词人、文学家。家贫力学，尝游欧阳守道之门。宝祐六年（1258）举乡贡。景定三年（1262）进士丙等。辰翁目睹奸臣贾似道专权，杀直臣以蔽言路，在廷试对策中，极言"济邸无后可痛，忠良戕言可伤，风节不竞可憾"，大"忤"贾似道意，至唱名时，理宗置他为丙等。他以父母年老为辞，请就濂溪书院山长。

景定五年（1264），应杨万里邀请任福建转运司幕，后又任安抚司幕、临安府教授、江东转运司幕、中书省架阁等。在宋亡后18年的遗民生活中，辰翁饱饮亡国之恨，回乡隐居，居家著作。

刘辰翁不但以耿直为名，更以文章诗词见重于世。有诗80卷，《须溪集》100卷，可惜多已散佚。清代修《四库全书》时所录《须溪记钞》和《须溪四景诗集》两种，并根据《永乐大典》所录辰翁的记、序、杂著、诗余等共厘为10卷。另从《江西诗征》《江西通史》《吉州府志》《庐陵县志》等书中搜集到他的作品32篇，现辑存81编，其中文249篇，诗205首，词358首。

刘辰翁每读李清照的《永遇乐·落日熔金》，必"为之涕下""辄不自堪"。他作的《虎溪莲社堂记》《归来庵记》《鹭洲书院江文忠公祠堂记》《祭师江丞相古心先生文》《古心文山赞》《文山像赞》《陈礼部墓志铭》等篇，对江万里、文天祥、陈舜卿等忠臣义士给予高度评价。而《六州歌头》则对奸臣贾似道丧权辱国的罪恶作了无情的揭露。他的作品无论记事、论理、写物都是有所为而发，无不寄托他的忠爱情思，眷恋故国的感慨。辰翁的许多词通过写节序风物，抒发自己感怀时事、悼念故国的深情。如《忆秦娥·烧灯节》《柳梢青·铁马蒙毡》《兰陵王·送春去》等篇，读之令人无限感慨。词学家们把他列在南宋末年爱国词人的首位，认为他继承了苏东坡、辛弃疾的爱国主义传统精神，成为辛派词的后劲。被后人评为"庐陵第一奇人"，作品为"庐陵第一奇书"。

刘辰翁还是著名的文学评论家，一生勤于批点，点评著作有《班马异同评》35卷、《校点韦苏州集》10卷、《评点孟浩然集》3卷、《评点选注杜工部》22卷、《评点唐王丞集》6卷等，在文学批评史上占有重要地位。

解　缙

解缙（1368—1415），字大绅，号春雨，吉水县文峰镇人。明洪武二十年（1387）江西乡试第一，点解元。次年与兄及妹夫同榜登进士，一门三进士，轰动京城。授庶吉士。明代大臣，文学家、书法家。被誉为"大明奇才"。

解缙年少颖异，很受朱元璋器重，常侍奉皇帝左右。一日，在大庖西室，太祖对他说："朕与尔义则君臣，恩犹父子。当知无不言。"缙即日上洋洋万言的《大庖西封事》，剀切陈词。太祖阅后，连称"奇才"。不久，又献上《太平十策》。因指责兵部僚属玩忽职守，出言不逊，尚书沈潜极为恼怒，上书诬告他。太祖也责解缙"冗散自恣"，改任他为江西道监察御史。太祖以李善长谋反罪，杀其及家人70余人。解缙代郎中王国用起草奏疏为李善长辩冤。又代御史夏长文起草《论袁泰奸黠状》，历陈都御史袁泰蔑视朝纲，贪赃枉法，陷害贤良。袁泰因此受到降职处分，对解缙怀恨在心。洪武二十四年（1391）太祖召解缙父亲解开进京，对他说："大器晚成，若以尔子归，益令进学，后十年来，大用未晚也。"解缙随父回乡，在家闭门著述，校改《元史》，补写《宋书》，删定《礼记》。洪武三十一年（1398）太祖病逝，解缙正值母亲病逝，舍家进京吊丧。惠帝听信袁泰谗言，以违反先皇遗诏，"不忠不孝"的罪名贬为河州卫吏。建文四年（1402），因礼部侍郎董伦举荐，被召回京，授翰林待诏。

永乐元年（1403）升为翰林侍读，与黄淮、杨士奇、胡广、金幼孜、杨荣、胡俨等一起在文渊阁当值，参与机务即明代的内阁，解缙被视为第一任内阁首辅。不久，迁翰林侍读学士，奉命担任二修《太祖实录》和《列女传》《文献大成》总裁。永乐二年（1404）皇太子立，升解缙为翰林学士兼右春坊大学士。永乐三年（1405），解缙推荐姚广孝为监修，召2169人为编修，开始编撰《永乐大典》。七年成书，经、史、子、集、工技、医学、农艺、算术、天文等类，无不具备，分为22877卷，装成11095册，为世界历史上最早的百科全书。

成祖召解缙入宫，磋商确立太子事宜，听从解缙的建议立长子高炽为太子，次子高煦为汉王，但情感倾向次子。汉王高煦常存夺嫡之心。解缙上奏说："是启争也，不可！"成祖震怒，斥责解缙道："离间骨肉。"永乐四年（1406），淇国公邱福将朝廷机密"传达廷外"，汉王高煦却嫁祸解缙"泄禁中语"。永乐五年（1407），解缙被诬廷试阅卷不公，贬为广西布政司参议，后改任交趾（今越南）布政司参议。永乐八年（1410），因拜见太子高炽，并上书非议朝廷迁都耗资巨大，加上高煦进谗言，再次激怒成祖，以"无人臣礼"罪名诏令逮捕入狱，且株连多人。

永乐十三年（1415）冬，锦衣卫帅纪纲上囚籍。成祖看到解缙姓名，问："解缙犹在耶？"纪纲怕皇上启用解缙，假意置酒祝贺，将解缙灌醉，裸身活埋雪中冻死。死后家产被抄没，妻子、儿女、宗族皆充军辽东。永乐二十二年（1424），仁宗高炽即位，下诏赦回解缙的妻儿宗族。正统元年（1436）八月，赦还所抄家产。成化元年（1465）为解缙平反昭雪，恢复官职，赠朝议大夫。万历年间，诏令为其建祠堂，追谥"文毅"。

解缙最大的功绩是主持编纂《永乐大典》，著作有后人辑的《解文毅公集》等。诗词现存的就达500余首。善楹联，民间流传很多对联故事。书法小楷精绝，行、草皆佳，尤善狂草，墨迹被名、清御府收藏，现北京故宫博物院、上海博物馆视为珍品。

杨士奇

杨士奇（1365—1444），名寓，字士奇，号东里，泰和县澄江镇城东人。明代大臣、文学家。官至礼部侍郎、华盖殿大学士、兵部尚书。

杨士奇1岁丧父，4岁时随母亲改嫁。9岁时继父去世，母子回到了老家。20岁后，游学湖湘、武汉，并授徒。

明建文元年（1399）正月，朝廷敕修《太祖实录》，杨士奇以布衣被荐，征为教授，授翰林编纂官，先后担任《明太宗实录》《明仁宗实录》《明宣宗实录》总裁。明成祖即位后，进入内阁，居官谨慎，从不私下议论朝廷政事。在皇帝面前举止谨慎，善于应答。他人有过失，都能为之辩解。深得数位皇帝的恩宠，被朝廷誉为"与国咸休"。永乐七年（1409），成祖巡察北方，临行前留杨士奇辅佐皇太子在南京监国，他凭着自己的才干和忠诚，赢得了太子（即后来仁宗）的信任。永乐十二年（1414）成祖再次北巡，仍留士奇辅佐太子。

一次，仁宗征求杨士奇治国施政之策，杨士奇大胆上奏："皇上要广开言路，废除诽谤罪。知民情、察民意，是政通人和、社会安定的重要措施。"仁宗接受他的建议，设立"宏文阁"，下诏群臣"求直言，言时政阙失"，基本上做到了言行一致。一日上朝，仁宗将一本歌颂皇恩浩荡、太平盛世的奏章让大家传阅，群臣都阿谀附和，声声喝彩，唯杨士奇有"杂音"，他说："虽然陛下恩泽天下，但因多年国兵，百姓颠沛流离，疮痍未平，温饱难得，不休养生息数年，何能四海升平？"仁宗认为士奇这人忠诚可嘉，便又升他为少保，然后赐他与杨荣等每人一枚刻有"绳愆纠谬"的银章，以示自己的纳谏决心。

宣宗死后，英宗继位，年方9岁，太皇太后秉政。太后很是信任杨士奇、杨荣、杨溥，军国大事都派人先到内阁请"三杨"商议，提出意见，然后才做决定，史称"政归三杨"。

正统元年（1436），杨士奇就说："瓦剌渐强，将为边患，而边军缺马，恐不能御，请于附近太仆寺关领西番贡马。"亦悉给之。杨士奇估计到瓦剌和阿鲁台入侵的可能性及严重性，不但告知英宗提高警惕，而且也提出了一些具体可行的军事措施。但英宗宠信宦官王振，王振挑唆英宗打击正直大臣，随意将大臣逮捕治罪，并用阴谋攻倒杨荣，士奇从中劝解。不久，杨荣病逝，杨士奇和杨溥逐渐被孤立。再过两年，太皇太后病死，宦官王振势力日盛，大作威福，百官稍有不合意，就被逮捕治罪。杨士奇年老力衰，无力匡正。其子因横暴杀人等劣行，遭众官弹劾，英宗因杨士奇之故不予加罪，反下诏安慰，杨士奇既忧且惭，感恩哭泣，以老疾辞职，不久病逝。讣闻朝廷，辍朝一日，赠太师，谥文贞。之后英宗皇帝曾先后七次遣官御祭，显示了皇帝对他的恩宠。如今其墓经过修复，保存完好。

杨士奇一生清正廉洁，不贪不占。历仕46年，辅佐成祖、仁宗、宣宗、英宗四朝，俗称"四朝元老"。为内阁辅臣40余年，首辅21年。士奇于正统九年（1444）三月望前一日在京病逝，享年79岁，

在文学创作风格上，当时以"三杨并称"，杨士奇最尊，而对明台阁体的形成和发展，杨士奇起了重要作用。台阁体作为一种诗风、文风，其特点是内容上多为应制唱和歌颂盛世气象，风格雍容平正，醇实典雅。杨士奇是台阁体的盟主，他的文风成为台阁体的典范。他一生著述颇多，有《成祖实录》《南归纪行录》《平吴录》《北京纪行录》《代言录》《西行扈从录》《东里集》《文渊阁书目》《历代名臣奏议》等。

周 忱

周忱（1381—1453），字恂如，号双崖，吉水县人。明代大臣，官至工部尚书，以善理财知名。

明永乐二年（1404）进士，选庶吉士。次年请求进文渊阁学习，参加纂修《永乐大典》《五经四书性理大全》。不久，升刑部主事，进员外郎。洪熙元年（1425）任越王府长史。宣德五年（1430），周忱为工部右侍郎，巡抚江南诸府，总督税粮。当时国内财赋管理混乱，税赋沉重，江南尤甚，苏州一府欠赋税就达800万石。周忱一到任就召集父老询问逃税缘故，从中了解到豪户不肯加耗，税粮转嫁于贫民，民贫逃亡，而税额益缺。于是创设平米法，令出耗必均。又请工部敕制铁斛发至各县作为标准的量器，革除大入小出的粮长职务，确定粮长权限，改进粮食储藏、运输，规范损耗计算、余米处理和各项费用的开支等，杜绝历年来的种种弊端。当时苏州官民田租277万石，而官田之租乃至262万石，税负比别的府为重，人民不堪承受。时值宣宗下诏减少官田租，周忱与知府况钟经过几个月的核算，采用"曲记"，将苏州官田租税减到72万余石，其他府也依次减少，百姓生活才开始好转。宣德七年

（1432），江南大丰收，周忱将平价征的大米和公侯官员俸禄结余共 70 万石，全部储存备荒赈农。赈贷之外，岁有余存，作为民工参加修圩、筑堤、疏河、浚湖等公益事业的口粮。同时，又制定平米法、济农仓、借贷法、军民漕运法、马草折银法、纳布折粮法、金花银折纳税粮法，一切治以简易，正统元年（1436），淮扬受灾，盐税收不上，周忱受命前往巡视。令苏州诸府拨余米 2 万石，运往扬州盐场赈灾。民得食米，官得积盐，公私大济。他兼理松江盐税，主张田赋宜养农民，盐税应养盐丁。因此，盐税大增。任职九年期满，进左侍郎。正统六年（1441）兼理湖州、嘉兴二府税粮，并录南京刑狱。

历宣德、正统二十年，朝廷对他十分信任。周忱曾上书请募民垦吴淞江畔沙涂柴场 150 顷荒地。丹徒、丹阳二县田没入江中，请免其赋税。无锡官田赋白米太重，请改征米。这些意见，都被朝廷采纳。周忱在任日久，财赋充溢，乃修建官署、学校、先贤祠墓、桥梁、道路。任期届满，升工部尚书，兼巡抚。周忱清廉刚直、淳朴谦逊，久任江南，和吏民相处，亲如家人。常微服出访，体察民间疾苦。对部属即使是小官吏的意见，也能虚心采纳。公暇，常只身匹马考察，百姓不知道他是巡抚。

景泰初，周忱的改革触及豪强的利益，遭到一些人的反对，被人诬陷，代宗素知他勤政爱民，廉洁自好，不予处分，只令告老还乡。去职后，百姓怀念不已，立生祠予以祭祀。卒后谥"文襄"。著有《双崖集》8 卷传世。

陈　循

陈循（1385—1462），字德遵，号芳洲。泰和县澄江镇城东人。明代状元，内阁首辅。

陈循 5 岁丧母，10 岁丧父，与比他大 10 岁的长兄德逊相依，生活清苦。永乐十二年（1414）乡试第一；第二年，礼部会试第二；永乐十三年（1415）殿试状元。

陈循高中状元后，授翰林院修撰。明成祖朱棣至北京，命他取秘阁书进宫，留在身边。洪熙元年（1425）任侍讲。宣德元年（1426）受命入值南宫，日承顾问，宣宗朱瞻基巡视时，陈循仍是随从，不久升侍讲学士。正统元年（1436）兼经筵讲官，后进翰林学士。正统九年（1444），入文渊阁（内阁）参议机务，疏奏呈文、草拟制敕等。后与曹鼐、马愉三人掌内阁。陈循为首辅，三大臣皆为状元郎。正统十四年（1449）七月，蒙古瓦剌部首领也先南侵，英宗亲征被俘，发生了史上有名的丧师弃地、俘君辱国的"土木堡之变"。陈循与其他大臣主张以保卫京师为根本，拥英宗之弟朱祁钰为景帝，改年号景泰。协同兵部尚书于谦保卫北京。于是由户部右侍郎进户部尚书、至华盖殿大学士兼文渊阁学士。

景泰八年（1457）春，景帝病重，英宗复位。拥戴景帝的于谦、王文等被杀害，陈循被杖一百，充军辽东铁岭卫。天顺五年（1461）陈循上书英宗，天顺六年（1462）获释归京，结束 5 年的流放。同年回归故里，仅 5 个月病逝。

陈循对明朝典章制度通晓娴熟，制诰诏令多出其手。著作有《方洲集》10卷、《方洲年谱》1卷、《东行百咏集》9卷，参与编撰《勤政要典》，与人合撰《寰宇志》119卷。

陈　文

陈文（1405—1468），字安简，庐陵县瑞溪（今江西吉安县桐坪镇）人。明朝内阁首辅。明正统元年（1436）进士及第榜眼，内阁首辅，毁誉参半的政治人物。为翰林院编修。明正统十二年（1447）入东阁进学。期满后，任翰林院侍讲。历任云南右布政使、广东左布政使、礼部尚书、太子少保兼文渊阁大学士。

景泰二年（1451），因阁臣高谷推荐，陈文被任命为云南右布政使。于明景泰六年（1455）主纂《云南图经志》，为现存最早的云南省志。任期贵州连年用兵，军需供给仰仗云南运输，百姓因此困苦。陈文令商人负责代为运输，人们皆称赞此令方便百姓。云南征收税额70余万钞，但因典管贪污侵蠹，吏员有时累年得不到俸薪。陈文到任后按律整治，财政收入日益丰足。云南地产白银，民间用白银贸易，价格为内地的3倍。官籍平民交纳免役钱，纳银也是内地的3倍，纳役者却并不认为这是弊政。陈文说："虽然如此，难道这不伤及官府廉政的声誉吗？"命令减少至原纳银钱的1/3。陈文任云南右布政使期间，政声一天天升起，被迁升为广东左布政使，但因母丧守孝，未赴任。

明英宗复位后，召封陈文为詹事官，进入东宫为太子讲读。天顺七年（1463），任礼部右侍郎兼学士，入内阁，处处与首辅李贤对立。明英宗病重，东宫内侍王纶私自与侍读学士钱溥密谋，想驱逐李贤以钱溥代之，以兵部侍郎韩雍取代尚书马昂。陈文知他们密谋。明英宗驾崩，李贤起草遗诏，陈文起身夺下他的笔说：不要多此一举了，已经有了起草诏书的人。于是告发王纶、钱溥定下密谋。太监牛玉担心王纶倾轧自己，把王纶驱逐出去。随后，宪宗将钱溥及同党降职离京，升陈文任吏部左侍郎，同知经筵事，成为皇帝的御前讲席同知。后又帮李贤驱逐政敌。成化元年（1465），陈文晋升为礼部尚书。成化二年（1466）任内阁首辅。曾参与编修《英宗实录》《宝训》，修成后，陈文被加封为太子少保兼文渊阁大学士。卒后，追封为少傅，谥号庄靖。

著有《聚斋集》《澹轩文集》等。

刘定之

刘定之（1409—1469），字主静，号呆斋，永新县埠前镇仰山村人。明代政治人物、内阁成员。

明宣德十年（1435）中举，正统元年（1436）会试第一，廷试赐进士第三（探花），授翰林编修。正统四年（1439）京城大水，皇帝下诏求直言。刘定之条陈十事：号令之出宜公正，赏罚必以信；公卿侍从当数召见，以察其才能心术；降胡散处京畿者，宜渐分移南方；宜以京官出任郡县，使民得蒙循良之政；宜仿唐制，朝臣迁秩，举贤良自代；武臣子孙宜教以韬略；守令迁任宜加察；富民输粟授官者，有犯宜追夺；廷臣遭丧，宜令终制；宜遏僧尼。未被朝廷采纳。正统十三年（1448），因受牵连下狱，辩白后复原职。正统十五年（1450），代宗即位。刘定之又上言十事：战阵，守御，简使臣，迁降，兵士，守令，选将，武臣滥爵，总揽权纲，经筵进学。皆深切时宜，皇帝下诏嘉勉他。景泰三年（1452），迁洗马。也先派使臣来朝，邀朝廷使臣回访。言官认为宜遏绝之，以防窥伺；执政者认为不往报，恐开边衅。刘定之上书主张宜暂遣使臣前往羁縻之，争得时间，使朝廷得以益修内治而徐为之所。刘定之的3次上书，并存史局，直至晚明，仍为人所传诵。不久，迁右春坊右庶子。天顺元年（1457），调通政司左参议，仍兼侍读。不久，进翰林学士。

天顺八年（1464）宪宗立，刘定之进太常少卿兼侍读学士，值经筵。成化二年（1466），命为会试主考。是岁，阁臣李贤死。刘定之入内阁，预机务。翌年八月，升工部右侍郎，仍兼内阁学士。江西、湖广灾情严重，地方官正征收民赋。刘定之说："国储充积，而此待哺之氓，乃责其租课，非圣主恤下意。"皇帝听了，即命停征。成化四年（1468），又建议荆州14府75州县及武昌等23卫所少纳粮赋。进礼部左侍郎，兼任阁臣如故。卒于任上，赠礼部尚书，谥文安。

刘定之自六经子史，下至稗官小说释老杂技之书，无不周记成诵。一次皇上命作元宵诗，内使太监伫立等候，他伏案伸纸，立时成七言绝句百首。又曾一日草拟9道圣旨，笔不停书。为文数千百言立就。著有《呆斋集》45卷、《易经图释》12卷、《宋史论》3卷、《否泰录》1卷、《文安策略》10卷，清代均收录《四库全书》。

彭　时

彭时（1416—1475），字纯道，又字宏道，号可斋。明吉安府安福（今安福县枫田镇松田村）人。明代状元，内阁首辅。

彭时幼年丧母，由继母余氏抚养成人。对彭时的学业要求很严。正统十三年（1448）进士第一名，状元及第。授翰林院修撰。次年，由六品的修撰被召入内阁辅政，这是科举史上罕见的殊遇。不久，又升任侍读学士。景泰元年（1450）年初，兵事稍息，彭时请求回家为继母守满三年孝，代宗皇帝不高兴，他被排斥内阁之外，供事翰林院。天顺元年（1457）八月，英宗朱祁镇命彭时复入内阁，掌管机要事务，仍兼翰林院学士。成化元年（1465）加兵部尚书，修成《寰宇通志》《英宗实录》，后加太子少保兼文渊阁大学士，成化四年（1468），任内阁首辅，改吏部尚书。

彭时才智过人，多谋善断，在一次军事行动中得到充分显示。成化四年（1468），甘肃少数民族首领满俊闹事，都御史项忠讨伐不力，朝廷命抚宁侯朱永率领京军出征，朱永迟迟不启程，夸大对方力量，向朝廷提出过分要求。恰好这时项忠报告，说已将满俊包围在石城。彭时认定，京军不必出动，项忠可以取胜。果然满俊被项忠所擒，项忠取得了胜利。大臣们敬佩彭时的智慧和判断。

明成化五年（1469）彭时得疾，此后七次上书请求致仕，未获批准。宪宗皇帝一面安慰，请医生治病；一面挽留，仍保原职。彭时又向宪宗疏陈毋惑佛事，清理牧马草地，减退势要庄田等应做的七件事，言辞恳切，切中时弊。成化十一年（1475），进少保。卒于任上，赠太师，谥文宪。

彭时工书法，是一位小说家，著有笔记小说《可斋笔记》《彭文宪集》《正学阶梯》《韵书正误》和总裁《续宋元资治通鉴纲目》27卷等传于后世。

罗洪先

罗洪先（1504—1567），字达夫，号念庵，吉水县人。明代状元，被称为与荷兰近代地图学家墨卡托同时代的东方最伟大的地图学家。

十五岁读王守仁《传习录》，特别喜爱。嘉靖八年（1529）举进士，殿试状元，授修撰，当时，明世宗迷信道教，求长生，朝廷政治腐败，罗洪先看不惯，即请告归。过了两年，皇帝下诏诫勉请求告假逾期不归者，罗洪先才赴京就职，任经筵讲书官。因服父母丧，至嘉靖十八年（1539）召拜春坊左赞善。第二年冬，与司谏唐顺之、校书赵时春上书请求来年第一日，由皇太子出御文华殿，接受群臣朝贺。世宗虽多次称自己有病不能视朝，但又不喜欢讨论太子代为临朝之事。看到罗洪先等人的上书，极其愤怒道：“是料朕必不起也。”于是降诏严厉斥责，并将三人除名。

罗洪先归里后，隐居山间，更加专心致志地考究王守仁学说。其时乡里山中有石洞，原为虎豹出没之地。洪先辟为石莲书院，闭门谢客，默坐一榻，三年不出户。后又周游山川，考图观史，从天文、地志、礼乐、典章、河渠、边塞、战阵攻守，到阴阳、算数，无不精心探究。至于人才、吏事、国计、民情等，都能加意询访。

洪先特别精研舆地学，发现当时地图多枢密失准、远近错误，于是外出调查、收集资料。费十余年绘制《广舆图》，是我国历史上最早的分省地图集。《广舆图》是在元朝大地理学家朱思本的《舆地图》基础上，将“悉所见闻”“增其未备”，加以扩充、增补、修订而成。在制图方法上，首创比例尺绘图，把整幅大图缩小分幅，运用计里画方之法创立地图符号和图例。《广舆图》除第一幅为明代全国行政疆域总图外，其他以省区为单位，一省一幅，共16幅。每幅图的后面，还附有每个省的沿革、形胜、所辖范围和计征田赋数字等。此外还有九边图11幅，洮河、松潘、虔镇、麻阳诸边图5幅，黄河图3幅，漕河图3幅，海运图2幅，朝鲜、朔漠、安南、西域图4幅。

这些都是朱思本图所没有的，在地图学发展史上有极其重要的意义，有些方法和符号至今仍沿用。

晚年，首辅严嵩以同是江西人的缘故，想请他出来做官，他未允，只醉心于山川地理的考察研究，罗洪先归里后，曾到长沙岳麓书院宣讲"良知良能"学说。

卒后，赠光禄少卿，谥文恭，有《罗文恭集》《念庵先生全集》24 卷。另有《冬游记》《广舆图》传世。

朱 衡

朱衡（1501—1574），字士南，又字惟平，号镇山，万安县五丰镇人。明朝大臣、治河人物。嘉靖十一年（1532）进士，历任尤溪和婺源知县、刑部主事、福建提学副使、山东布政使、右副都御史、刑部尚书、工部尚书、太子少保等。

明嘉靖四十四年（1565）秋，黄河洪水泛滥，微山湖水位猛涨，江苏沛县飞云桥河堤决口，滔滔洪水注入昭阳湖。数百里河道淤塞，南北漕运断绝，粮食无法转运，沿途百姓苦不堪言。时任南京刑部尚书的朱衡，遂改任工部尚书兼副都御史，专门负责河漕的治理。朱衡一上任就勘问水情，发现大部分河道淤塞已成陆地，难以疏通。他提出能疏则疏、能改则改、能挖则挖的方案，决定从南阳至境山开辟一条新河道，并限期完工。南阳至境山百余公里，工程浩大，需要大量人力资财，于是便出现了一股强大的反对声势。嘉靖四十五年（1566），给事中郑欣上书皇上，弹劾朱衡"好大喜功""虐民邀功"。朝廷派员前往视察，了解实情后，工程顺利开工。秋天，黄河洪水再次暴涨，马家桥一带再次决口，有些疏通的旧河被淤塞，部分新开的河道被冲坏。朱衡再遭弹劾，要求立即停工，罢免朱衡。但马家桥堤迅速修复，亦未受到处理。

朱衡顶着巨大的压力坚持职守，次年，黄河再次成灾，新河道再度决口。下属认为新河决口的要害是"以一堤捍群流"所致，朱衡认为符合实际，即开通四河，分流诸水，以减轻新河的压力。此外，朱衡将一些玩忽职守、不重视工程质量、不关心民工生活的基层官员一律撤换，重新任用了一批年富力强、吃苦肯干、有责任心、有使命感的监管人员。新河长 194 里，漕运船只可直达南阳。开四条支流以分泄洪水水势，沿岸百姓得以安居。隆庆三年（1569），朱衡上书朝廷，请求裁汰闸官 5 人、夫役6000 人，将节约下来的资金用于长期维修河道、堤堰和船闸，以减少国库开支，减轻人民负担。

万历二年（1574）昭陵的陵恩殿被雨水冲损。因朱衡曾督修昭陵，被"督不严"之罪撤职，不久逝于家中。著有《朱衡集》20 卷、《道南源委集》12 卷。

宋仪望

宋仪望（1514—1578），字望之，号阳山，今永丰县八江乡江浍南村人。明代政治人物。

明嘉靖二十五年（1546）中举人，嘉靖二十六年（1547）中进士。初任苏州吴县县令。任上设置公田，以除民困，宽免苛税，以招抚流亡；创文学书院，以祀奉子游。闲暇时常与郡县俊秀者交往，讲学谈艺，

嘉靖二十八年（1549），宋仪望升任河南道监察御史。到任一个多月，即揭发大将军仇鸾结党营私、作奸犯上，疏文虽被扣压，但仇鸾死后不久，其事暴露，朝廷下诏剖棺枭首，人们非常佩服宋仪望的先见。后又上书陈说时务十二策，主张打通桑干河至宣府、大同的军饷通道。朝廷终未采用。不久因病告假还乡，建象城山房数十间，常与师友聂豹、邹守益、罗洪先同游青原山、白鹿洞、五巘山、螺子山等地，讲学赋诗，阐发王阳明致良知学说。

宋仪望病愈还朝，复御史官职。上书陈述边防军事六弊二难，又揭发奸相严嵩私党胡宗宪、阮鹗奸贪等事，阮鹗被捕入狱，遭严嵩怀恨。后朝廷下诏修复三殿及午门，宋仪望奉旨监督，节省造价数万缗，因拒绝严嵩之子欲揽包工程的请求，又遭严嵩怀恨。工程竣工后，升为大理右侍丞，因未按例向严氏馈谢，再遭严嵩怀恨。因此，宋仪望在母故守孝期间，遭浮躁罪名贬为夷陵判官。严嵩垮台后，被提升为霸州兵备佥事，不久升任大名兵备副使，当时福建倭寇猖獗，又被改任福建监察副使，配合总兵戚继光多次击溃倭寇进犯。隆庆二年（1568），吏部尚书杨博无端想罢去宋仪望的官职，终被降俸二级。愤而弃官，游览武陵，赋诗述怀。归里南村，灌园种树，淡泊自如。

万历二年（1574），张居正当权，素知宋仪望才能，起用为右佥都御史，巡抚应天诸府。当时海警稍定，各将忌言兵事。宋仪望认为不妥，与副使王叔杲加紧战备。不久，倭寇果然来犯，被阻击于黑水洋，擒获倭卒无数。捷报传到朝廷，皇上赐白金、文绮、佩剑等，提升宋为右副都御史。万历四年（1576），因失去张居正信任，被调任南京大理寺卿，后改官北京。终被弹劾罢官，回到南村，足不出户，天天与耆旧友好赋诗讲学。

著有《华阳馆文集》17卷和《华阳馆续集》2卷，收入《四库总目》并行于世。

邹元标

邹元标（1551—1624），字尔瞻，吉水县人。明代大臣、江右王学的重要人物。

邹元标9岁通五经。20岁时随嘉靖进士胡直出游，遍历名山大川，拜访诸多书院，饱闻各家学说，有志于王守仁之学。明万历五年（1577）进士，入刑部观察政务。首

辅张居正丁忧期未满就矫诏请用,并对劝谏的大臣均"廷杖八十"。为此,邹元标三次上书指责,"以奔丧为常事而不屑为"并说他学术偏废,刚愎自用,进贤未广,断刑太滥,阻塞言路,漠视黎民疾苦,大量引用奸邪,与禽兽无异。触怒了张居正,被处廷杖八十,腿被打断,几乎命绝,流放贵州都匀卫。他专心致志于理学,学业大进。

万历十一年(1583),启用吏部给事中。上书提出当今圣上必须做好"培圣德,亲臣工,肃宪纪,崇儒行,饬抚臣五事"。接着弹劾罢免张居正党羽。后又上书改革时政六事,规劝神宗勿溺于声、色、游宴。神宗对此十分恼怒,贬谪他为南京刑部照磨,不久调任兵部主事,改吏部,进员外郎,因病未到任。后又起用,任户部验封,又上书改革吏治十事,医治百姓疾苦八事,又触犯了神宗,将他调到南京。邹元标在南京呆了三年后就请病假回家。后来再起用,没有赴任。

万历十八年(1590)至万历四十八年(1620),居家讲学30年,从游者日众,名扬天下。众多朝廷官员皆出其门下。其间,曾两次到岳麓书院讲学,并撰《鼎新岳麓书院记》。

光宗立,召拜大理卿,未到任,进刑部右侍郎。天启元年(1621)于北京宣武门内建首善书院,集同志讲学。与东林党人来往密切。四月返朝,上书进和衷之说,恳切地指出,今日国事,皆二十年诸臣酝酿所成。过去不以进贤让能为事,日锢贤逐能,而朝廷大臣不降心平气,专务分门立户。认为当务之急是朝臣"和衷而已"。今论一人,"当惟公惟平,毋轻摇笔端";论一事,"当惩前虑后,毋轻试耳食"。举荐重用良臣。又呈请开发荒地,积集财赋,加强武备数事,提倡简俭、和厚等。前后建议,光宗全部采纳。十二月,改任吏部左侍郎,未到任,拜左都御史。为受诬陷的大臣平反昭雪,甚至为张居正平反。

邹元标对朋比为奸的小人深恶痛绝,认为"敌在门庭",必须"同心共济"。如果再闹"党同伐异",那么"在国则不忠,在家则不和"。当时,阉党专权,太监魏忠贤等想用"东林党"党魁诬陷邹元标,邹元标上书自辩并请告老还乡,得到应允。

天启四年(1624)卒于家中。崇祯初(1628)赠太子太保,吏部尚书,谥"忠介"。有《愿学集》《南皋文集》《太平山房续集》《太平山居书稿》《日新篇》《仁文会语》《易谷通》《礼记正义》《大学就新篇》,现存诗歌近200首。

郭维经

郭维经(1588—1646),字六修,号云机,吉安龙泉(今遂川县五斗江乡五斗江村三溪)人。明末抗清大臣。

郭维经家境贫寒,幼年丧父,由母亲廖氏在艰难中把他和他的两个弟弟抚养长大。中秀才后以教书糊口。赴省乡试和上京会试,也赖友人资助旅费。明天启五年(1625)进士,初官授行人。崇祯三年(1630)迁南京御史,从此,在留都负责监察的官位上达八年之久。郭维经对明末政治腐败、权奸误国的情况很愤慨，多次给皇帝上书，诉权奸罪状，并竭力反对他们排斥正人，不筹国事，争权倾轧。他关心民众疾苦，在巡视中了解百姓因遭受自然灾害而流离失所，便直报朝廷，并要求减免税赋，进行救济。对一些骄横的勋戚、禁卫与社会上的恶势力切实侦查，予以严惩。

崇祯十年（1637），郭维经因母亲病故，回籍居丧，在家住了六年。在这期间，他曾集合邑中人士，在县城修复银山古塔，创建东郊长堤，并利用自己的声望和关系，千方百计减轻家乡人民的负担。遂川自古为"龙泉杉木"产地。郭维经家就住在杉木产地中心五斗江，大女儿郭明珠很有才华，父女俩在木材交易中采用斤、两、钱、分重量标准为计价单位的方法，以围量五尺之木定位为一斤，三尺之木定为一两，一尺五寸之木定位为一钱，八寸之木定位为一分，再按木材尺寸大小和使用价值，合理换算码两，从而产生龙泉码。这是世界上最早的原木材积表，比德国的国际公认"柯达山毛榉材积表"要早一个半世纪。龙泉码在当时是一种相当科学的计算木材材积和价钱的计量方法，由省内到省外，由赣江到长江，进而半个中国相沿成规。数百年来，一直流传着郭维经父女是"龙泉码"的发明人。

崇祯十六年（1643），郭维经复官南京，崇祯十七年（清顺治元年，1644），明灭亡后，被南朝福王任为都察院左金都御史。顺治二年（1645），被唐王朱聿键任命为吏部尚书，加大学士。顺治三年（1646），清兵破吉安，围赣州；五月，唐王加郭维经太子大保，吏、兵二部尚书兼都察院右副都御史，总理湖广、江西、广东、浙江、福建五省军务，郭维经率兵援赣州。六月，同御史姚奇允募兵8000人一起至赣州与清军大战，城破后巷战，姚奇云等人战死，郭维经不降，乃入嵯峨寺自焚而死。子侄应诠、应煜也在抗清中战死。

为推崇和宣扬郭维经的"忠君报国"气节，乾隆三十一年（1766），清朝政府在县城南门内和三溪郭氏宗祠门前，分别为郭维经竖起镌刻有"宇宙正气"大字的高大红石尚书第牌坊。故里今还保存1座。乾隆四十三年（1778），又追谥郭维经"忠烈"。著有《求忠堂奏疏》。

刘淑英

刘淑英（1619—1663），女，名淑，又字静婉，自号个山、木屏。今安福县甘洛乡三舍村人。明代忠臣扬州知府刘铎之女。明末清初女英雄、诗人。

明天启六年（1626）其父被害时年仅7岁。8岁随母抚父柩回归，受母诲教。她自幼聪明过人，又能孜孜不倦、刻励向学。她不仅工诗词，操笔立就，文采斐然，且通晓司马兵法，公孙剑术。17岁时，与本县城南鹤塘村王蔼结婚，不幸丈夫在边疆病故，刘淑英21岁而寡。自此她常佩刀不离寝。

顺治三年（1646），清军攻入吉安，江南义军奋纷起。刘淑英也起兵抗清。她脱簪饰，散家产，筹集大批经费。招兵买马，募集一支上千人的队伍，日夜操练，并将队伍开赴湖南。打算与李自成余部13家联合作战。队伍路过永新时，恰遇何腾蛟的部将张先璧，刘淑英出重金犒赏张部，并晓以爱国大义。军士听着无不色变，拱立待命。但张先璧畏战，还意欲纳刘淑英为妾。刘淑英大怒，拔剑欲斩张先璧，被张囚禁。刘淑英声称："有断头寡妇无辱身寡妇！"并执笔题诗于壁道："凭空呵气补乾坤，砺志徒怀报国恩。麟图许登功未建，玉楼传沉梦先惊。消磨铁胆甘吞剑，抉却双瞳欲挂门。为弃此身全节义，何妨碎剐裂芳魂！"张先璧只好将其释放。随后，即避地湖南，寻其父好友商谈抗清之事。因形势越来越不利，起兵抗清难实现，而重返安福，将全部兵马解甲归田。而她在安福城南建小庵"莲舫"，隐居奉佛。以尼姑身份联络寻找反清义士，被清政府严令缉捕。

刘淑英不仅是一位通兵法、精剑术、精忠报国的女英杰，而且是一位懂文学、善诗词，在学识上颇有修养的女中名流。在后期的幽居生涯中，创作大量诗词以明志。其诗文饱含激昂的抗清思想，痛国家之沦亡，慨河山之非旧，诗境幽邃雄豪。刘淑英除多方搜集其父刘铎遗著，整理编辑成为《来复斋集》外，还搜集整理自创诗词300首，编成《个山遗集》。还著有我国第一部长篇评弹《天雨花》。

刘　铎

刘铎（1798—1879），字瞻岩，号岳云，永丰县恩江镇人。清代状元、文学家。

刘铎自幼好学，少年写的文章就在乡间出了名。清道光五年（1825），28岁的刘铎被选为拔贡，第二年赴京参加"朝考"名列一等，准备任他为知县，但因为父亲有过不要轻易答应去外地做官的叮嘱而恳辞，改任江西省宜黄县教谕。父亲称赞他：这个官才不失读书本色。道光十一年（1831），刘铎参加了乡试，中了举人。道光十五年（1835）殿试，38岁的刘铎中一甲第一名进士，成为江西最后一名状元，被任命为翰林院修撰。道光十七年（1837），出任山东提督学政，两年任满后召回京城，在南书房任职，任皇帝文学侍从。道光二十一年（1841），因父母年老多病，不服水土，奏请归乡，得到批准。归乡后，刘铎先后被聘为吉安白鹭洲书院山长、青原山书院主讲，前后将近30年，培养了一大批人才。

咸丰五年（1855），太平军占领永丰城。刘铎侍奉老母在吉水、乐安等地的深山中避居，也曾迁居县境内院溪、中村等地。咸丰八年（1858），由藤田返乡，住在蟆山下的航陂村。期间曾协办地方团练，下乡劝捐。咸丰十年（1860）秋，刘铎被加三品京堂衔，任江西团练大臣，对敌太平军。老母病故，刘铎恳求辞掉差使归家守孝，未获准许，只好忍着悲痛在任上尽职。同年冬，奉旨停撤各省团练，刘铎如释重负卸任归乡。同年十月，穆宗嘉许刘铎学优品正，召他进京任用，刘铎以自己年事已高为由，请江西巡抚代他辞了诏令。

刘绎在世时忧国忧民。鸦片战争期间，上书反对赔偿烟价与战费，列举鸦片祸国殃民之害，主张严禁鸦片。刘绎为官，追求"不烦不扰"。主张缓征赋税，治国必先治元气，主要在于得人才，固民心。

刘绎为文为诗，都强调一个"真"字。为文，要求情真，言之有物；为诗，"不必规守唐宋，唯其真而已"。刘绎擅长书法，在吉安白鹭洲书院及跟书院隔江相望的钟鼓楼，至今还可以欣赏到他撰写的对联和题写的匾额。刘绎晚年被委任为《江西通志》《吉安府志》《永丰县志》总纂，在同治、光绪年间先后修成三志，而此时刘绎也到了垂暮之年。刘绎所著的作品有《崇正黜邪论》1卷、《存吾春斋文抄》12卷、《存吾春斋诗抄》13卷，此外还有笺经评史及语录未编次的达几十万字。

抚州市名人

危全讽

危全讽（857—911），字上练，又字忠练，祖籍汝南。唐末军事人物，抚州城的奠基者。12岁时其父危亘辞去唐洪州别驾之职，举家迁往南城宝业镇（今属黎川县荷源乡苏源村），后又迁南城株良双湖泉坑。唐僖宗、昭宗时任抚州刺史，加金紫光禄大夫、尚书左仆射、上柱国，卒后封南庭王。

唐乾符年间，王仙芝、黄巢先后起义反唐，其势波及江西。乾符六年（879），年仅23岁的危全讽与兄危韬、弟危仔昌及同乡饶信，并联络姻亲南丰县令曾洪立聚乡勇3万余人于麻姑山麻源。派兵于南丰县城北游军等地把守，使乡民免受侵扰。奉命镇压柳彦章（一说为王仙芝部将乾符四年（877）十一月在象牙潭被歼），安南都护谢肇听说危全讽出身官宦之家，勇武有谋，即任其为讨捕将军，从此，南城（含今黎川、资溪）、南丰（含今广昌）均为危全讽部所控制。

中和二年（882）五月，抚州刺史钟传占据洪州（今南昌市）。危全讽即率部下由南城进驻抚州，遣其弟危仔昌占领信州（今上饶县）。中和五年（885），危全讽授抚州刺史职，危仔昌为信州刺史。

中和五年（885），他考虑地处连樊水边（今临川区城西乡）的抚州州衙地势低洼，易发生内涝，更不利于战守，遂将州治向东移至形势险峻的羊角山（今抚州一中）。光启三年（887）开始抚州历史上第一次修筑城墙工程，历时3年竣工。危全讽进驻抚州后主政27年，招怀亡叛，安抚士民，整顿社会秩序，修州衙，筑城墙，创庙学，弘佛教，百废俱兴，使民得以乐居，政绩显著，使抚州成为一代"名邑"，城郭馆署至宋代犹存。

危全讽注重发展教育事业。天复二年（902），他在抚州设立文庙，力兴儒学，设文学、助教职官，掌全州教育之职。在其影响下，宜黄办起湖山书院和三湾书院，开抚州私人办学先河。他笃信佛教，开平二年（908），一代禅宗大师文益应危全讽之邀，担任临川崇寿院（今抚州市第一医院所在地）住持，创立法眼宗，被誉为"汝水之灯"，使崇寿院享誉天下，被称为"天下禅河中心"。

此外，危全讽还注意招抚流亡，增加人口，扩大土地垦种面积，使抚州社会"既完且富"，佛学繁荣，引来大批北方士人竞相投奔，带动经济文化发展。金溪陆氏，乐安董氏，宜黄乐氏，南丰吴氏，南城、临川黄氏等大家族都在这时迁入抚州。

天复元年（901）镇南节度使钟传兵围抚州，危全讽投降钟传，并将女儿嫁给钟传的儿子钟匡时。开平三年（909）六月，危全讽为收复钟传故地，自称镇南节度使，率抚、信、袁、吉四州之兵攻打洪州。吴王杨隆演派部将周本率领精兵与危全讽对阵，趁危全讽部渡河之际进行截击，擒获危全讽及将士5000余人。危全讽被押至广陵（今江苏扬州），杨隆演因危全讽曾援救过其父杨行密，于是将危释放，赐以宅第让其闲居广陵。开平五年（911），危全讽病逝。南唐时，因其保境之功被追封为南庭王，归葬于南城新丰乡梅溪村界潭头。黎川福山寺左侧建"危王寺"，并铸其铁像以香火祀之。1957年，省政府将其定为省级文物保护单位，惜于1958年被毁。临川明水寺亦建祠祭祀，宋曾季狸写下"香火颓然寄梵宫，精英不与众禅同。临川千古人心在，犹说当年保障功"，以赞其功。

危全讽为人倜傥，博涉群书，喜爱诗文。《全唐文》存《重修抚州公署记》和《州衙宅堂记》。在明弘治《抚州府志》中另录有其《设厅记》1篇。

乐 史

乐史（930—1007），字子正，号月池，宜黄县人，南唐末北宋初文学家、地理学家。官至水部员外郎。

乐史于南唐后主李煜时中进士，同榜者仅5人。齐王景达镇临川时，授秘书郎。宋朝建立后，为平原主簿。太平兴国五年（980）以现任官复登甲科，是抚州区域首位进士。授武成军书记职。上书言事升，为著作佐郎，知陵州（今四川仁寿），献《金明池赋》，深得太宗赏识，召为三馆编修。迁著作郎、直史馆，转太常博士、知舒州（今安徽安庆一带），再迁水部员外郎，淳化四年（993）知黄州（今湖北黄冈）、商州（今陕西商洛）。

乐史学识渊博，毕生勤奋著述，著作宏富，宋真宗尽取其所著书藏于秘府。太平兴国期间（976—983），他广收山经地志，精密考究原委撰写成巨著《太平寰宇志》200卷。该书详细记述全国各府、州、县建置沿革，地名取义，治城迁徙，山川形势，经济物产，人口增减，风俗文化，姓氏，人物，艺文，古迹和传说，还列出后晋割让给契丹的燕云16州地名，对后人研究历史、地理具有重要参考价值。同时，开创撰修地方志书先河，其体例、篇目均为后来志书所沿用。该书一出，人们争相阅读，认为此书可"不下堂而知五土，不出户而观万邦"，不断被翻刻印行，并传入日本等国。

乐史病卒于洛阳，追赠兵部侍郎，敕葬于崇仁县三山乡官山村。墓现保存完好，是省级重点文物保护单位。

所写传奇小说很多，如《广卓异记》《诸仙传》《神仙宫殿窟宅记》等200余卷，其中《绿珠传》《杨太真外传》是优秀篇章，历代广泛流传。其著作众多，涉及诸多门类，宋真宗将其所有著作藏于秘府。王安石称赞其"文辞博赡，才气恢宏"。《全唐文》辑其散文2篇。《宋诗纪事》及《抚州府志》存其诗8首，卒后，追赠为兵部侍郎。

陈彭年

陈彭年（961—1017），字永年，南城县人。北宋大臣、文学家、音韵学家。

幼时聪颖，勤奋好学。13岁时写出万余言《皇纲论》，为名辈所赏识。南唐后主李煜闻知，召他入宫陪伴皇子仲宣读书。后拜文字学家徐铉为师。

北宋太平兴国年间，参加科举考试，适逢京城举行特许大宴饮，他骑驴从东华门到城墙根，随口得赋数千字，在考生中传为佳话。但因他生性佻薄，在诗赋中有嘲讽之语，为主考官宋白天所不满而落榜。

雍熙二年（985），中进士，初任江陵府（今湖北江陵县）司理、参军，历任推官、转运、寺丞，升秘书郎，调大理寺详断官。后因事被株连出监湖州（今浙江湖州市）盐税，不久被停职。只得靠仆人外出帮工或做买卖接济。至真宗即位（998），他复任秘书郎、州通判。直至咸平三年（1000）上表论及政事，得以召试学士院，升为秘书丞、知州。景德元年（1004），入直使馆兼崇文院检讨，修《起居注》，进献《大宝箴》颂扬皇上。不久，参与修纂《册府元龟》。景德三年（1006），任右正言，充龙图阁侍制，加刑部员外郎，进工部郎中，加集贤殿修撰。其间，他力争改革科举弊病，主张设"糊名"，将试卷中应试人所写籍贯、姓名弥封，交誊录人按规定字体誊写，再送考官批阅，从而使科举选拔人才较公正。大中祥符期间依附王钦君、丁谓等人。大中祥符三年（1010），改兵部郎中、龙图阁直学士，迁右谏议大夫兼秘书监，奉诏编辑《太宗御集》，赐勋上柱国。大中祥符六年（1013），召入翰林，充龙图阁学士，同修国史，并删定《三司编敕》。国史成，迁工部侍郎。大中祥符九年（1016），迁刑部侍郎、参知政事，判礼仪院，充会灵观使。独担大任，忙得形神交瘁，以致衣帽颠倒，家人名字也记不住。天禧元年（1017），朝廷改元，祭祀天地，他任天书仪卫副使，又任参详议制奉宝册使。正月初九，他陪真宗祭天书，晕眩跌倒，抬回家中。真宗派医诊治，且夕问候，并任其为兵部侍郎。二月，陈彭年去世。真宗亲临吊唁，见其家居简陋破旧，感慨不已。赠其为右仆射，赐谥文僖。

陈彭年熟悉典籍，精通音韵，学识渊博，撰述颇多。著作中，最有价值的当属他奉诏主持重修的《大宋重修广韵》，按平上去入声调分为5卷，收字韵26194个，注文字数191692个，释义详尽，引用典籍270多种，总字数为22万字。它既可作为按韵查检的同音字典，又可作为诗赋用韵的工具书，是汉语音韵学中极为重要的一部著作。在训诂学上，它不仅详明地反映中古汉语语音系统，而且修订补充上古音。从《广韵》音系出发，既可上溯古音、下证今音，还可旁及各地方言，是研究中古音的主要依据，研究上古语音和近代语音的重要资料。

此外，他撰写《江南别录》，有不少人所未闻、人未曾言的材料被司马光修《资治通鉴》时所采用。其著作还有《景德朝陵地理》《封禅》《汾阳三记》《阁门、客省、御史台仪制》《贡举叙略》《唐纪》《志异》《韵铨》《文僖集》等200余卷。此外还受诏编御集、宸章等，并汇集历代妇人文集。

李　觏

李觏（1009—1059），字泰伯，号盱江先生，建昌军南城（今资溪县高阜镇）人。北宋哲学家、教育家。

李觏家世寒微，少年丧父，自幼聪颖好学。5岁习字书，10岁知声律，12岁通诗文，20岁以后文章渐享盛名，但科举一再受挫，仕途渺茫。从此退居家中，奉养老母，潜心著述。于庆历三年（1043）创办盱江书院，课业授徒，慕名求学者众，王安石也与他有交往，"为盱江一时儒宗"，人称"盱江先生"。范仲淹于皇祐元年（1049）上书，称李觏"讲论六经，辩博明达，释然见圣人之旨；著书立言，有孟轲、杨雄之风"。后经范仲淹、余靖等人多次举荐，于皇祐二年（1050）授为太学助教，太学说书。嘉祐三年（1058）任海门（今江苏海门）主簿、太学直讲等职。嘉祐四年（1059）以迁葬祖母，请假回乡，八月病逝于家，葬于凤凰山麓。

李觏博学多识，"以推明圣经为本，不泥于汉书诸儒之说"，敢于抒发己见。在哲学上持一元论观点，认为天地万物由阴阳二气变化而成，"阴阳合而生五行"。认识论上承认主观来自客观，"夫心官于耳目，耳目狭而心广者，未之有也。耳目有得则感于心，感则思，思则无所不尽矣。"又说："性不能自贤，必有习也；事不能自知，必有见也。习之是而见之广，君子所以有成也。"认为人的知识、品德是广泛学习的结果。他排斥佛道，对神仙方士、巫医卜相、鬼神迷信等加以抨击。

李觏无论讲学还是著述，处处以"康国济民"为意，首开宋理学之宗。其著作多为"愤吊世故，警宪邦国"的政论，人们誉之为"从大处起议论"的"医国之书"。李觏长期生活在普通百姓之中，对社会基本矛盾有较深了解。认为"人所以为人，足食也；国所以为国，足用也"。反对儒家"贵义贱利"传统观念。他认为要解决社会矛盾和物质财富多寡不均问题，关键在于解决土地问题。他提出要解决"无地而责之耕"的矛盾，必须"限人占田，各有顷数，不得过制"，在农民有田耕的条件下，"然后于占田之外，有能垦辟者不限其数"。从而做到"人无遗力，地无遗利，一手一足无不耕，一步一亩无不稼"。其所撰《富国策》《安民策》和《强兵策》（各10策）对范仲淹庆历新政和王安石熙宁新法均有一定影响。

其著作《袁州州学记》起语不落俗套，立论警切。其诗真挚朴实，具有浓厚的农村生活气息，具触及民众疾苦。被后人称"在北宋欧阳（修）、曾（巩）、王（安石）间，别成一家"。

李觏一生著述宏富，生前自编有《退居类稿》12卷，《皇祐续稿》8卷。其门生邓润甫为其辑有《后集》6卷。现存有《直讲李先生文集》（《盱江文集》）。1981年，中华书局整理、校点出版《李觏集》。

后人对李觏倍加仰重。宋绍兴年间，南城建十贤楼、四贤堂，李觏与陈彭年等共祀。历代郡学大成殿都绘有李觏画像，以其为风范，激励后人。南城、黎川、资溪均有李泰伯祠堂。现资溪嵩市镇三口村李氏家庙乃清代李氏后裔所建，悬有"理学开宗"巨幅匾额。中华人民共和国成立后，李觏哲学思想被列为重要研究项目。

曾　巩

曾巩（1019—1083），字子固，南丰县人，后居临川。北宋文学家、史学家、政治家，唐宋古文八大家之一。其祖父曾致尧，官至礼部郎中。其父曾易占，官至太常博士，曾巩为长子。

曾巩天资聪慧，记忆力非常强，幼时读诗书，脱口能吟诵，12岁试作六论，一挥而就，言简意赅。18岁时，赴京赶考，与在京的王安石相识，并结成挚友。20岁入太学，23岁上书欧阳修并献《时务策》，欧阳修见其文笔独特，非常赏识，自此名闻四方。但因其擅长散文，轻于应举时文，屡试不第。嘉祐二年（1057），欧阳修主持会试，坚持以古文、策论为主，诗赋为辅命题。曾巩才与其弟曾牟、曾布及堂弟曾阜一同登进士第。

嘉祐四年（1059），任太平州（今安徽当涂县）司法参军，以明习律令，量刑适当而闻名。嘉祐五年（1060），由欧阳修举荐到京师当馆阁校勘、集贤校理，校出《战国策》《说苑》《新序》《梁书》《陈书》《唐令》《李太白集》《鲍溶诗集》和《列女传》等古籍，并撰写大量序文。熙宁二年（1069），任《宋英宗实录》检讨，熙宁五年（1073）后，相继在齐州、襄州、洪州、福州、明州、亳州等地任知州。为政廉洁奉公，勤于政事，关心民生疾苦。他根据王安石新法宗旨，结合实际情况加以实施，深受群众拥戴。

元丰三年（1080），他改任沧州（今河北）知州，途经京城开封时，宋神宗召见。宋神宗对他"节约为理财之要"建议大为赞赏，留任为三班院勾判，随任史馆修撰，编纂五朝史纲。元丰五年（1082），拜中书舍人。次年，病逝于江宁府（今南京）。遗体葬于南丰源头崇觉寺右。南宋理宗追谥为"文定"，人称南丰先生。

曾巩在文学上造诣很深。他主张"法以适变，道以立本""文以明道，文道并重"，反对形式主义，强调文学的社会功用，深得欧阳修赏识，成为北宋古文运动的中坚。其政论、策论、奏章、序、书、记、传、表等都各有特色，大都能切中时弊，剖析深微，提出的办法大多切实可行。其文风"纡徐而不烦，简奥而不晦，卓然成一家"。以至当时"虽穷阎绝徼之人，得其文，手抄口诵，唯恐不及"。王安石认为："曾子文章众无有，水之江汉星之斗"。朱熹特别推崇曾巩，说"予读曾氏书，未尝不掩卷废书而叹，何世之知公浅也"。元末明初，曾巩即名列"唐宋古文八大家"之一。

曾巩工诗，但为文名所掩。《元丰类稿》存诗八卷410多首。其诗以纪实、咏史、离别为主，质朴雄厚，格调超逸清新。清曾廷枚对其《半山亭》一诗尤其赞颂："余每过此，辄喜颂之"。

曾巩一生用功读书，家里藏书二万余卷，他一一加以校勘。又收集古今篆刻，编为《金石录》500余卷。他所著文集《元丰类稿》50卷现存于世，另有《续稿》40卷、《外集》10卷宋后亡佚。

曾巩还十分重视兴教劝学，培养人才。他在抚州所居侧建有兴鲁书院，并亲自定学规、执教席，推动抚州学风。今南丰子固公园有曾巩幼时读书处——读书岩，曾文定公祠、仰风亭、思贤堂、县博物馆等建筑均在其内。南昌市内有子固路，是后人为纪念他而命名。

王安石

王安石（1021—1086），字介甫，号半山，乳名獾郎，抚州市临川区人，北宋政治家、文学家、唐宋八大家之一。祖居盐埠岭（今临川荆公路邓家巷）。其父王益是宋真宗大中祥符八年（1015）进士，任建安（今福建建瓯）主簿等地方官20多年，后任临江（今樟树市）军判时，王安石出生于此，王益调任江宁（今南京市）通判时，全家迁往江宁。

王安石先后任淮南东路节度判官、鄞县知县、舒州通判、江南东路刑狱、江宁府知府、翰林学士、参知政事、两任同中书门下平章事。去世后，赠太傅，葬于江宁半山园。绍圣中，谥号文。世称王荆公、王文公、临川先生。

王安石从小喜好读书，且过目不忘。明道二年（1033），时年12岁，首次随父归临川，奔祖父丧，一住即3年。王安石在辗转各地的同时，增加了社会阅历，开阔了眼界，对宋王朝局面有了初步的感性认识，对社会人生开始进行探讨。庆历二年（1042）三月，王安石考中进士。庆历七年（1047），调任鄞县（今浙江宁波）。他把鄞县作为施展政治抱负的"试验田"，进行一些改革尝试。修堤堰、挖陂塘，改善农田水利灌溉，便利水陆交通。在青黄不接时，将官库储粮低息贷给农户，解决百姓度荒问题，又使官粮得以以陈换新，是他后来实施"青苗法"的雏形。

嘉祐三年（1058）二月，王安石任三司度支判官，大胆写出著名的《上仁宗皇帝言事书》（即《万言书》）。书中列举当时吏治、财政等方面问题，并提出改革意见。请求改革政治，加强边防，主张"收天下之利，以供天下之费"，表现出非凡"矫世变俗之志”，但未被朝廷采纳。

治平四年（1067），神宗继位，起用王安石为翰林学士兼直讲，讨论变法事宜。熙宁元年（1068），神宗召见翰林学士王安石“越次入对”，王安石上书主张变法，言“大有为之时正在今日”。次年王安石任参知政事，开始主持变法，物色吕惠卿、章惇、曾布等一批拥护变革的官员参与制订定新法，颁行了均输法、青苗法、农田水利法、免役法；改革取士之法兴学校、罢诗赋，亲自撰写《三经新义》作为教科书和科举考试标准。

熙宁三年（1070），王安石与韩绛同任宰相之职。在全国范围内大力推行新法，陆续颁布市易法、保马法、方田均税法、免行法、将兵法、保甲法、军器监法、劝课栽桑法等涉及政治、军事、经济、文化等多个领域，史称“王安石变法”。这场自上而下的改革运动，促进了生产发展，增强了国防力量，但在一定程度上限制大地主、大官僚、大商人既得利益，遭到保守派激烈反对，特别是曹太后、高太后顽固梗阻，加上在实施过程中过分求大求快，许多官吏借机敲诈盘剥，使农民利益遭到损害，实际效果与主观设想相差甚远。王安石处于“众疑群谤”之中，被人称为“拗相公”。宋神宗迫于皇亲贵戚和大臣压力，于熙宁七年（1074）四月罢去王安石相位。熙宁九年（1076），复相后辞相，闲居江宁府。

王安石在文学上也有突出成就。其文学主张强调“务为有补于世”“以适用为本”。其散文和诗歌大都具有浓厚的政治色彩，长于说理。诗风含蓄深沉，丰神运韵自成一家，称“荆公体”。词简意深，笔力雄健，对豪放派诗词有直接影响。存世著作有《临川集》《临川集拾遗》《临川先生歌曲》《临川先生文集》等。

1986年11月由江西省人民政府拨款在抚州市赣东大道南端修建的王安石纪念馆竣工，主楼前塑有一尊3米多高的王安石雕像，供人们瞻仰。

董德元

董德元（1096—1163），字体仁，小名丙哥，小字长寿，乐安县流坑（原属永丰云盖乡人，1149年划归乐安）人，流坑董氏“登科之儒，累累相续”。董德元为第八代孙。恩榜状元，南宋副相。

他出身于书香门第，从小饱读诗书，以学问器重于乡。宋宣和四年（1122）26岁时取得秀才资格。靖康元年（1126）夺乡试魁首，是为举人。后赴京考试，屡试不第，至“贫甚无以自养，乃从富人家书馆”，对自己怀才不遇，功名无望感到非常懊恨。绍兴十五年（1145），以特奏名补文学，任道州宁远主簿。绍兴十八年（1148）中进士，时年52岁。在殿试策论答题中，迎合宋高宗和太师秦桧“柔道”御天下主张及对金主和不战路线，欲点为第一，因有官不可取状元之故，改为进士第二名，赐“恩例与大魁等”，时称“恩榜状元”。他潦倒数十年，一举发迹，成为流坑族子皓首穷经榜样。

登科之后，董德元认为功名来之不易，视官禄如泰山，有意依附秦桧，因而在秦桧推举下，升迁甚速。绍兴二十四年（1154），调任监察御史；仅数月，又提升为殿中侍御史；不久又兼任崇政殿说书。此时，董德元为取媚秦桧，与秦桧亲信考官在科举中共同作弊，欲以秦桧之孙秦埙为该科状元，只因高宗不满秦埙策论，才降为第二。

绍兴二十五年（1155）二月，董德元兼侍讲，四月转侍御史、中书舍人，六月为吏部侍郎，旋升尚书。此时，又先后劾罢参知政事等官员。八月，升为参知政事，掌左仆射（副相）职权，充大礼使，代表天子祭南郊，封为庐陵开国子爵，食邑五百户。十月，秦桧病危，董德元等欲举秦熺（秦桧之子）为相，事为高宗所抑。秦桧死前，召董德元至病榻前，嘱以后事，董受其赠黄金千两。秦桧死后，余党多被清除。董为"桧之门人""人多切齿"。是年十二月，殿中御史汤鹏举等论董德元依附秦桧，遂被罢其要职，给予资政学士衔，距其参与执政仅4个月。隆兴二年（1164）正月，才许以左中大夫，提举太平兴国宫复端明殿学士致仕，二月，赠左正奉大夫。

董德元被罢归后，无颜回归故里，遂居吉州城中。他在自建的休荣亭上手书一联曰："闲谈休论荣枯，静坐常思得失"，并年年都要在永丰县城的放生池取飞鸟潜鱼纵之，直到终老。

董德元虽为"恩榜"状元，曾为左仆射，但因为秦桧党徒，故《宋史》《江西通志》未有其传，也不列入乡贤祠。但对流坑董氏家族影响较大，登科当年，永丰县令吴南老为他建状元楼于县学左侧，同年进士朱熹题写"状元楼"三字匾。流坑董氏仿永丰楼，在村口重建一座状元楼，至今尚存。

陆九渊

陆九渊（1139—1193），号象山，字子静，书斋名"存"，世人称存斋先生，因其讲学于贵溪象山，学者称象山先生，金溪县陆坊乡青田村人。他在"金溪三陆"中最负盛名，南宋著名理学家和教育家。

其六世祖陆德迁因避乱于五代末从江苏吴县迁居金溪县青田。其父陆贺，生有六子：九思、九叙、九皋、九韶、九龄和九渊，均学识渊博，号称"陆氏六杰"。九韶、九龄、九渊并称"三陆之学"，皆导源于九皋。

陆九渊自幼聪颖好学，喜究问根底，提出自己见解。他初读《论语》，即指出其讹误之处。乾道八年（1172）进士及第。初任隆兴府（南昌）靖安县主簿、建宁府崇安县主簿、国子正、敕令所删定官等职。后宋光宗即位，出知荆门军。

陆九渊官位不显要，但理学名望很高，被视为宋明两代"心学"的开山鼻祖。认为"宇宙便是吾心，吾心便是宇宙"，把心和理、心和封建伦理纲常等同起来，人的主观能动性应该得到弘扬和尊重。淳熙二年（1175），应吕祖谦之邀在铅山鹅湖寺与理学家朱熹就"太极""无极"等认识论问题展开辩论,史称"鹅湖之会"。会上他进一步阐述"尊德性"和"发明本心"学说,认为只要"尊德性",把握和认识自己"本心",即尊崇天赋善性,用禅宗"顿悟"式的内省修为,最终达到"明理""立心""做人"的目标。故自南宋以来,历元、明、清至民国,统尊其为大儒。

陆九渊一生为官时间较短,多用于治学、讲学、游学上。淳熙八年(1181),应朱熹之邀赴白鹿洞书院(庐山五老峰下)讲学,开讲"君子喻于义,小人喻于利",朱熹甚为感叹,将讲学要旨刻在石碑上,供书院学者警策。淳熙十三年(1186),在贵溪象山开辟书院,时名象山精舍。"每开讲席,学者辐辏,户外履满,耆老扶杖观听",弟子遍江浙一带。认为教育对人的发展具有"存心、养心、求放心"和"去蒙蔽、明天理"作用。主张学以致用,学贵有疑,"为学患无疑,疑则有进"。教学中注意启发引导,因材施教,"人各有长,就其所长而成就之"。

绍熙二年(1191),出知荆门军。任上行八政:"除弊风、罢三引、蠲铜钱、建保伍、重法治、严边防、堵北泄、勤视农",为此民俗大变,得到各级官僚称赞。丞相周必大称:"荆门之政,以为行之有效"。绍熙三年(1192)腊月,病逝于荆门任上,归葬于金溪青田。赐谥"文安"。明代列入孔庙配祀。金溪县城衙前口为陆九渊建有"百世大儒"坊,两侧镌刻"学苟知本六经皆注脚,事属分内千经有同心"对联。

陆九渊一生不注重著书立说,其语录和少量诗文由其子陆持之于开禧元年(1205)汇编成《象山先生集》,共计36卷,并由其学生于嘉定五年(1212)刊行。1980年1月中华书局整理为《陆九渊集》出版发行。

为纪念陆九渊,江西省南昌市有一条街命名为象山路,金溪陆坊青田院山陆九渊墓经过整修,列为省重点文物保护单位。

罗 点

罗点(1151—1195),字春伯,崇仁县高垾(今石庄乡高溪村)人。南宋官员,官至签书枢密院事。

罗点6岁即能文。淳熙二年(1175)进士第二名,即"榜眼"。初授定江军节度推官,受到漕运使赵汝愚赏识,荐为太学博士。淳熙十年(1183),任秘书省正字,调校书郎兼国史院编修。他针对奸佞当权,压制谏言之浊陋,进行上书。淳熙十二年(1185)任秘书郎兼皇太子宫小学教授。他选择古人经验教训文章,编成《鉴古录》,对皇室子孙进行讲授。淳熙十三年(1186)调为浙西(今江苏苏州)提举。他从属吏中选择贤能,入幕赞划,全面了解民间利弊所在,政绩颇著。昆山华亭之间有淀山湖,可调节入湖各河水量,但被皇室贵戚霸占淤田,造成水道阻塞。他上书开浚,扩大蓄水容量,改善灌溉面积达百万顷之多。

淳熙十四年(1187),由户部员外郎兼太子侍读,调为太常少卿。淳熙十六年

（1189），奉命出使金邦，通报宋光宗登位。恰逢金邦世宗也去世不久，金人要求罗点换去吉服，并诘责宋国书中不应使用"宝位"一词，罗点回应："圣人大宝曰位，不加宝字，何以别至尊？"金人无法使其屈服。还朝后，罗点又向光宗提出许多切中时弊之见。

光宗与太上皇孝宗关系长期不和。绍熙三年（1192），孝宗病重，光宗不探望。孝宗去世，光宗不服丧。罗点多次进谏，光宗皆听不进去，于是请求辞职，不准。十二月，调任代理兵部尚书。与同僚先后奏疏35次，单独上奏16次，当面口奏更多。他不惮天威之莫测，不惧后宫、宦侍之谗言，直言进谏光宗欠缺事亲之礼。直到宁宗继位（1194），人心始定。宁宗拜罗点为端明殿学士，签书枢密院事。次年九月，突然病故，年仅44岁，赠太保周国公，谥文恭。

罗点天性孝友，正直端庄，从不仗势欺人，并敢于发表自己见解。他曾师从陆九渊，对陆甚为敬佩。著有《奏议》32卷、《清勤堂法帖》6卷。

虞 集

虞集（1272—1348），字伯生，号道园，人称邵庵先生。祖籍四川仁寿，生于湖南衡阳，后避战乱，随父迁居崇仁二都（今崇仁县石庄乡），始占崇仁籍。元代文学大家、诗人。

曾祖父虞允文为南宋孝宗时宰相，父汲曾为黄冈县尉，母亲是国子祭酒杨文仲之女。虞集5岁时开始读书，时值元兵大举攻占长江中下游一带，南宋军节节败退，其父携全家流寓，其母在缺少书册情况下，口授《论语》《孟子》《左传》及欧阳修、苏轼等人文章，虞集吟诵之后，便能背诵。9岁时返长沙进私塾。后举家迁崇仁。14岁时师从理学家吴澄，对儒学世界观有进一步认识。

大德六年（1302），被荐为大都路（今北京）教授。不久，为国子助教。他以师道自任，声誉日显，求学者甚多。仁宗即位（1312），虞集任太常博士、集贤院修撰。他上书论学校教育问题，多有真知灼见，为仁宗所赏识。延祐六年（1319），为翰林侍制兼国史院编修。泰定元年（1324），为礼部试考官、国子司业，后为秘书少监。泰定四年（1327），他与王约随从泰定帝去上都，用蒙语和汉语讲解经书，上都大臣为其博古通今所折服。不久，升为翰林直学士，知制诰同修国史，兼国子祭酒。他建议京东沿海土地应让民开垦，筑堤以防潮，既可逐年增加税收，又使数万民众得以在京师周围聚集，增强保卫京师的力量。这些主张虽未被采纳，但后来海口设立万户之计，就是采用其说。天历元年（1328）文宗在登位之前，就对虞集有所了解，登基后，即命其为廷试读卷官、奎章阁侍书学士。文宗有旨命虞集采辑本朝典章制度，仿效唐、宋《会要》，编修《经世大典》。虞集批阅两载，全书编纂而成，共计880卷，此书是研究元朝历史的重要资料。书成后，文宗命他为翰林侍讲学士、通奉大夫，他以眼疾为由乞外任，未被允许。直到文宗及幼君宁宗相继去世，才得以告病回归崇仁。病逝于家，谥文靖，赠江西行省参知政事，追封为仁寿郡公。

虞集精于理学，与柳贯、黄晋、揭傒斯号称"儒林四杰"。他认为道德教化是国家治本大事，选用人才必须为众所敬服。主张理学应贯穿于雅俗之中。其诗歌风格于精切典雅中见沉雄老练。体裁多样，长于七古和七律，为"元诗四家"之一，与杨载、范梈、揭傒斯齐名。在其诗作中，有不少作品涉及抚州故土山水风土人情。一生所写诗词文章逾万篇，但所存仅十之二三。著有《道园学古录》《道园类稿》各50卷，《虞文靖公诗集》（又曰《虞伯生诗》）。书法颇有名气，北京故宫博物院存其《白云法师帖》行书作品。台北故宫博物院也藏有其书法作品。

张　升

张升（1442—1517），字启昭，号柏崖，南城县株良乡人。明代状元，人称尚书状元。大臣、学者。

明成化五年（1469）进士第一是为状元。初授翰林院修撰。弘治元年（1488），迁为庶子。内阁首辅刘吉专权，把持朝政，堵塞言路，结党营私，打击异己。张升毅然向孝宗检举，历数刘吉纳贿、纵子等十大罪状，未被采纳。刘吉异常怨恨，指使言官反诬张升诋毁，张升被贬为南京工部员外郎。弘治五年（1492）八月，刘吉被罢后，张升恢复原职，后历礼部左、右侍郎。弘治十五年（1502）二月，升礼部尚书。

弘治十八年（1505）五月孝宗去世，道教真人、藏教大师等借请神驱邪为名进入乾清宫扰乱内宫，张升上书将这批人（30余名）绳之以法，诏夺名号，逐出宫廷。宦官刘瑾引诱年仅15岁的武宗游宴微行，懒理朝政，大权尽归刘瑾。武宗享乐，致使京库空虚，阉党干扰朝政肆无忌惮，正直大臣屡遭贬斥罢官。张升上书奏请武宗亲近贤臣，远离奸佞，谨治国事。武宗认为其论有理，但不愿实行。张升便奏请退休，未获允。正德二年（1507），依附刘瑾的秦府镇国将军诚激请求袭封保安王，张升出于公心，坚决反对。为此得罪刘瑾。张升恐被其害，称病乞归，武宗准奏，加赠太子太保，月俸、岁侯照给。张升去世后，朝廷封赠他为太子太傅，谥号文僖，葬于原籍株良乡。

张升著作较多，诗多于文，诗文多为赞美家乡山水景物。著有《柏崖文集》（又名《张文僖公文集》)14卷，《诗集》22卷，存目于《四库全书》。另有《和唐诗》10卷。

谭　纶

谭纶（1520—1577），字子理，号二华，宜黄县潭坊人。明朝杰出军事家，抗倭名将，官至兵部尚书、太子少保。

谭纶自幼饱览诗书，无所不读，性格沉稳，有雄才大略。嘉靖二十三年（1544）中进士。嘉靖二十七年（1548），授南京礼部主事。不久，补兵部郎中。时有倭寇沿长江逼近南京城下，谭纶请命募壮士五百，击退倭贼，一站成名，以能用兵闻于朝廷。嘉靖二十九年（1550），浙江倭犯猖獗，城中无兵，谭纶受命台州知府，募兵千人。嘉靖三十六年（1557）五月，倭寇侵扰台州一带，谭纶率兵大挫倭犯。嘉靖三十七年（1558）四月，倭寇再次聚集数万人窜扰台、温、福、泉、漳等州，谭纶亲率精兵与寇大战。三战三捷，军威大振。升浙江按察司副使，巡视海道，转右参政使，兼治兵事。此时，他与时任浙江金都司、参将戚继光，浙江总兵官俞大猷等联合进击，转战浙江沿海，屡战皆捷，至嘉靖四十年（1561），浙江倭患得以平息。谭纶改任福建参政。

嘉靖四十二年（1563），倭寇攻陷兴化（今福建莆田），朝廷命谭纶为右金都御史、福建巡抚，提督福建军务。他命浙江副总兵官戚继光火速从广东、江西一带回闽；令福建总兵官俞大猷整饬营内，疏通河道，扼守海口，断敌退路；着广东总兵官刘显速率军驰赴兴化，对倭寇实行重围。四月上旬，各路进剿军先后入闽。他召俞、戚、刘商讨破敌之策，自任总指挥，戚继光率中路军直捣倭贼大本营平海卫，刘显率左路军侧翼迂回，俞大猷率水师为右路，断敌退路。各路军分头进击，一举歼敌2200余人，解救被掳男女3000余人，随即收复兴化城。谭纶以功进右副都御史。接着2万余倭寇又围攻仙游等地，谭纶亲率戚继光部驰援，次年二月，攻下仙游。谭纶授为陕西督抚。嘉靖四十四年（1565）十二月，改调四川。不久，即以兵部右侍郎兼右金都御史，总督两广军务。

隆庆元年（1567），以兵部左侍郎兼右金都御史，总督蓟、辽、保定军务，与戚继光共同负责练兵。修筑边墙，构筑御敌台，造战车、大炮，使京师东、北沿边防御得到大大加强，敌不敢犯。隆庆六年（1572）七月，升任兵部尚书，兼理京中军务。万历元年（1573）加太子少保衔。万历五年（1577）四月，卒于任上，赠太子太保，谥襄敏。

谭纶主持兵事30年，以文制武，是出色的儒将。抗倭、戍边，屡建奇功，与戚继光号称"谭戚"。他善于用人。戚继光、俞大猷、刘显、李梁、李超、陈其可、胡守仁等一大批战将均得到其重用，被史家称为"善任俞、戚而建大勋"者。

谭纶治兵之外，兼好声歌，在军中设立戏班，随军征战演出。在任浙江台州知府回乡时，带回海盐腔戏班，教习本地艺人，并将弋阳腔融入其中，形成"宜黄腔"，宜黄被誉为"戏乡"，谭纶功不可没。宜黄腔后经艺人不断探索和改进，在省内外广泛流行。京剧盛行后，宜黄腔作为京剧二黄得到很大发展和提高。著有《说物寓武》等20篇军事著作。

位于县城不远的谭纶墓，号称"江南第一古墓"，由祭道、神道、墓体三部分组成。谭坊镇有朝廷表彰修建的牌坊一座。

罗汝芳

罗汝芳（1515—1588），字惟德，号近溪，南城县罗坊人。明代中期著名哲学家、教育家。

罗汝芳自幼聪明好学，5岁从母读书，稍长博览群书，独钟理学，16岁赴南昌师从泰州学派代表人物颜钧。他触类旁通，孜孜探索王阳明理学，为其日后突破宋、明理学僵局，阐述唯物思想奠定学业基础。

嘉靖二十二年（1543）中举，嘉靖二十三年（1544）会试后，自认为"吾学未信，不可以仕"，退居故乡达10年之久。其间，他四处访师友，探讨经文，在麻姑山下建山房接纳四方士子学者，从事讲学活动。嘉靖三十二年（1553）赴京参加殿试，得中进士，开始从政。任太湖（今安庆）知县，兴乡村社学，召诸生讲学。后迁刑部山东司主事，再出知宁国（今宣城）府，主持修缮多县城池。创"志学书院"，创开元会，令囚犯参加听讲，以道德感化、敦促犯人改过自新。赴京入觐时，大学士、礼部尚书徐阶召集两司郡县候选官员，大会灵济宫，聘他讲学。他深入浅出，侃侃而谈，听者无不动容铭心，卓然自成一家。嘉靖四十年（1561），返乡守父丧，士民不忍离别，有竟步随至盱江者，四方士子云集南城，拜他为师。

隆庆二年（1568），老师颜钧因得罪当权者，被诬捕入监狱，罪当问死。他变卖家产，率其子与门人不远千里前去救援，其师得以减罪改戍邵武。万历元年（1573），张居正取得首辅之位，想招揽几个人才作助手，将在家服母丧期满的罗汝芳调到京城，然而罗汝芳不愿投其所好，内阁首辅、大学士张居正将其安排为东昌（今聊城）知府。在东昌，罗汝芳亦创建"见泰书院"。后调云南道巡察副使，其间，开水利灌田4000余亩，整治昆明湖堤，疏浚滇池。并"以讲会乡约为治"，昆明五华书院和春华书院为其讲学场所。万历五年（1577），官拜右参政。万历七年（1579），再次赴京，公余应约到广慧寺讲学，朝士纷纷往听，引起张居正不满，唆使朝臣上书，劾他"事毕不行，潜在京师""摇撼朝廷，夹乱名实"，被罢官。回到家乡，率弟子游金陵、两浙、湖广，沿途讲学，但从不以师席自居，所到之处，座无虚席。

罗汝芳一生耿直傲岸，不迎权贵，主张"致良知"，强调"赤子良心，不学不虑"，否认"存天理，去人欲"的程朱理学，其哲学思想给当时文人学士的文学创作和学术研究以积极影响，弟子汤显祖曾说"夫子在而世若忻生，夫子亡而世若蕉没"。思想家李贽说他数十年间"东西南北无虚座，雪夜花朝无虚日，贤愚老幼，贫病富贵无虚人"。被后人尊为明末清初黄宗羲、顾炎武、王夫之等启蒙思想家的前驱。其著作有《近溪子文集》5卷。后人集其轶文数百卷，大部分收进《罗近溪先生全集》，列入《四库全书总目》。

汤显祖

汤显祖（1550—1616），字义仍，号海若、若士，抚州市临川区人。明代戏曲家、文学家。汤显祖出生在一个书香世家。原居临川文昌里（今临川文昌桥东太平街汤家山），后移居沙井巷，建"玉茗堂"（内有揽秀楼、清远楼、毓霭池、金柅阁等），故又自号清远道人，晚年又号茧翁。

万历十一年（1583）才考中进士。先后任南京太常寺博士、詹事府主簿、礼部祭司主事。万历十九年（1591），因目睹腐败愤而上《论辅臣科臣疏》，激怒皇上被贬为徐闻典史。万历二十年（1592），任浙江山区遂昌知县。在遂昌5年，大兴学堂（建相圃书院），讲学论道，消灭虎害，扶持农桑，抑制豪强，缓解民困，特别是在春节期间，将囚犯放回家中过年、观灯，囚犯及其家属无不感泣涕零，深得士民爱戴，使得偏远山区成为文明昌盛之邦，获得"醇吏声为两浙之冠"称誉。遂昌士民建"遗爱"生祠纪念他，直到现在遂昌人还尊他为"汤公"。

万历二十六年（1598），他目睹朝政腐败，但又无力挽救，愤而弃官。在临川城内香南峰下沙井巷建"玉茗堂"，潜心戏曲和诗词研究、创作，并将其所居作为演出中心场所。当年秋，写出浪漫主义爱情悲剧《牡丹亭》（又名《还魂记》《牡丹亭还魂记》），共55出。剧中描述"生者可以死，死者可以生"的"至情"，通过奇妙构思和丰富的想象，创造富于戏剧性的似真似幻、非实非虚的梦境，赞颂敢于冲破封建礼教，追求婚姻自主而进行生死斗争的青年男女，带有浓厚的浪漫主义色彩。张琦在《衡曲尘谈》中说此剧"上薄风骚，下夺屈宋，可与实甫《西厢》交胜"。万历二十八年（1600），他又写出《南柯记》（又名《南柯梦》），共44出。万历二十九年（1601），写出《邯郸记》（又名《邯郸梦》）30出。将万历七年（1579）所作的《紫箫记》34出于万历十五年（1587）改写成的《紫钗记》53出，合称为《临川四梦》或"玉茗堂四梦"。"临川四梦"在谈风月、说梦境中，抒发自己的满腔郁愤，被视为世界戏剧的珍品。他也被认为是中国继关汉卿之后的伟大戏剧家。

他不但能写，而且会导会演，经常"亲捎檀板教小伶""自踏新词教歌舞"，用海盐腔指导宜黄戏排练和演出，在实践中反复琢磨、检验、发展自己的戏曲创作理论。他在《宜黄县戏神清源师庙记》中，认为戏曲必须注重"令听者泪，读者颦，无情者心动，有情者肠裂"的艺术效果。

他诗宗白居易、苏洵，文学宗曾巩、王安石。创作主张"以意趣神色为主"，其著作还有《五侯鲭学海》20卷、《续虞初志》8卷等。今存有《玉茗堂文集》16卷、诗18卷、赋6卷、尺牍6卷。"文章超海内，品节冠临川"。

汤显祖弃官归家20年，热心于家乡公益事业，带头捐资修茸文昌桥，教诲门人及子弟要"真正做人，清廉用世"，并作《四香戒》警策儿孙。去世后，遗体葬于文昌桥东灵芝山。

中华人民共和国成立后，对汤墓多次进行重修。1982 年，政府拨巨款在汤家玉茗堂旧址建成玉茗堂影剧院。1992 年，临川市又在距市中心 2 公里处兴建一座具有明清风格的园林式古建筑群——汤显祖文化艺术中心。遂川县也有其纪念馆。

龚廷贤

龚廷贤（1522—1619），一作应贤，字子才，号云林，金溪县霞漵龚家（今合市乡龚家）人。明代医学家，是江西省历史上十大名医之一。

其父龚信，字瑞芝，号西园，精于医术，曾任明太医院医官，著有《古今医鉴》16 卷，经龚廷贤整理刻行于世。龚廷贤受家庭影响，从小爱好医学，虽曾习举子业，屡试不中，转而随父学医，继承祖业，以“良医济世，功同良相”自励。日间从事诊治，余暇攻读医书。既博考历代医书，自《内经》以下，莫不穷源究委；又善于总结继承家传诊疗实践经验，并虚心寻师访贤，博采众家之长，贯通医理。经过长年累月刻苦钻研及临床实践，至成年后，无论内科、外科、妇科、儿科都已精熟，尤擅长于儿科。

他临床诊治尊古而不拘泥，深明五脏症结之源，决生死多奇中。有段时间，他在河南黄河流域行医，时值开封一带疫病流行（1586—1588），街头巷尾都有病人。其症状为头疼身痛，憎寒壮热，头面颈项赤肿，咽喉肿痛，神智昏迷，俗名“大头瘟”。时医只知按古法医治，无效。龚廷贤根据病情，独具匠心，以自己见解，开上二圣救苦丸（牙皂、大黄）药方，其效甚佳，医好很多垂危病人，名噪中原，被尚书荐为太医院吏目。

万历二十一年（1593），鲁王妃患膨胀病，腹大如鼓，左肋积块刺痛，坐卧不宁。经太医多方治疗，均不见效，生命垂危。召龚廷贤诊治，经诊脉开方，对症下药，终获痊愈。鲁王大喜，称之为回天国手，以千金酬谢，龚廷贤不受，乃命刻其所著《禁方》（即《鲁府禁方》）一书，又画其像以礼待之。皇帝特赐双龙“医林状元”匾额一块。晚年回故乡，97 岁去世，墓葬村后，至今保存。

龚廷贤一生著述极丰，续编其父所著《古今医鉴》8 卷，先后完成《济世全书》8 卷、《云林神彀》4 卷、《万病回春》8 卷、《寿世保元》10 卷、《种杏仙方》4 卷、《鲁府禁方》4 卷、《医学入门万病衡要》6 卷、《小儿推拿秘旨》3 卷、《眼方外科神验全书》6 卷、《本草炮制药性赋定衡》13 卷，此外还有《秘授眼科百科全书》《痘疹辨疑全录》等。其中《小儿推拿秘旨》是我国医学史上最早一部儿科推拿专著。《万病回春》和《寿世保元》两书流传最广，它从理论上分析病理、症状和治法，并附有方剂，还有 400 味药性歌诀。17 世纪中叶，其弟子戴曼公将著作携入日本，美国国会图书馆也藏有《云林神彀》全书。其弟龚廷器，子龚守国、龚守宁，侄龚懋官皆以医知名，门生吴济民，亦得其传。

谢文洊

谢文洊(1615—1681),字秋水,另字约斋,号程山。南丰县人,明清之际理学家。少年时,在舅父家得朱熹晚年时论著,爱不释手,对他后来治学影响甚大。21岁时,其父谢天锡在广昌县香山筑学,命其与兄弟在此读书,研习应举学业。崇祯十二年(1639),他应乡举未中,遂厌薄举业,渐生出世之志。崇祯十七年(1644),明朝灭亡,他毅然尽弃举业,入广昌香山学禅。先后研读陆九渊、王畿和王守仁等人著作,一心向儒,与友讲论王守仁心学。后在新城(今黎川)神童峰大兴讲会,与人辩论中受程朱理学影响,乃专心研习其学,在南丰县城西建程山学舍,设"尊洛堂",李葵林、邵睿明等先后也讲学于其中,后皆称弟子,时称"程山学派"。

在授学之初,许多人颇不以为然,甚而讪笑之。他治学严谨,躬行实践。以"畏天命"为宗旨,以诚信为本,以识仁为体,以经世为要,被人们刮目相看。同乡士子、友人甘京、黄熙、封睿、曾曰都、危龙光、汤其仁等均拜他为师,时号"程山六君子"。其祖父辈谢退思、老辈名士李淑旦、大司马汤来贺都视他为师,他固辞。这些人只好将子送至谢文洊门下求学。他与星子宋之盛、宁都魏禧、彭任等过从甚密。康熙四年(1665)夏,谢文洊、魏禧、宋之盛在程山学舍大举讲会,广论程朱理学,听者甚众,"四方远近之游而过之者,殆无不知有程山谢子之学"。宋之盛亦叹道:"不到程山,几乎枉过一生矣!"时人认为"西江之学不入于岐趋者,乃程山之力"。程山谢文洊理学、翠微峰(宁都)魏禧经术文章、髻山(星子)宋之盛气节被推为清初"江西三山学派"之祖。谢文洊治学路数和内容的转变,开启清初江西学者由专讲阳明心学转而师宗程朱理学之先声。

其著有《谢程山集》18卷,《易学诸言》2卷,《风雅伦音》2卷,《左传济变录》2卷,《大臣法则》8卷,《初学先言》2卷,《大学中庸切己录》《程山十则》《程山问答》《日录》及《兵法类案》等传世。《四库全书总目》中收有其《明学遗书》56卷,《谢程山文集》18卷。

揭暄

揭暄(1613—1695),字子宣,号韦纶,别名半斋。广昌县盱江镇人。明末清初军事家、学者、科学家。少有奇气,喜论兵,为明朝县学诸生时,诸子、诗赋、数术、天文、军事、岐黄等无所不涉,时人以才品兼优、德学并茂称之。

清顺治二年(1645)下半年,江南抗清义军纷起。在嘉定义军先后3次遭清兵镇压,死伤数万人(史称"嘉定三屠")后,更激起汉、满民族矛盾。揭暄与其父揭衷熙、好友何三省(明广东提学使)、骆而翔(明顺庆府推官)举义兵勤王,在闽、赣边境的建宁、广昌、长汀一带抗击清兵，与南明兵部侍郎揭重熙所率抗清大军互为犄角之势。顺治三年（1646），揭暄所部归明唐王朱聿键节制。他向唐王上言天时、地势、人事及攻守战御机要等策，被采纳，任南明兵部职方司主事守广东。一年后，调为宣谕使吴炳副手，前往江西安抚阎罗总诸营，到瑞金时闻父殉难，痛哭归。此后遂隐居不仕。

隐居期间，清康熙帝屡召他入仕，他以年迈推辞，讲学于豫章、青原书院，与易堂程山、宁化李世熊、桐城方以智等交游，致力于著述。为辨明宇宙奥秘，博览群籍，日夜观察天象，精心考据，于康熙二十八年（1689）完成科学名著《璇玑遗述》（又名《写天新语》）。天文学家、数学家梅文鼎读后手抄其精语编成1卷，取名《璇玑尺解》，称其"深明西术而又别有悟入，其言七政小轮……，旋转而生漩涡，遂成留逆，实为古今未发"。又被称其论述"天体自转"学说"出于大西诸儒之上"。他前期著有《揭子兵经》《揭子战书》和《兵法纪略》。《兵经纪略》分"智""法""术"3卷计100篇，《揭子战书》分"战法""战例""名将言行"计17卷。湘军统领按察使肖启江赞其《兵经纪略》言警而赅自成一家"。称"《揭子战书》明畅切实法制详备"。江西学政吴炳和兵备道王养正称赞："此异人异书也"，并撰文介绍，捐资为其刊行。

其著述还有《揭子性书》《揭子昊书》《揭子二杯篇》《道书》《射书》《帝王纪年》《揭方问答》《周易得天解》《星图》《星书》《火书》《舆地》《水注》等涉及天文、地理、历史、哲学、数学各个领域，为海内外所推崇。日本编著《数学大辞典》中有揭暄条目。

中国人民解放军建军80周年在北京进行纪念揭暄的活动。2013年北京举行纪念中国杰出的军事家、哲学家、科学家揭暄诞辰400周年——《揭子兵法汉英对照》一书首发式暨向世界四大著名军事院校赠书仪式。

李 绂

李绂（1675—1750），字巨来，号穆堂，抚州市临川区荣山嘉鹿人。清代名臣、文学家。

自幼聪颖，勤于学习，过目成诵。10岁能诗，12岁即与乡中诸贤结诗社，有神童之称。康熙四十八年（1709）进士，选为庶吉士，入翰林院庶常馆学习。授翰林院编修。武科会试副、正考官，云南、浙江乡试正考官等。康熙五十九年（1720），升内阁学士，迁礼部侍郎兼左副都御史。康熙六十年（1721），担任会试副考官。历任吏、兵、工部右侍郎，直隶总督等职。因落榜举子聚众至寓所闹事，被贬至永定河以工效力。

雍正元年（1723）正月，奉召回京，任吏部右侍郎。七月，任兵部右侍郎。时值各地运京城漕粮屡遭抢劫,奉命将湖南等地漕粮押运至天津收贮。因担心贮米坏损,按旨将贮粮估价出售,将盈余银5000两交守道桑成鼎贮库,并将此事告知直隶巡抚李维钧,李维钧却匿而不报,而桑成鼎待李绂赴广西任时,又将原银解交广西。直至年羹尧进京上书李绂巧取此项银两应予查惩。雍正经过调查得知事情原委亲书"奉国馨心"四字予以奖励。雍正二年(1724)四月,任广西巡抚时,勤政爱民。时境内苗民受土司挑拨引起械斗,他从教育、诱导入手,平息广西、广东两省矿产之争;严禁汉官、土司欺压苗民,督、府、司、道擅立名目,勒索财物;查核康熙年间广西巡抚陈元龙等,贪污捐纳银款824700余两之积案。自此,广西边地得以安定,受到雍正嘉奖。

雍正三年(1725)八月,任直隶总督。赴京途中,得知雍正宠臣田文镜任河南总督时,待吏苛刻,视科班出身官员为眼中钉。李绂不畏强权,直斥田文镜"身任封疆,有意蹂践读书人"。雍正四年(1726)二月,李绂到京就任,适逢大水,果断下令各地开仓救灾,后在朝廷中多次上书弹劾田文镜恶迹,反遭田文镜等所诬,改调工部侍郎。雍正五年(1727),又被诬为庇护私党受劾。被缚至西市,以刀置颈,李绂都不认罪。刑部查抄他家产,发现室内简陋,甚至夫人的首饰都是铜制,别无长物。雍正这才相信他清廉,将其赦免。命纂修《八旗通志》,他闭门谢客,专心著述,历时8年。雍正十三年(1735),赐侍郎衔,管户部三库。十月,补户部左侍郎。

乾隆元年(1736),因触怒乾隆帝,降为詹事、三礼馆副总裁。乾隆四年(1739),守母丧时与县令李廷友同捐资创办青云书院,并亲自主持教席,一时名士云集,"才乡"教育雄风得以重振。乾隆六年(1741),充明史纲目馆副总裁、补光禄寺卿、江南乡试主考官、内阁学士兼礼部侍郎。李绂一身正气,为弹劾田文镜三次入狱,两次赴刑场问斩,却不屈服。乾隆八年(1743),因病告老回乡,居抚州城内上桥寺石芝园(今文昌桥区上沿河路),担任兴鲁书院山长并亲自讲学。

李绂学问渊博,一生治学,精研理学,主张学习与实践并重。著有《春秋一是》《陆子学谱》《朱子晚年学谱》《阳明学录》《穆堂类稿》等书。他还精研历史,作《书〈辩奸论〉后二则》《书〈宋名臣言行录〉后》《书〈邵氏见闻录〉后》等文,除《八旗通志》外,主修《广西通志》,主纂《临川县志》。清朝著名文学家王士祯称李绂有"万夫之禀"。全祖望称他"尽得江西诸先正之裘治"。家乡人民为纪念他,在临川城内辟有一条"穆堂路"。

纪大奎

纪大奎(1746—1825),字向辰,号慎斋,抚州临川区龙溪人。清代官吏,史学家。少年时从父学《易》,要他牢记《易》中"独慎"。因此,他将自己书斋取名为"慎斋",朝夕诚励。官至知州。乾隆四十四年(1779),乡试中举,任《四库全书》馆誊录。

道德文章受到人们称赞，京中有个大官想请他当家庭教师，答应荐他进翰林院或内阁做官。他秉性耿介，坚辞不就。乾隆五十一年（1786），出任山东商河县知县，后调任邱县、昌乐、栖霞、福山、博平等县知县，均能廉政爱民，轻徭薄赋，深受各地民众爱戴。后因父丧，辞官归里，在家潜心著述。

嘉庆十一年（1806），奉命赴四川什邡县任知县。时该县社会秩序混乱，他采取怀柔政策，办学校，兴教化，振风气，修水利，开垦荒地，发展农业生产，严惩盗匪淫赌，奖励勤劳耕织。在任十余年，"岁皆大熟"，县邑大治。政绩闻于朝，提升为合州（今四川合川区）知州。道光二年（1822），告病归家。

纪大奎博学多才，善古文词，精于《易》，长于考据，对程朱理学造诣很深，于数学、地理、音乐、考据、占卜、地方志等也做长期研究，取得很好成绩。

他一生著述很多，有《观易外编》6卷，《易问》6卷，《周易附义·老子约说》上、中、下3篇，《地理末学》上、中、下3篇，《古律经传附考》5卷，《笔算便览》5卷，《读书录抄》1卷，《六壬类聚》《周易参同契集韵》《考订河洛理书便览》《金刚经偶说》《悟真篇》《双桂堂稿》《四书文》《课子遗篇》等，大都收入今传的《纪慎斋文集》。在《笔算便览》中，兼及筹算，文字简明易懂，便于自学。此外，他在什邡任职期间，亲自编纂《什邡县志》54卷；告病回乡后，又主编《临川县志》32卷。人们为纪念他，自民国至今临川域内有一条街为"慎斋路"。

黄爵滋

黄爵滋（1793—1853），字德成，号树斋，宜黄县城人。清代积极倡导禁烟先驱者之一，与林则徐、邓廷桢等均为禁烟名臣。

道光三年（1823）中进士，入翰林院，选庶吉士，不久充国史馆协修、武英殿纂修、总纂官、江南乡试副考官。道光十二年（1832）任福建道监察御史，继而为江南道监察御史、户部给事中、陕西道御史、户部掌印给事中、鸿胪寺卿。道光十七年（1837），任山东乡试正考官。道光十九年（1839），任大理寺少卿、通政使司通正使、江南乡试主考官、礼部右侍郎。道光二十年（1840），官至刑部左侍郎兼左副都御史，署仓场侍郎。一生曾三主乡试，两任会试监考官，选拔不少知名人士。道光二十二年（1842）退休回籍。道光二十三（1843）年因失察罪夺职。返省主持豫章书院。道光三十年（1850）至京闲居，卒于北京，后归葬于宜黄二都乡石巩寺侧。

黄爵滋任御史期间"遇事锋发，无所回避"。对国家大事，民生疾苦，事无巨细，均有独到见解，并能直抒胸臆。道光十四年（1834），他在《综核名实疏》中，对诸多国事提出的自己的看法和主张：崇学校以绝邪教，查保甲以靖会匪，修水利以除水患，广积储以备赈施，严校阅以肃戎政，严防禁以靖海洋、清明吏治，随时甄别考核部院堂官和各省督抚等要员，加强选拔和重用贤良之才，罢免贪官污吏建议，受到道光皇帝赞扬，特对黄爵滋及科道中敢直言进谏诸人加以提升。道光十五年（1835），鸿胪寺卿黄爵滋更加力行劝谏，进呈《六事疏》，就治国家、广言路、储将才、制匪民，整顿京城营卫，严防外夷等提出主张，后均被道光帝采纳施行。其敢于直谏之声为台谏之冠。

19世纪初，英国东印度公司将鸦片输入中国，吸取现银，销路逐年激增，影响国计民生甚大。道光十一年（1831）始，黄爵滋先后在《纹银洋银并禁出洋疏》《综核名实疏》《六事疏》中，多次提出禁银出海、严禁鸦片主张。廷臣中对禁鸦片一事意见纷纭不一，措施不力。道光十八年（1838），黄爵滋上《严塞漏卮以培国本疏》，列举大量事实说明银两外漏与吸食鸦片之间的关系，认为"耗银之多，由于贩烟之盛，贩烟之盛，由于食烟之众"。提出无论官民，吸食者给予一年期限戒烟，不成者平民处以死罪，官吏加等治罪，连疏两次，湖广总督林则徐极力推崇，也连上两疏。鸦片战争开始后，受命驰赴闽浙一带，与邓廷桢共同查禁鸦片，加强海防建设，改造武器装备，制订战守方略，招募水勇乡勇支援水师，并向朝廷进献《海防图》。史家评论："禁烟之议，创自黄爵滋"。道光帝赞其禁烟疏："非汝痛发其端，谁肯如此说话"。在西方，曾有人绘林则徐、关天培、黄爵滋三人像，称为"三忠"，可见其影响及于国外。

黄爵滋还以诗文著称。经常与在京名士交游唱和，写下不少反映现实生活之作。著有《奏议》30卷，《海防图》2卷、附表1卷，《仙屏书屋文录·初集·二集》26卷，《仙屏书屋诗录·诗集·后录·二集》34卷，《戊申楚游草》1卷等刊行于世。

南昌市名人名录

澹台灭明

澹台灭明（前512—？），字子羽，春秋鲁国武城（今山东费县）人。原求学于孔子，因长相丑陋，受到孔子歧视，而未能入学。但澹台灭明不丧其志，仍奋发上进，后游历楚国各地（当时南昌属楚国东境），定居南昌，设书院讲学，收弟子300余人，贤名不胫而走。孔子后感叹不已，曰："吾……以貌取人，失之子羽。"为纪念澹台灭明来南昌"友教传学"，南昌曾建有友教堂（又名澹台祠），故址及墓地在今南昌二中内，为后人敬仰。

章 文

章文（生卒年不详），南昌县人。汉高祖五年（前202）灌婴率兵平定吴、豫章52县时，章文献地降婴，并以南昌地当南北要冲，进筑城之策。灌婴很赞许，命他主持建城工作。他日夜筹划，亲自主持施工，终于很好地完成了筑城任务。城为夯土建筑，俗称"灌婴城"，其址在今南昌城的东南面。后人为他在城北江边立了祠堂，纪念他的功绩。

何 汤

何汤（生卒年不详），字仲弓，南昌县人。东汉光武帝时为虎贲中郎将，曾任京城开阳门侯。其人刚正不阿。光武帝刘秀便服私出，夜深方回，何汤闭门不纳，刘秀只好改由别门进城。事后刘秀宴请何汤，赞其"'赳赳武夫，公侯干城'，何汤之谓也。"

程 曾

程曾（生卒年不详），字秀升，南昌县人。汉代经学兴盛，士子多通经入仕。程曾也不远千里，到关中的长安（今陕西西安市），从名师受业，学习《严氏春秋》十余年，后返回家乡，一边从事著述，一边讲授生徒。有弟子数百人，著书百余篇，疏通《五经》的疑难。又作《孟子章句》。东汉建初三年（78），举孝廉，迁海西（治今江苏灌南县东南）县令，因病卒于任所。

唐 檀

唐檀（生卒年不详，约汉安、顺二帝间前后在世），字子产，南昌县人。少游太学，好灾异星占之术。后还乡里教授，常百余人，屡言休徵都验。东汉永建五年（130）举孝廉，除中郎。是时白虹贯日，檀因上宜三事，陈其咎徵，书奏，弃官去，卒于家。著有《唐子》28篇。

陈 蕃

陈蕃（？—168），字仲举，河南人，东汉大臣。桓帝时，为太尉，因触怒权贵，贬为豫章太守，后又几起几落。灵帝时任太傅，封高阳侯。建宁二年（169），陈蕃和外戚窦武，谋诛宦官，率属官及太学生80余人，冲入宫门，事败被杀。

胡 藩

胡藩（372—433），字道序，南昌人。东晋末参郗恢、殷仲堪军事，转投桓玄。桓玄亡，归故里。南朝宋武帝时召为员外散骑侍郎，参镇军军事。从征鲜卑，攻讨卢循，有战功，升为正员郎。复伐羌、征魏，皆率先力战。以功封阳山县男，参相国军事。官至太子左卫率，封邑新吴县，为奉新华林胡氏祖先。

雷次宗

雷次宗（386—448），字仲伦，南昌县人。南朝学者。晋末入庐山读书，师事佛学大师慧远。笃志力学，精通《三礼》《毛诗》，并开馆授徒，又在南昌开馆讲学。宋元嘉十五年（438），应征至京师（今南京），开馆于鸡笼山，聚生徒百余人，教授儒学。命为给事中，不就，还庐山后再征诣京，宋文帝筑"招隐馆"于钟山西岩下，命为太子及诸王讲经。卒于钟山。著有《雷次宗集》《豫章记》《豫章古今记》等,《豫章记》是最早的江西地方志书之一。

邓 琬

邓琬(407—466),字元琬,一作元琰,南昌人。四代为官,初为州西曹主簿,后为南海郡太守。南朝宋孝武帝大明八年(464),任晋安王刘子勋镇军长史兼浔阳内史,行江州军政大权。拥戴刘子勋在浔阳称帝,建号义嘉,自封左将军、尚书右仆射。同年八月兵败,被诱杀。

韦 丹

韦丹(生卒年不详),字文明,陕西西安人。中唐时期大臣。唐宪宗年间,封武阳郡公,后升任江南西道观察使。在南昌主政期间,遍教百姓烧砖制瓦建房;疏通南昌地下涵道;整修街道,组织民工于赣江险段筑长堤12里,挖陂塘589处,可蓄水灌田12000余亩。又在抚河开设义渡,便利两岸行人。后人感其德,故名赣堤为"韦公堤",抚河渡为"武阳渡",后遭人构陷,无辜革职,含冤去世。多年后,宣宗皇帝考察历代功臣,众乃推丹为功臣第一。朝廷特颁诏命,书立功状,并镌之于石碑。

施肩吾

施肩吾(780—870),字希圣,号东斋,南昌人。唐代元和十五年(820)进士,不任职即归隐洪州之西山修道,世称"华阳真人"。喜好赋诗,内容广泛,题材多样。尝赋《闲居遣兴诗》100韵,又著《辨疑论》《西山传道记》《会真记》《三住铭》等,诗集有《西山集》。

佘 钦

佘钦(生卒年不详),南昌县人。唐朝太学博士,集贤院学士。同诸儒共撰《六典》《初学志》《群书四部录》。"十八学士"之一。中国历史上第一个佘氏名人。原为余氏,其先祖从安徽繁衍到南昌变成了佘氏。后家族式微,徙池州。

贯 休

贯休(832—912),字德远,南昌市进贤县人,俗姓姜氏,唐末五代时期画僧。

在婺州兰溪和安寺，号禅月大师。出家，后到庐山东林寺，洪州开元寺，再返婺州。终至成都龙华禅寺。能诗善画，文有《禅月集》，诗有《全唐诗》78首，画有传世之作《十六罗汉图》为代表作，现藏日本皇宫内厅。

来 鹄

来鹄（生卒年不详），南昌市人，来鹏之昆弟，唐代诗人、文学家。来鹏善作诗歌，来鹄擅长散文，是晚唐颇有名气的文学家。大中末年，已有文名。咸通年间（860—873），"名振都下"。屡试不中，对李唐王朝压抑人才不满。曾自称"乡校小臣"，隐居山泽。黄巢起义时，为避战乱流落荆襄。僖宗中和年间（881—884），客死于维扬（今扬州市）。著有《来公集》1卷。

孙 鲂

孙鲂（生卒年不详），字伯鱼，南昌县人（一说乐安县人），五代南唐著名诗人。唐广明元年（880），都官员外郎郑谷避隐故乡宜春仰山书屋，孙鲂慕名前往，拜郑谷为师，遂以诗行于世。唐景福元年（892），参与射策考试，被淮南节度使杨行密命为都官从事。与诗人沈彬、李建勋结为诗社。吴天祚三年（937）十月，孙鲂被南唐授以宗正郎。有诗集5卷，但失传。《全唐诗》存其诗30首，词5首，句4条，杂曲歌词5首。

王定保

王定保（870—954），字翊圣，南昌县人。唐光化三年（900）进士。唐末避中原之乱南游湖湘，任宁远军（今广西容县）巡官。不久避难广州，受叔父王焕推荐到清海军节度使刘隐处任幕客。贞明三年（917）南汉国拜王定保为中书侍郎、同平章事。著有《唐摭言》15卷存世，是独一无二的唐代科举笔记。

徐 熙

徐熙（生卒年不详），南昌市进贤县人。五代南唐画家，与后蜀画家黄筌并称"黄徐"，形成五代花鸟画的两大主要流派。工绘花鸟、虫鱼、蔬果，注重写生，好游园圃，以求情状。《宣和画谱》录其画作249件。

巨　然

巨然（生卒年不详），南昌市进贤县人。南唐宋初名画家，初受业于江宁（今南京市）开元寺。后至汴梁（今河南开封市）居开宝寺。因在翰林学士院绘制壁画《烟岚晓景》，始为时人所称，蜚声画坛。与董源并称为南方画派的"董巨"，他们所创的"披麻皴"法，对后世画坛有深远影响。存世名画有《秋山问道图》《万壑松风图》《层崖丛树图》《秋山图》《山居图》《溪水图》等。

徐崇嗣

徐崇嗣（生卒年不详），南昌市进贤县人。画家徐熙之孙，北宋初年画家。擅画禽鱼、花木，初学画法，因不合图画院的程式和风尚，改效黄筌。后自创新体，不用墨笔勾勒，直接用彩色晕染，称"没骨图"，亦称"没骨花"。兄徐崇勋，弟徐崇矩，都工绘花鸟，徐崇矩并擅仕女画。

吴居厚

吴居厚（1039—1114），字敦老，南昌市进贤张公乡人，北宋嘉祐八年（1063）进士。任武安（长沙）节度推官时，推行王安石新法。后出任河北常平仓提举，增订《损役法》51条。新法失败后，被贬。复用后官至枢密院事。终以武康军节度使出知洪州（治所为今南昌市）。著有《吴居厚集》《吴居厚奏疏》。

赵善括

赵善括（生卒年不详），字无咎，号应斋居士，南昌县人。南宋孝宗朝进士。乾道七年（1171）知常熟县，后通判平江府。淳熙六年（1179）知鄂州，后罢免；淳熙十六年（1189）差知常州。著有《应斋杂著》6卷。杨万里为之作序。

裘万顷

裘万顷（1151—1222），字元量，号竹斋。今南昌经济技术开发区双港人。南宋淳熙十四年（1187）进士。嘉定元年（1208）任吏部架阁，迁大理寺司直，出任江西抚干，后隐退西山。再入职任隆兴（南昌）知府。擅诗，著有《竹斋诗集》3卷，附录1卷。

蔡 荐

蔡荐（1202—1253），字子贤，号我轩，南昌县三江口南街人。南宋嘉定十六年（1223）进士。历任玉山县令、秘书监兼礼部郎中。淳祐元年（1241）回乡创办"北屋书院"，人称"北屋先生"。据蔡氏家谱载：他三个儿子均为县令，长子蔡恂如为云南楚雄府南安县令，次子蔡雍如为广东河源县令，三子蔡睦如为江西临川县令。

刘时中

刘时中（生卒年不详），元代散曲家。南昌县人。套曲《端正好·上高监司》是其代表作，也是散曲最著名的2个套曲，前套15支曲，后套34支曲，总共49支曲子，创散曲史上长度与容量之最。散曲《上高监司》是一部现实主义杰作。其散曲今存小令74首、套曲4套。

张元桢

张元桢（1437—1506），初名元征，字廷祥，南昌县莲塘镇人。明天顺四年（1460）进士。改庶吉士，授编修。参加修纂《英宗实录》，因与上司意见不合，借病居家20年。弘治元年（1488），参加《宪宗实录》编纂，任左赞善，迁南京侍讲学士，又迁南京太常卿，改掌詹事府。先后担任《会典》《通鉴纂要》等书编辑副总裁。武宗即位后，升吏部左侍郎兼翰林院学士，掌詹事府。卒后115年（1621），追谥文恪。著有《东白先生集》34卷。

万 恭

万恭（1515—1592），字肃卿，号两溪，晚年自号洞阳子，南昌县武阳镇人。明嘉靖二十三年（1544）进士。历官南京文选主事、考功郎中、大理寺少卿、兵部右侍郎、右佥都御史。隆庆六年（1572）受命总理河道，所撰《治水筌蹄》对黄河的特性和治河措施提出精辟见解。万历二年（1574）竟被劾罢官。病卒后追赠兵部尚书。

魏良政

魏良政（1496—1528），字师伊，南昌市新建区松湖杉林人。明嘉靖五年（1526）

江西乡试解元。王守仁抚江西时，魏良政与兄、弟一同从王守仁学，深得王守仁赞许。著有《时斋集》。

魏良弼

魏良弼（1492—1575），字师说，号水洲，今南昌市新建区人，明朝理学家。明嘉靖二年（1523）进士，授松阳知县，召拜刑科给事中，后迁礼部给事中。他为官公正，但仕途坎坷，曾两次入狱、一次罢官，隆庆初，拜太常少卿致仕。著有《水洲文集》等传世。

刘曰材

刘曰材（1523—1576），字汝成，南昌县向塘镇剑霞村人。明嘉靖三十二年（1553）进士。历任刑部总事、湖广按察副使、贵州督学、山西参政、陕西左右布政使，赠太子太保、吏部尚书、建极殿大学士。其子一焜、一煜、一爆，侄一火廣，孙鸣谦皆为进士，创"一门六进士"之奇。

吴桂芳

吴桂芳（1515—1578），字子实，今南昌市新建区人。明嘉靖二十三年（1544）进士。任扬州知府和广东巡抚、两广总督时，多次击溃倭寇。累官工部尚书兼右副都御史。卒赠太子少保。著有《大学说》《师暇哀言》《两广奏议》。

万　全

万全（1495—1580），又名全仁，字事，号密斋，南昌县人。明代著名中医学家。其祖父杏城以幼科闻名乡里。万氏因科举失意，乃矢志医学，以儿科及妇科见称。家传方中的牛黄清心丸、玉枢丹、安虫丸等，有良效，有些至今为临床习用。著有《万密斋医书十种》108卷，70余万字。此外，有手抄墨本10余种，现存有《万氏外科心法》《酒病点点经》《万氏秘传眼科》，并收录到刊本《痘疹歌括》和《幼科指南》。

刘　显

刘显（？—1581），本姓龚，南昌县向塘镇高田龚村人。明朝总兵、抗倭名将。因家贫流落四川，遇西川卫使刘岷，将其收留，久之相处如父子，遂改刘姓。明嘉靖三十四年（1555）参军。后南京创设振武营，显任参将。与浦口、安东大败倭寇，嘉靖四十一年（1562），镇守广东，与戚继光、俞大猷、许朝光兵合作，收复兴化城，尽歼入侵福清、平海卫之敌，后领兵镇守狼山（今江苏南通）、浙江，倭寇久不敢犯。隆庆元年（1567），移镇贵州，平息多起土司叛乱，长驻西南。万历二年（1574）升都督同知。

傅　炯

傅炯（1502—1585），字朝晋，号石渊，进贤县城人，明代大臣。嘉靖二年（1523），殿试进士，首任刑部主事，后改任山东监察御史，巡视留都南京。先后任南京光禄寺、太仆寺少卿，大理寺少卿，南京操江佥都御史，都察院右副都御史，刑部侍郎，刑部尚书。

辞职后居乡30年，与园翁好友赋诗答对，捐款兴建学校，加修城墙，穆宗朱载垕即位后，加恩特进柱国。

卒后，神宗诏谕祭葬于进贤晏山。

刘良弼

刘良弼（1531—1585），字贲卿，南昌县冈上镇黄台村山里自然村人。明嘉靖四十四年（1565）进士，历任中丞、通议大夫兵左侍郎，总督河道，提督南北直隶，河南、山东军务。刘良弼才识卓著，以勇敢有谋略闻名，曾带兵三千，破番兵十万，后进京封相。京剧《玉堂春》中审案的刘大人即刘良弼。

喻显科

喻显科（1511—1588），字晋君，号右山。南昌县富山乡虎山村人。明嘉靖二十六年（1547）进士。嘉靖三十二年（1553）任上海县令，重建上海县水次仓，并修筑上海县城墙。嘉靖四十二年（1563）任卫辉府知府，隆庆二年（1568）任广东布政司左参议。

邓以赞

邓以赞（1540—1592），字汝德，号定宇，南昌市新建区生米青山岗（今属红谷滩新区）人。明隆庆五年（1571）会元、探花。后仕途几起几落，任南京国子监祭酒、礼部右侍郎，转吏部，后诏令为吏部右侍郎。隐居新建西山30年。著有《文洁集》。

张　位

张位（1538—1605），字明成，号洪阳，南昌市新建区人。明隆庆二年（1568）进士。曾提议并参与修纂《世宗实录》，官至武英殿大学士兼吏部尚书。后因妖书案牵连获罪，回乡隐居于南昌南湖，辟湖上小洲为别墅（今杏花楼）。与汤显祖、刘应秋等人于此以文会友。贯通经史，工诗善文，著有《闲云馆集钞》《丛桂山房汇稿》《词林典故》《问奇集》《警心类编》《史职议》等。熹宗天启年间追叙原职，赠太保，谥"文庄"。

喻文伟

喻文伟（1536—1608），又名文玮，南昌县银三角管委会人。万历二年（1574）出任江苏宿迁县知县，兴建宿迁新县城，并在城外修筑护城堤，使百姓免受洪水灾害，百姓称"喻神君"。万历六年（1578）后，历任北道监察御史、广东巡按、福建巡按。

章　潢

章潢（1527—1608），字本清，南昌县人。明代理学家、易学家、教育家。少年颖悟勤学，通经史。构洗堂于南昌东湖，聚徒讲学，曾主庐山白鹿洞书院，任讲席，辑书百余卷。与意大利人利玛窦结交，并请利氏登白鹿洞书院讲堂，宣讲西学。与吴与弼、邓元锡、刘元卿并称"江右四君子"，人称文德先生。万历三十三年（1605）以荐授顺天府学训导，时年79岁，不能赴任。著有《图书编》《周易象义》《诗经原本》《尚书图说》《春秋窍义》《礼记札言》等。

朱多炡

朱多炡（生卒年不详），字贞吉，号瀑泉，明宗室宁献王朱权六世孙。封奉国将军，南昌县人。能诗工书，行草宗米，杂以古字，自成一体。经绘画，见古人墨迹一再临之，如出其手。山水得二米家法，花鸟及传神均工。按明诸王世系多字辈应为八大山人祖父行，且均属宁王之后。著有《画史会要》《书史会要》《大泌山房集》《明画录》《明史宁献王传》等。

朱谋玮

朱谋玮（1564—1624），字明父，一字郁仪，私谥贞静先生，南昌县人。明文学家、藏书家、金石学家。明宗室宁献王朱权七世孙，以荫封镇国中尉。自幼博览群书，通晓朝廷典故。万历二十二年（1594），被推荐管理石城王府事务，主持王府30余年。其间，约束宗人，不为地方官府及民众制造麻烦。闲暇之时，闭户读书，好易学、天文学、地理学及文字训诂之学，病危时还与诸子说《易》。著作甚多，有《周易象通》8卷、《诗故》10卷、《骈雅》7卷、《藩献记》4卷、《豫章耆旧传》3卷、《玄览》8卷、《异林》16卷、《金海》120卷、《水经注笺》40卷，《枳园近稿》《春秋戴记》《鲁论笺》112种。

周　著

周著（1560—1625），原名周一著，字诚子，号右华，南昌县麻丘镇宝塔村人。明万历十四年（1586）进士，历任奉新知县、浙江知府，泰昌元年（1620）任四川右布政使。天启元年（1621），永宁土司叛明，周著协助左布政使朱燮元平叛立战功，周升任副都御史巡抚四川，同升任左布政使。崇祯二年（1629）追封大理寺卿。麻丘蜚英塔为其所建。

刘一燝

刘一燝（1567—1635），字季晦，号扬波，南昌县向塘镇剑霞村人。明朝大臣，大学士。万历二十三年（1595）进士，选庶吉士，授翰林院检讨。光宗即位，擢礼部左侍郎、礼部尚书兼东阁大学士。因拥朱由校登基继承皇位有功，任内阁首辅，主理朝政。魏忠贤专权时，遭中伤被削职。崇祯元年（1628），魏党败，复原官，后累加少傅、太子太傅、吏部尚书、中极殿大学士。卒赠少师，追谥文瑞。著有《贞白集》等。

舒曰敬

舒曰敬（1558—1636），字元直，南昌县石马（今属南昌市青云谱区）人。明代文学家、教育家。万历二十年（1592）考中进士，历任泰兴知县、教授。为官清廉，离任时无盘缠，由百姓筹钱回乡，辞官居家40年，历主白鹿洞书院、滕王阁、江天阁、杏花楼讲学。朝廷名公巨卿，多出自其门下，是当时江西28名文学星宿之一，又是名震海内的豫章社主要成员。著有《只立轩前集》《只立轩续集》《四书易经讲意》《时务要略》等。

万元吉

万元吉（1603—1646），字吉人，南昌县莲塘镇街上村人。明朝大臣，诗人。明天启五年（1625）进士，授广东潮州府推官。崇祯十六年（1643）后，历任永州（今湖南零陵）检校署推官事、南京职方主事，进郎中。后入福王、唐王幕府，升任太仆寺卿，指挥抗清斗争。南京失陷后升任兵部右侍郎兼右副都御史，总督江西、湖广诸军。清顺治三年（1646）率兵守吉安，入赣州，加兵部尚书，赣州被清军攻陷后投水殉国。著有《墨山草堂诗文集》《燕游记》《万太仆集》《太行山图说》《寓永集》等。

熊明遇

熊明遇（1579—1649），字良孺，号坛石，南昌县泾口乡东湖村后房熊家人，明朝大臣。明万历二十九年（1601）进士，授长兴知县。历任兵科给事中、福建佥事、宁夏参议。天启元年（1621）以尚宝少卿进太仆少卿，擢南京右佥都御史。崇祯元年（1628），以兵部右侍郎迁南京刑部尚书、拜兵部尚书。曾被解任，后复原职，再改工部尚书。因病回归。明亡后卒。因接近东林党人，与魏忠贤不合，故屡遭贬谪甚至流戍，仕途颇多周折。工诗善文，颇享盛名。著有《五经约则》《中枢集》《南枢集》《青玉集》《华日集》《格致草》《绿云楼集》等。

欧阳斌元

欧阳斌元（1606—1649），字宪万，南昌市新建区石埠龙岗人。明末得同乡姜曰广、杨廷麟等高官推重，称之为奇才。向在南昌传教的法兰西神父学习西方数学及天文知识，把中国古老的天文计算法与西方数学结合运用，研究计算日食、月食的新方法。与理学家彭士望交往甚密。明亡后隐居不出。著有《交食经》。

徐世溥

徐世溥（1608—1658），字巨源，号榆溪，南昌市湾里区人。徐良彦之子。明天启四年（1624）应新建区学试补博士弟子员。时与东乡艾南英以时文并称，成文坛首领。入清后，隐居西山。因官府持礼致聘不受，当晚盗贼入室索财，被折磨烧死。著有《榆溪集》《榆溪诗钞》等十数种。

万时华

万时华（1620—1660），字茂先，南昌县人，明末清初文学家，诗人。自幼好学，经子史集无不历览成诵。江西布政使李长庚合13郡文士结豫章社，推其为首领。他在文坛上享有盛誉，负海内重名近40年之久。后江西布政使朱元臣将他的品行才学荐于朝廷，不久应征北上，行至江苏扬州，因病去世，终生布衣。为人友善，谦虚谨慎，并能深谋远虑，识始虑终。毕生从事文化传播和文学创作，擅长诗歌和古文，词也很好，著有《溉园初集》《溉园二集》《园居诗》《东湖集》等。

王猷定

王猷定（1598—1662），字于一，号轸石，南昌县人，清初散文学家。生于官宦之家，酷爱钻研学术。早年耽声伎，爱陆博，好仙怪。转而"嗜两汉八家之文""唯以古人为事"。终生只是一个拔贡。崇祯末年，漫游到扬州，史可法征为记室参军，待如师长。曾为史可法写下迎立福王檄文。入清后，绝意仕途，以诗文自娱。后流寓杭州，忧愤而死。其散文不为时文所左右，在清初文坛上独辟蹊径，别开生面，作品以新颖的内容、独特的手法使文坛耳目一新，尤以论述奇闻逸事的传奇性散文突出。著作现存《四照堂集》，有文12卷，诗4卷，是他死后由友周亮工搜集刊印的。

傅宏烈

傅宏烈（1623—1679），字仲谋，南昌市进贤池溪乡人。清军将领。康熙七年（1668）因告发吴三桂叛乱流放广西梧州戍边。康熙十七年（1678）辞去广西巡抚，专职统兵进剿云南。康熙十八年（1679）兴师向云南进发。柳州提督马承荫假意投降傅宏烈，设计将其拘禁，并押送到桂阳（今湖南桂阳县）杀害。康熙诏旨赐傅宏烈祭葬，并加赠太子太师、兵部尚书，谥忠毅。入贤良祠、昭忠祠，春秋祭祀。著有《易经须知》《经教汇集》等，收录《傅忠毅公集》。

彭士望

彭士望（1610—1683），本姓危，字达生，号躬庵，原籍南昌县冈上镇人，后入籍宁都。自幼聪慧，10岁作《除夕诗》，为人欣赏。16岁补县学生，与新建欧阳斌元研究经世之学。崇祯十二年（1639）父逝世，临终时嘱其当以黄道周为师。黄道周因直言进谏，触怒思宗而下狱，彭士望四处奔走，竭力营救。清兵攻入北京后，抗清将领杨廷麟谋起兵，彭士望为他募兵。后清兵攻破赣州，杨廷麟战死。其子为清兵所掠，彭士望竭囊赎出抚养。后清兵围攻南昌，彭士望邀林时益一同携眷赴宁都依附魏禧，居翠微峰，讲学易堂，为"易堂九子"之一。著有《彭躬庵诗文集》28卷、《手评春秋五传》《手评通鉴》等。

熊一潇

熊一潇（1638—1706），字蔚怀，又字汉若，南昌县冈上镇人。清康熙三年（1664）中进士，改庶吉士。历任浙江道御史、太仆寺少卿、江南乡试正考官、顺天府府尹、刑部右侍郎、吏部右侍郎、工部尚书。康熙二十七年（1688）因所保举官员犯罪，受到降三级留任的惩处。后又因勘察黄河筑堤事革职，康熙三十一年（1692）起复原官，后补太常寺卿，1696年转大理寺卿、升工部尚书。致仕之日，康熙御赐"怡情泉石"匾额。熊一潇在京任官时，发现在江西戍守的清军回京时，多将江西女子带去，遂每每将其赎出，交由江西漕船带回家乡，为此而被救人的家人供奉祭祀。在他的推动下，南昌创建"豫章书院"。

朱石慧

朱石慧（约1628—1707），南昌人，明代宁献王朱权的后裔，朱耷之弟。明亡后随家避于新建、奉新等地。后在奉新山中入牛石庵（一名柏馥寺）为僧，故也称牛石慧。顺治末年回南昌，又由僧转而为道。后与朱道朗同时隐居南昌市郊青云谱，取道名朱道明，道号望云子。朱石慧三个字连缀起来草写，形似"生不拜君"四字，表现了他不屈服于清王朝的态度。擅长花鸟，传世作品有《墨猫》《鸡鸣》等，书法有《草书唐诗》《草书醉翁亭记》等。

裘君弘

裘君弘（1670—1740），也作若宏，字任远，号香坡，别号妙贯堂主人，今南昌经济技术开发区双港人。康熙三十五年（1696）举人，补教习。君弘一生笃志好学，勤于搜集，终年亲自编纂。《西江诗话》录江西历代诗人400余家。《妙贯堂余谭》以谈江西人事为主，《敬止录》已佚。

刘吴龙

刘吴龙（1690—1742），榜名吴龙，字绍闻，南昌县向塘镇剑霞村人。清雍正元年

（1723）进士。以朱轼荐，改吏部主事。后历任光禄寺少卿、安徽按察使、光禄寺卿、都察院左都御史、刑部尚书。曾督学直隶、江苏。

周学健

周学健（1693—1748），字勿逸，号力堂，南昌市新建区厚田社林岗人。清雍正元年（1723）进士。历任《一统志》纂修、三礼馆副总裁、刑部右侍郎事等。先后署福建巡抚、浙闽总督、江南河道总督、太子少保，因官员贿赂事获罪，奉旨自尽。著有《力堂文集》。

夏熙泽

夏熙泽（生卒年不详），字为霖，南昌市新建区厚田乡人。清康熙三十九年（1700）进士，授广东增城知县。刚上任值当地水灾，即请上官发赈，未允，即开仓发粟，酌量分借，更劝富民捐粟周恤，民得以安。尝戎衣佩双刀率众夜发至山口剿贼，经激战擒贼首。被人中伤，核罢其职回原籍。著有《存斋诗稿》。

裘曰修

裘曰修（1712—1773），字叔度，一字漫士，今南昌市经济技术开发区人。清乾隆四年（1739）进士。历任礼、刑、工部尚书，军机处行走，直南书房，还先后任湖北、江南、浙江乡试主考官，会试主考官，《四库全书》馆总裁、《清会典》总裁。妻熊氏，千里进京告御状，被皇太后认作义女，称裘皇姑。两人合葬于梅岭景区皇姑墓。撰《热河志》《秘殿珠林》《石渠宝笈》等。子裘麟，乾隆二十五年（1760）进士。幼子裘行简，为内阁学士、署直隶总督。

杨　垕

杨垕（生卒年不详），字子载，号耻夫，原籍四川天全州，迁南昌县。乾隆十八年（1753）进士。六岁解吟咏，九岁以诗名，与汪轫相伯仲，时称"两才子"。又与蒋士铨、汪轫、赵由仪有"四子"之称。其诗清超深浑，自成一家，新乐府诸作尤佳。著有《耻夫诗钞》。

李　湖

李湖（？—1781），字又川，一字又徐，号恕斋，南昌县人。清代政治人物。乾隆四年（1739）进士，初授山东武城知县，调郯城。累迁直隶通永道，调清河道，直隶按察使，再迁江苏布政使。乾隆三十六年（1771），擢贵州巡抚，调云南。授湖南巡抚，重修岳麓书院。调广东巡抚，剿灭盗贼。卒于任，赠尚书衔，谥恭毅，入祀贤良祠。著有《鸿雪堂奏疏》若干卷，遗诗百数首。

曹秀先

曹秀先（1708—1784），字恒所，又字冰持，号地山，今南昌市经济技术开发区港口曹家村人。清乾隆元年（1736）进士，官内阁中书、浙江道监察御史、内阁学士、礼部尚书、上书房行走，命为总师傅。《四库全书》总阅、明臣奏议总裁、八直上书房。以书法领袖书坛，乾隆帝称"大手笔"。家庙墙壁嵌900余块书法石刻。著有《师席渊源考》《赐书堂稿》《依光》《使星》《秋光》等集。

闵 贞

闵贞（1730—1788），字正斋，或呼闵骏子，南昌县人，侨居汉口镇。曾流寓扬州，扬州八怪之一。清代书画家、篆刻家。其画学明代吴伟，善画山水、人物、花鸟，多作写意，笔墨奇纵，偶有工笔之作。人物画最具特色，线条简练自然，形神逼肖。传世作品有《蕉石图》《花卉图》等。

万廷兰

万廷兰（1719—1807），字芝堂，又字梅皋，号梅皋，又号俪紫轩主人。南昌县人。清刻书家、志书家，乾隆十七年（1752）进士，初授翰林院庶吉士，后历任怀柔知县、宛平知县、顺天府通判、献县知县、通州知府等职，以"廉能"著称。后因事株连，免职归里，潜心学问，聘为瑞州书院主事。刻印《太平寰宇记》，修纂《南昌府志》，著有《太平寰宇记补》《俪紫轩偶存纪年诗》《大清一统志表》《计园文存》《献县志》《张仲景医学》《十一经初学读本》《年纪诗》等。

傅述凤

傅述凤（1715—？），又名丹山氏，今南昌市经济技术开发区双港人。农民出身，兽医，熟知医牛技术。晚年由其子执笔，整理汇编医牛专著《养耕集》，是中国兽医史上重要著作，1958年第一次全国中兽医研究工作座谈会上被列入重点中兽医文献整理范围，因而得到发掘和问世。

龚 鉽

龚鉽（生卒年不详），字适甫，又字季适，号沤舸，南昌县人。贡生，候选教谕。清嘉庆、道光年间在浮梁县署工作四年间，留心陶业，写成诗歌百首，清道光三年（1823）精选60首，结集成《景德镇陶歌》。此书以诗歌的形式记录了景德镇的陶瓷工艺及经济、民俗等方面的概况，堪称文学史和陶瓷史结合的一朵奇葩。另著有《四和诗》《六如诗》。

程懋采

程懋采（1789—1843），又名赞采，字憩棠，程矞采堂弟，南昌市新建区大塘坪人。清嘉庆十九年（1814）进士，散馆以一等第一名授编修。先后任甘肃凉州、陕西凤翔知府、陕西督粮道台，山东按察使，安徽布政使、巡抚，再任浙江巡抚时，未及任病亡。任安徽巡抚期间，江潮盛涨，他深知宿松县康公堤为三省保障，急筹修筑，民众感戴，勒石"程公堤"。同组织军民，积极备战抗击英军入侵。著有《心师竹斋文集》《心师竹斋章牍存稿》。

万飞鹰

万飞鹰（1792—1853），字廷栋，号瑶菴，南昌县幽兰镇东田万村人。清嘉庆二十四年（1819）武进士。历任福建兴化右营守备、天津镇标右营守备、湖南永定营都司、湖南提标右营游击、湖南保靖营参将，后任湖南长沙、永顺、永绥、常德协副将，贵州遵义协副将，贵州镇远镇总兵、甘肃凉州镇总兵，并授予武功将军。

程矞采

程矞采（1783—1858），字晴峰。南昌市新建区大塘坪人，清嘉庆十六年（1811）进士。历任江苏、山东、广东、云南巡抚，漕运总督。官至云贵总督、湖广总督。任职甘肃时曾参与平息张格尔的分裂叛乱。任职广东时会同两广总督修筑虎门炮台，重兵防守英军。因堵太平军北上失利，被遣戍4年才释归故里，即卒。

程焕采

程焕采（1787—1873），字晓初。南昌市新建区大塘坪人，程矞采之弟。清嘉庆二十五年（1820）进士。在湖南任知府、按察使，后官至江苏布政使，署理江苏巡抚。在江苏时遇大饥，捐廉三千金赈济饥民。因病告归，适逢家乡洪水大涨，慨然出粮周济，并与兄乔采和弟懋采筹措巨万资金兴修水利，创办义仓义学。病终时，嘱家人勿设道场，将此款拨入义堂。程氏府邸即"汪山土库"为现存的江南第一大庄园。

吴坤修

吴坤修（1816—1872），字竹庄，清代新建区吴城吉山（今属永修县）人。捐纳从九品。在曾国藩部于湖南、江西、湖北多次与太平军作战。因功授安徽按察使、署布政使、署巡抚，实授布政使，期间参与镇压捻军。著有《三耻斋诗集》《皖江同声集》《兵法汇编》等。

刘于浔

刘于浔（1807—1877），字养素，号于淳，南昌县向塘镇剑霞村人。道光年间中举，历官清河（治今江苏省清江市）知县，又升通判。后回家，在家组建乡勇"中洲团"抗击太平军。任江军水师统领，收复被太平军占领的樟树、丰城、新淦（今新干县）、浮梁、抚州、临江和安徽建德县等地。同治三年（1864），在抚州以两千兵力击退太平军数万军队。被清廷赏"花图萨大巴图鲁"称号，勇武称为江西第一。后补受甘肃兵备道，擢甘肃按察使。遇缺题奏任奉天布政使，未到任，因病引退。卒后，光绪四年（1878）赠内阁学士衔，从祀张芾、江忠源祠。

夏献纶

夏献纶（1837—1879），字黼臣，号筱涛，南昌市新建区厚田乡人。随左宗棠与太平军作战，以战功赏顶戴花翎。后任福建台湾道台兼学政，署福建布政使。曾挫败日本人借琉球船民复仇事件进攻台湾原住民的阴谋。筑城设官，招募垦荒，加强海防，使台湾大定。卒于台湾任上。有《台湾舆图并说》行世。

胡家玉

胡家玉（1810—1886），字小蘧，南昌市新建区联圩镇人。道光二十一年（1841）进士、探花。先后提督贵州学政，擢都察院左副都御史，升兵部左侍郎，终授都察院左都御史、经筵讲官。后为江西减税赋等事件被降二级、五级，退居故里，病逝于南昌寄庐。一子、二族孙亦为进士，称为"一门四进士"，曾孙胡先骕。

梅启照

梅启照（1826—1894），字小岩或筱岩，室名强恕斋，南昌市青云谱区人。清洋务派人物、大臣。兄启熙，同治二年（1863）进士，谓"一门两进士"。与曾国藩、左宗棠、李鸿章等同列为清末同光（同治、光绪）十八名臣。咸丰二年（1852）考中进士，点翰林院庶吉士、编修，授吏部主事、郎中，补浙江道御史。历任广东惠州知府、广州知府、长芦盐运使、广东按察使、江宁布政使、浙江巡抚、领兵部侍郎衔，兼都察院右副都御史，并兼任两江盐政提督军务，节制水陆各镇，诰封荣禄大夫（从一品）。光绪五年（1879）任兵部右侍郎、内阁学士。光绪七年（1881）任河东河道总督，授头品顶戴，诰封一品光禄大夫。一生著有《梅氏验方新编》《稿本明史约》等十几部著作。病逝于南昌。

刘坤一

刘坤一（1830—1900），字岘庄，湖南新宁人。廪生出身。官至两江总督兼南洋通商大臣。清咸丰五年（1855）入赣剿太平军石达开部。任江西巡抚时，继续追剿太平军余部。采取一系列措施，恢复生产、发展经济，重建万寿宫、滕王阁、绳金塔，著有《刘坤一遗集》，并撰有《重建滕王阁记》《重修绳金塔记》等。

江召棠

江召棠（1849—1906），字伯庵，号云卿，祖籍江西鄱阳，清光绪十五年（1889），以军功铨选，调补江西上高知县，开始宦海生涯。历任庐陵、新建、南昌、临川等县令十余年。所到之处，总以发展农业生产，注重教化和奖掖人才为己任。任南昌知县时，他主修《南昌县志》，为地方留下一份历史文献。曾审理棠浦教案、南昌教案，并因此以身殉难，含冤九泉。

熊元锷

熊元锷（1879—1906），谱名育锷，号惠元，字季廉，今南昌县冈上镇蚕石村人，清末教育家。后因师从严复，易字师复。光绪二十七年（1901），与堂兄及受西方文化影响的人士率先在南昌北湖东岸创办以修习研讨西洋实科及语言为主的新式学堂"乐群英文学堂"（后为心远中学），是全国最早的新式学堂之一。后参加江西癸卯恩科乡试，拔为第一，成为江西最后一名解元。光绪三十年（1904）参与筹办江西第一条铁路——南浔铁路，被派往上海坐办。在沪期间，与严复一道，参与将震旦学院改建为吴淞复旦公学（今复旦大学）事宜，任校董。年 27 早亡。

陶福履

陶福履（1853—1911），又名福祝，字华峰，南昌市新建区昌邑人。清光绪十八年（1892）进士。在湘七载，历任慈利、沅江、益阳诸知县，有"陶青天"之称。编刻江西第一部地方文献《豫章丛书》，著有《远堂诗集》《稚箕远堂诗录》《远堂文集》等。

九江市名人名录

温 峤

温峤（288—329），字泰真，一作太真，今山西祁县人，西晋时，为上党太守讨伐石勒。东晋官至骠骑将军、加散骑常侍，封始安郡公。咸和二年（327）为江州刺史，率部至寻阳，联合征西大将军陶侃组织联军平定苏峻之乱。朝廷追赠侍中大将军，谥忠武，葬南京建平陵北，一说葬南昌。

王羲之

王羲之（303—361），字逸少，山东临沂人。居会稽山阴（今浙江绍兴）。东晋书法家，号称"书圣"，出身世家大族。性爱山水，长于文辞，尤精草隶，世称王右军。东晋成帝咸康年间（335—342），王羲之奉命镇守江州。在庐山营建别墅，作为居所。其后调离江州时，把他的庐山居所施舍给西域僧人达摩多罗为寺宇，就是之后的归宗寺，也是庐山自古以来见诸记载的第一座寺院。

葛 洪

葛洪（283—363），号抱朴子，江苏句容县人。葛玄之孙。东晋道教学者，医药学家、炼丹家。曾任扬州将兵都尉、伏波将军。曾拜师得内修炼丹之法。咸和初率子侄行至广州，止于罗浮山炼丹著述以终。著有《抱朴子》《神仙传》《金匮药方》等。曾炼丹于修水县之梅山，著有《幕阜山记》《琼田草经》等。

刘遗民

刘遗民（352—410），名程之，字仲思，东晋佛学家，江苏铜山县人。擅长老庄学说，不混于俗世。最初担任府参军，直到慧远居住在庐山的东林寺，修习念佛三昧，他前往依止。力求将儒、道、佛三家糅合在一起。卒于庐山。南朝刘宋的皇帝刘裕称其为"遗民"。

周续之

周续之（377—423），字道祖，山西省代县人。南朝宋时名士。与刘遗民、陶渊明号称"寻阳三隐"，是慧远门下五贤之一。刘裕称帝后，征召周续之，为其建学馆讲学，还亲自到学馆中向他请教。南朝宋景平元年（423），病逝于建康。著有《嵇康高士传注》3卷、《公羊传注》《礼论》《毛诗六义》等著作，当时流传于世。

谢灵运

谢灵运（385—433），祖籍今河南太康县，世居浙江上虞。谢玄之孙，袭封康乐公。东晋末官至相国从事中郎、世子左卫率。入宋后，被宋文帝以"叛逆"罪杀害。一生寄情山水，曾到庐山游览，在东林寺译经，为慧远好友。其山水诗与庐山有密切关系。名作有《登庐山绝顶望诸峤》《入彭蠡湖口》。有《谢康乐集》传世。

陆修静

陆修静（406—477），字元德，浙江省湖州市南浔区人。为南朝刘宋道士，南天师道创始人。宋文帝曾召其入宫讲道。在庐山简寂馆隐居修道7年。后回京都，卒后，遗体迁还庐山。广收道经，加以整理甄别，集经戒、方药、符图等1228卷，分称洞真、洞玄、洞神三类。并撰《三洞经书目录》，为中国最早的一部道藏经书总目。

周罗睺

周罗睺（542—605），字公布，南朝寻阳（今九江）人。陈后主至德（583—586）中，迁太子左卫率。陈亡，遂归隋。拜上仪同三司，迁泾州（治今甘肃泾川县）刺史，行晋、绛、吕3州诸军事。率军平汉王杨谅之乱时，于军中中流矢身亡，追赠为柱国右翊卫大将军，谥"壮"。

董 奉

董奉（生卒年不详），字君异，今福州市人。三国魏晋时期人。信奉道教，尤精岐黄之术，与张机、华佗齐名，号称"建安三神仙"。隐居庐山，为人治病，不收报酬，治愈者在其宅旁种杏树，数年之后，郁然成林。"杏医林苑""杏林春暖""誉满杏林"成为佳话。董奉善于养生，晋永嘉年间高寿而终。赠名"州元真人"，葬庐山山南。

道　信

道信（580—651），俗姓司马，生于蕲州广济县，隋唐时从禅宗三祖学禅10年，成为禅宗四祖。曾出家江西吉州东山寺，住庐山大林寺10年，极大地影响了江西禅宗。唐太宗李世民多次派使者迎其入宫，坚辞不去，被赐以紫衣。后传法于弘忍（禅宗五祖），唐代宗谥为"大医禅师"。

白居易

白居易（772—846），字乐天，自号香山居士，唐代现实主义诗人，与元稹共同倡导新乐府运动，世称"元白"。原籍山西太原，陕西渭南东，生于河南新郑。曾任江州（九江市）司马闲官四载。期间写下诗文370余首（篇），占据其一生所写诗文的十分之一。描写江州山水景物的诗达50多首。诗文中名篇众多，尤其《琵琶行》及《大林寺桃花》为千古传颂。著有《白乐天长庆集》71卷。九江市现有纪念他的琵琶亭。

道　膺

道膺（853—902），俗姓王，河北省玉田县人。唐代僧人。曾至宜丰参拜洞山良价，得曹洞真传。后在永修云居山真如禅寺近20年，授徒千有余人。仅《五灯会元》就载有声名卓著者19人。五代十国以后，天下曹洞宗所奉行的实为道膺精神，真如禅寺尊为曹洞宗祖庭之一。

伍　乔

伍乔（？—966），九江县人。南唐中兴元年（958）状元。官至考功员外郎。以诗文闻名于世，其诗情真景秀，景情融为一体。著有《伍乔集》1卷，入《全唐诗》。

柯　昶

柯昶（893—976），字汝明，瑞昌县今乐园乡人。五代初杨吴顺义三年（923）进士，初事唐主李璟，后事李煜，任作军招讨使，守江州（九江）。北宋开宝九年（976）大将军曹翰率兵围江州，柯昶败于瑞（昌）武（宁）交界处羊肠山，拔剑自刎。宋太祖赵匡胤闻其事，赐厚葬，谥忠烈，赠金紫光禄大夫。

夏　竦

夏竦（985—1051），字子乔，德安县白水人。北宋名臣。曾任参知政事、礼部尚书、陕西经略使等职。为官有政绩，才学过人，著文集百篇及《策论》《古文四声韵》《声韵图》《文庄集》。

洪师民

洪师民（生卒年不详），永修县人，北宋熙宁三年（1070）进士，官至台州知州。在家乡雷塘创建书舍，广招学者，设馆授学。宋太宗钦赐御书百轴，书"义居人"敕赐。为人博学多才，娶黄山谷之妹为妻。生子朋、刍、炎、羽，刍、炎、羽俱进士，为宋代"一门四进士"。

洪朋、洪刍、洪炎、洪羽

洪朋、洪刍、洪炎、洪羽为4兄弟，北宋永修县人，被称为"建昌四英"。父师民与刍、炎、羽俱为进士，被称为"一门四进士"，朋、刍、炎为江西诗派诗人。

洪朋（1065—1109），字龟父。著有《洪龟父文集》《清非集》。

洪刍（1066—？），字驹父。绍圣元年（1094）进士，任谏议大夫，因坐事流放沙门岛。著有《老圃集》《豫章职方乘》《香谱》等。

洪炎（1067—1133），字玉父。绍圣元年（1094）进士。初任谷城县令。因元祐党人案，遭贬罢官，后复职累迁鄞州守、著作郎、秘书少监、中书舍人。著有《西渡集》《尘外记》及手录杂家小说行世。

洪羽（1068—？），字季鸿。绍圣四年（1097）进士。早卒。所作诗多散佚不传。

余良肱

余良肱（生卒年不详），字康臣，修水县人。北宋天圣二年（1024）进士，升杭州通判时，主修石堤20里，绝潮水之患。还知虔州（赣州）、润州、宣州。在任明州知州时，治理汴渠，疏通漕运，后以年老请辞，提举洪州玉隆观。

黄 庶

黄庶（1019—1058），字亚夫，修水县人。北宋庆历二年（1042）进士。后历一府三州，皆为从事。初幕僚长安，后随晏殊改幕僚许州。再任青州通判。知康州。赠大中大夫。儿为黄庭坚。工诗文，有《伐檀集》行世。

周敦颐

周敦颐（1017—1073），字茂叔，号濂溪先生。原名敦实，因避宋英宗旧讳而改名。湖南道县久佳乡楼田村人，北宋明理学开山鼻祖、文学家。曾先后5次在江西任地方官，先后达18年。嘉祐六年（1061）在庐山建濂溪书堂，熙宁四年（1071），在南康军建"爱莲池"，将自己的住处定名"爱莲堂"。随后辞官，一边休养一边讲学，卒葬九江。其学说不仅左右两宋思想界达300余年，而且一直影响到明清。一生著述不多，但对后世影响很大，如《太极图·易说》《通书》《爱莲说》等，后人集有《周文公集》。九江现存有濂溪书院、爱莲池、濂溪墓等遗址。

李 常

李常（1027—1090），字公择，永修县人。北宋皇祐元年（1049）进士。曾任江州判官、滑州通判，鄂州、湖州、齐州太守等职。任齐州太守时，兴水利消水患。奏请设立泉州、密州等地市舶司。在调知成都府途中病亡，葬回故里。主持编成中国第一部全面的财政会计学专著《元祐会计录》。著有《诗传》《文集》。

李仲宁

李仲宁（生卒年不详），北宋九江县人。著名碑刻工。其刀法精微谨细，尤讲神韵气力，与原迹如出一辙，故一时名震江南。太师蔡京找他刻元祐党人碑，他不肯。黄庭坚题其居曰："琢玉坊"。唐宋八大家之一曾巩的墓志，刻石者即李仲宁。

李 彭

李彭（？—约1094），字商老，自号日涉园夫，又号海昏逸人。永修县人。北宋书法家、江西诗派重要人物。精通佛教典籍，被称为"佛门诗史"。著有《日涉园集》，存诗720余首。

苏 轼

苏轼（1037—1101），字子瞻，号东坡居士。四川眉山县人，宋仁宗嘉祐二年（1057）与弟苏辙同中进士。与父苏洵、弟苏辙都以文学著称于世，合称"三苏"。宋代文学家，唐宋八大家之一，豪放派词人的代表，在散文、书法、绘画方面也有很深的造诣。苏轼一生宦海沉浮，在江西多地留下文踪诗韵。著有《东坡全集》《东坡乐府》。苏轼所作九江、庐山、湖口等诗词多达40余首，文10余篇，其中以《题西林壁》《石钟山记》最为著名。

莫 将

莫将（1080—1148），字少虚，修水县漫江乡尚丰村人。北宋官员。受父荫步入仕途，初为县令。历官授京畿都转运使、工部侍郎、代礼部尚书兼侍读、工部尚书、福州和广州知府。赴边疆抗金，曾奉命出使金国。《全宋诗》和《全宋文》也收有其诗文。

刘 锜

刘锜（1098—1162），字信叔，都昌县鸣山七里桥人。北宋南宋间抗金官员。官至东京副留守、太尉、威武军节度使。多次击败金兵。逝世后，宋皇室赠开府仪同三司，谥"武穆"。著有《清溪诗集》。

徐 俯

徐俯（1075—1140），字师川，号东湖居士。修水县何市镇火石村人。徐禧之子，黄庭坚外甥。北宋南宋间江西诗派诗人。历任翰林学士、中书舍人、权参知政事、知信州等职。著有《东湖居士诗集》。

崔嘉彦

崔嘉彦（1111—1190），字希范，号紫虚、紫虚道人。江西省星子县人。南宋医学家，道士。在西原山建立道观，隐遁修道。撰写《紫虚脉诀》《注广成先生玉函经》《紫虚真人四原论》等著作。

彭 蠡

彭蠡（1146—1200），字师范，号梅坡。都昌县人。南宋时，朱熹聘彭蠡为白鹿洞书院经谕，负责讲解《四书》和《西铭》，深受朱子赏识。后官至常州府教授，被赠吏部尚书衔。晚年以积学名世。立精舍"盛多园"讲学，著有《皇极辨》诸书。

邢 凯

邢凯（1161—？），号坦斋，武宁县杨洲乡邢庄人。南宋嘉定七年（1214）进士。官至吏部侍郎。博览群书，精通诗词韵律。所著《坦斋通篇》是一部考证经史、评述诗文创作理论的著作；《笔衡》为其医学著作，医学理论被《本草纲目》及多家医书引据。晚年致仕，归筑黉冈书院，以教授子弟自娱。

余 玠

余玠（1197—1253），字义夫，号樵隐。修水县黄沙镇瑶村人。南宋末军事家、抗蒙英雄。官至兵部尚书，拜资政殿士，擢为龙图阁学士。曾求学于濂溪书院、白鹿洞书院。端平初年（1241）蒙兵入侵南宋，余玠得淮东制置使赵葵赏识，其后任淮东制置司参议官，进工部郎官。淳祐初年入主四川，打破了蒙军迅速灭蜀顺江而下的计划。整吏治、肃纲纪、布防务、促发展。后遭构陷，服毒自尽于重庆。

周应合

周应合（？—1275），字淳叟，原名弥厚，宋理宗赐名应合。武宁县城人。南宋淳祐十年（1250）进士，先后任御史、饶州通判、直学院学士等。后辞官隐居县城鹤溪。奉敕主编《建康志》，明确提出志书应用史体、史笔，并拟定"凡例、事任、搜访、考订"四条修志纲要，书成被称为"志乘圭臬"。著有《洪崖集》《溪园集》。

冷应澂

冷应澂（1187—1276），字公定，号觉斋，修水县白岭镇泰清村人，南宋宝庆元年（1225）进士。初任庐陵主簿即以廉能著称。任万载知县时大修学舍，岁歉时妥善安置弃儿，救人无数。往知德庆府时，大智平乱，不兴杀戮。后加任直秘阁、宝章阁学士等，身兼数职。其格言"治官事当如家事，惜官物当如己物"广为传诵。

严用和

严用和（1209—1276），字子扎，庐山人，南宋医学家。12 岁学医，17 岁即应诊，善于勤求古训，博采众长，不仅深入钻研古典医籍，而且对古方能变通化裁，自出机杼，创制新方。著有《济生方》及《济生续方》，两书早已传到朝鲜、日本。

章 鉴

章鉴（1214—1294），字公秉，号杭山，修水县杭口镇杨坊村人，南宋官员，累官右丞相兼枢密院。曾积极支持文天祥抗元主张。后知国运将倾而托故离任，旋被召回朝罢相，后遭奸党迫害入狱，还乡后，隐居杭山。"一生事业居民计，千里山河救国心"之句传诵甚广，著有《杭山集》。

燕公楠

燕公楠（1241—1302），字国材，号芝庵，永修县人，宋末推荐入仕，至赣州通判。降元后，任赣州同知、吉州同知，累官大司农。曾得到忽必烈赐名"赛因囊加带"（蒙名），向朝廷提出"屯田""农桑"等建议。病卒葬德安县。有《五峰集》，已佚。

普 度

普度（？—1330），江苏镇江人，俗姓蒋。元代僧人。弱冠即于庐山东林寺出家，至大元年（1308）元武宗下诏结社念佛为非法，禁断白莲社。普度至京师法王寺与灌顶国师等商议，遂持所撰莲宗宝鉴奉进。皇庆元年（1312），仁宗敕令普度法师为莲宗之教主，赐号"虎溪尊者"。世称"优昙宗主"，为莲宗中兴之祖。

陈 澔

陈澔（1260—1341），字可大，号云住，又号北山，世称经归先生，都昌县蔡岭镇洞门洪家舍人。宋末元初理学教育家。南宋亡后，不愿仕元，隐居山林，在无花山创办云住书院，教授弟子。曾任白鹿洞书院经师。所著《礼记集说》，被御定开科取士的专用教材，是明清学校教学和科举取士的范本。为纪念其在教育上所做的贡献，卒后，钦命都昌县设祠祀之，祭祀从明代天顺间一直延续到民国。

黄　泽

黄泽（1260—1346），字楚望。四川资州人，因战乱迁居江州（今江西九江），元代成宗大德年间任江州景星书院山长，不久迁南昌东湖书院山长，后家居授徒。10载后归家研究经学，创办私塾提倡"必积诚研精，有所悟人"。8岁时中乡试，任池州学政。现存《易学滥觞》《春秋指要》等。

陈　龙

陈龙（？—1371），字文显，号修江，修水县龙峰后裔。元至正年间乡寇暴动乡邑，陈龙与兄弟聚集5000余名壮士，一举铲除乡寇，后发展为庞大的地方武装。元至正二十二年（1362）朱元璋辗转南昌，陈龙归附，明代洪武元年（1368）授右都督，领兵北进，屡战屡胜。卒时，朱元璋挥泪作挽歌《哭陈龙》，追赠其光禄大夫上柱国，谥义烈。

周季麟

周季麟（1445—1518），字公瑞，号南山。修水县西港镇湾头村人。明成化八年（1472）进士，初授兵部主事理山东边防，后任浙江布政司参政、河南布政使，官至右副督御史，巡抚甘肃。刘瑾擅权夺其职，后复官，未赴任。追赠右都御史，谥禧敏。著有《南山诗集》。

周季凤

周季凤（1464—1528），字公仪，号未轩，修水县西港镇湾头村人，与兄周季麟并称"双凤"。明弘治六年（1493）进士，曾任四川按察司副使、湖广按察使，南京刑部侍郎等职，追赠尚书衔，谥康惠。主修《云南志》，著有《未轩漫稿》《修水备考》等。古风长诗《宁对》，对修水的历史、地情、风土、名士做了高度的概括。

周期雍

周期雍（1479—1551），字汝和，修水县人。明代大臣。正德三年（1508）进士，官至掌院事兼掌大理寺印。任福建金事期间，平息持续数年的民变。正德十四年（1519），平宁王朱宸濠叛乱。嘉靖九年（1530），升都察院右金都御史，针对蒙古鞑靼纵兵内犯加强防务、修复关堡。嘉靖十九年（1540）以谗罢官。10年后卒于家中。著有《无释言》40卷、《语文鸠异》4卷和《黄氏玉璧》20卷，多已散佚。

张　羽

张羽（1333—1385），字来仪，后以字行世，改字附凤，元末明初九江县人。官至太常司丞。因犯事流放岭南，召回途中投江而死。能文善画长于诗，"明初吴中四杰"之一。其诗文分别汇入《静居集》《张来仪先生文集》《四库全书》《豫章丛书》《四部丛刊》和《盛明百家诗》等。

魏　源

魏源（1382—1444），字文渊，号爱竹，永修县人。明永乐四年（1406）进士。先后在福建、广西、贵州、浙江、河南等地为官，官至刑部尚书。病逝时，明英宗遣官赐祭，谥号文忠。葬永修县甘泉黎家山。

赵光抃

赵光抃（1595—1643），字彦清，号石谷，九江县人。明天启五年（1625）进士。任密云巡抚时，告发官员通敌，反坐罪流放广东。再召回时，变卖家产，带白银万两充军资。总督蓟州、永平、山海关、通州、天津诸军务，与清军作战，解蓟州之围。在螺山战役中被清军击溃。崇祯帝下令将其下狱，斩首弃市。南明弘光帝时平反昭雪，遗骨还乡。

黄云师

黄云师（约1606—1681），字非云，一字雷岸，九江县人。明崇祯十三年（1640）进士。历任吏、户、刑、兵四科给事中，任期内，秉公执法。明亡，隐居庐山北莲花峰下，杜门著述。著有《尚书考异》《周易裁》《正来堂集》等10余种共200余卷。

宋之盛

宋之盛（1612—1668），字未有，又名宋佚、宋惕，江西星子县人，明末清初著名学者、理学家、隐士。明亡后，归隐髻山，潜心理学。与谢文洊、魏禧在程山学舍大举讲会，广论程朱理学，形成"江西三山学派"。宋之盛精于《春秋》。著《求仁篇》《乙已岁余录》《丙午山间语录》等，今尚存《髻山文抄》1卷，所编《江人事》亦存世。

毛乾乾

毛乾乾（1621—1709），一说（1653—1709），初名惕，字用九，号心易，别号匡山隐者，星子县人。明末清初哲学家、教育家、天文学家。善理学、数学。著有《乐述》《易述》《书述》《大学中庸述》《测天偶述》《诗经音韵》《延陵书院会语语录》《诗文集》。其中《乐述》共3卷，六易其稿始成。对于毛乾乾的学术成就，《清史列传》曾列有专传介绍。

盛际斯

盛际斯（1660—1729），字成十，号青崖，武宁县人。清康熙二十三年（1684）以选贡入太学，授乐平教谕，后任吉安府教授。回乡后，建古缯竹房为讲席。生子三，盛谟、盛镜、盛乐，人称"三盛"，皆一时名士。

盛谟、盛镜、盛乐

盛谟、盛镜、盛乐为三兄弟，盛际斯之子。武宁县人。明代文人，并称"武宁三盛"。
盛谟（1699—1762），字斗挹，以岁贡授安义司训。晚年归筑"字云巢"，教授经史。著有《谟舟集》《字云巢稿》《蚕墨》等。
盛镜（1705—?），号止水。诗学陶潜，著有《止水集》《寄轩诗钞》。
盛乐（1710—1752），字水宾，以岁贡入太学，无心科举，以著述自娱。著有《剑山集》《留雪草》《怀人诗集》《醋碧新语》等存世。

陈奉兹

陈奉兹（1726—1799），字时若，号东浦，别号晴牧居士，九江县人。清乾隆二十五年（1760）进士，历任四川、河南按察使、江宁布政使、江苏巡抚、护两江总督。在蜀地任官27年。诗文卓然成家，有《敦拙堂集》行世。

万承风

万承风（1752—1813），字卜东，号和圃。修水县黄沙镇汤桥人。清乾隆四十六年（1781）进士。初授翰林院庶吉士，后迁宣宗侍读。曾任地方考官学政、督学礼部、兵部、工部侍郎，内阁学士、经筵讲官等。追赠礼部尚书衔，谥"文恪"。善收藏书、字画。曾任《四库全书》校核，著有《赓飏集》《思不辱斋诗文集》。

卢 浙

卢浙（1757—1830），字让润，号容庵，武宁县人。清嘉庆四年（1799）进士，历任通政司参议、内阁侍读学士、通政司副使、太仆寺卿。潜心学问，尤精易理，著有《周易精义审》《周易说约》，散文集《读史随笔》《为学须知》《制艺》等。曾在新疆任职多年，著有《西域记》，藏北京国家图书馆。

李鸿宾

李鸿宾（1767—1846），字象山，号鹿苹，一作陆平。九江县人。清嘉庆六年（1801）进士。历任河东河道总督，广东、山东、安徽巡抚，湖广总督、两广总督等职。因镇压农民起义失利，被罢官遣戍新疆，释归后卒于乡。

骆应炳

骆应炳（1764—1848），字光国，号蔚亭，谱名运炳。清九江府德化（今九江）县人。嘉庆十年（1805）进士，嘉庆二十四年（1819）在山东多县任知县，后任山东乡试同考官。回乡后，巡道祝云溪延请他为白鹿洞书院讲席，辞行前写《春风楼记》。其有墨宝保存至今。

林启容

林启容（1821—1858），亦名启荣，原籍湖南，后随先祖客居广西。清代太平天国九江保卫战主将领。咸丰元年（1851）加入太平军，咸丰三年（1853）五月，随西征军进入九江战场，担负驻守九江指挥重任。于咸丰五年（1855）、咸丰六年（1856），两次击退曾国藩湘军的进攻，咸丰七年（1857），清军按察使李续宾进犯九江，其坚守九江6年，使九江一度成为长江上游太平军的战略后方。同治三年（1864），林启容被追封为勤王。

陈思燏

陈思燏（1830—1871），字益辉，号子中。永修县马口镇爱华村安埔人。清同治二年

（1863）被保举为"同知，补用"。先后任襄办楚汀两军后路粮台兼营务处，以道台衔任杭州知府，把自己的养廉银也悉数捐助修复西湖和书院。随后又任温州知府加转运使。同治九年（1870），任台湾知府、道台。卒后。朝廷追赠"资政大夫"。

高心夔

高心夔（1835—1883），原名高梦汉，字伯足，号碧湄，又号陶堂。湖口县城山镇高大屋村人。清咸丰九年（1859）贡士。曾先后投靠曾国藩、李鸿章，两任吴县知县，因遭他人诬陷被免官。精小学、工诗，喜篆刻、善书法，现存江苏宜兴"东坡书院"的匾额，即为心夔所书。著有《陶堂志微录》《陶堂遗文》《恤诵》《碑求九》。

罗大佑

罗大佑（1846—1889），号谷臣，九江县狮子镇牌楼村人。清同治十年（1871）进士。分发福建以知县即用，在闽期间屡白积案，伸奇冤，闽人呼为"罗青天"，并赠"白日青天"匾额。官至台湾知府、台南知府、赠太仆寺正卿。一生宦游20余年，囊无一文私积。乐吟咏，有《粟园诗钞》行世。今台南市存有罗公亭以纪念他的功绩。

罗坤化

罗坤化（1845—1909），字少云，修水县漫江乡人。清代大茶商。先学做茶，40岁开设厚生隆茶行，将传统宁红茶三路做法改为六路做法，有"茶王祖制"之称。得俄国太子赠送"茶盖中华，价甲天下"匾额，使宁红茶蜚声海内外，他也名噪商界，京沪一带茶商称其"茶大王"。卒后，朝廷追赠五品同知衔，授奉政大夫。

欧阳述

欧阳述（1869—1910），字伯缵，号笠侪，世称浩山先生，彭泽县马当镇南垅村人。捐内阁中书，清光绪二十四年（1898）出使日本，任神户、横滨总领事，后又充任参赞官。归国后捐安徽知府，后任安徽总办巡警，得安徽士民交口称赞。曾担任江西优级师范学堂监督4年，学生对其信服尊崇。著有《浩山集》《国粹常谈》等书。

景德镇市名人名录

赵 概

赵概（304—？），字叔朋，河北省邯郸市磁县人。东晋陶工。咸康六年（340）官至五品，先后在闽、浙、赣三地任职。永和二年（346）隐居景德镇，成为制瓷名匠。对景德镇瓷器的胎釉配制、制坯和焙烧等工艺进行了一系列重大改革，为景德镇五代青瓷和宋代青白瓷生产奠定了基础，人们尊他为"制瓷师主"。明代建"师主庙"，尊为佑陶之神。

陶 玉

陶玉（生卒年不详），景德镇钟秀里人。唐代武德时制瓷名家，据《浮梁县志》《景德镇陶录》记载，陶玉在景德镇烧制瓷器的窑称"陶窑"，瓷器的特色是"土惟白壤，体稍薄，色素润"，朝廷命他烧制瓷器贡献宫廷，作为皇家御用之物。因为瓷器秀美如玉，以至被称为"假玉器"，于是"昌南瓷名天下"。

霍仲初

霍仲初（生卒年不详），景德镇东山里人。唐代高祖武德年间，景德镇出了两个制瓷高手，一个叫陶玉，另一个叫霍仲初。霍仲初烧制的瓷器称"霍窑"或"霍器"。瓷器的特点是"色亦素，土墡腻，质薄，佳者莹缜如玉"，唐武德四年（621），皇帝下诏书，命他制造瓷器进御皇宫。

王克明

王克明（1069—1135），字彦昭，其先辈为乐平市人，后徙居湖州乌程（今属浙江）。

南宋医官。幼年多病，遂有脾胃宿疾，久治不愈。乃带病学医，钻研医籍经典，终于治愈自己的疾病。后以行医为业，累任医官，后迁至额内翰林医痊局。其治病效验甚佳，尤擅长治疗痿痹、中风不语等症。

程　瑀

程瑀（1087—1152），字伯寓，号愚翁，景德镇市人。北宋徽宗政和六年（1116）会试第一名。历官校书郎、兵部员外郎。反对割地求和，出使金国，知抚州、信州，官至龙图阁学士、兵部尚书。后被秦桧降职。留有奏议6卷。

李椿年

李椿年（1096—1164），字仲永，浮梁县丰田都（今界田村）人。宋徽宗重和元年（1118）进士，是南宋大臣、时赋税制度改革者。宋室南渡后，豪民猾吏，兼并土地影响赋税的征收。绍兴十二年（1142）十一月，他提出要实行经界法（清丈土地），绍兴二十五年（1155）成立"平准务"。绍兴三十二年（1162），卒于故里家中。归隐在家乡时，创办新田书院和鄱源教院，教授乡间子弟。潜心易学，著有《易说》和《仲永文集》。

汪　澈

汪澈（1102—1165），字明远，浮梁县桃墅人。南宋高宗绍兴八年（1138）进士。任监察御史，进为殿中侍御史，特赠鞍马。隆兴元年（1163）汪澈任资政殿学士，不久任枢密使，在任2年。以后曾知鄂州兼安抚使、福建安抚使等职。卒后，朝廷赠金紫光禄大夫，谥号"庄敏"。著有文集20卷，奏议12卷。

王刚中

王刚中（1103—1165），字时享，乐平县洄田府前村人，南宋绍兴十五年（1145）进士，任左实宣义郎之职。因反对秦桧求和，被贬洪州教授。秦桧死后，被擢秘书省书郎。后历任龙图侍制知成都知府、端明殿学士、礼部尚书，乾道元年（1165）擢为枢密院事之职。著有《易说》《春秋道义》《仙源圣纪》《经史辩》等百余卷。

马廷鸾

马廷鸾（1222—1289），字翔仲，乐平市众埠楼前村人，南宋时代右丞相。淳祐七年

（1247）进士。调池州教授，累迁至政。官至参知政事、右丞相兼枢密使。著有《碧梧玩芳集》《六经传集》《语孟会编》《诛泗裔编》《读庄笔记》等传于世。

吴十九

吴十九（1523—1593），本姓吴，名昊，一名吴为，自号壶隐道人，浮梁市人，明代制造薄胎瓷器名家。他所制瓷器中最著名的有流霞盏。因为他制作的瓷器别具特色，瓷胎薄如蛋壳，所以人们把他烧制瓷器的窑称为壶公窑。故宫博物院藏有吴十九所作壶公窑娇黄凸雕九龙方盂，口有铭文："钧尔陶兮文尔质，龙函润珠旭东壁，万历吴为制。"

唐　英

唐英（1682—1756），字俊公，别号叔子，又字隽公，曾号陶成居士，沐斋居士陶人等，自号蜗寄老人，沈阳人。清代督陶官，隶属汉军正白旗，能文善画，兼书法篆刻又精通制瓷。1728 年监九江关时奉命兼任景德镇督陶官，在职将近 30 年，先后为雍正和乾隆两朝皇帝烧制瓷器，他主持烧制的瓷器无不精美，深受两朝皇帝的赏识。因此，乾隆年间的官窑也被人们称为"唐窑"。

汪道诚

汪道诚（1783—1854），字勉旃，号砺轩，乐平县汪村人。、清嘉庆十五年（1810）殿试钦点头名武状元，并加封御前头等侍卫。道光年间先后出任浙江、云南提督，70 岁退居福州。著有《六合长矛阵》《抬枪演炮图说》等。在乐平城建造了一座状元府，乐平人把状元府坐落之巷改名为状元巷。墓现存乐平市郊。

石景芬

石景芬（1797—1874），字志祁，号云斋，乐平市人。清道光元年（1821）中举，次年中进士。历官工部主事、员外郎，平凉府知府、权安肃道道员、金华知府、四川盐茶道、皖南兵备道等职。参与镇压上海小刀会起义，围剿太平军等。退而讲学，曾主讲濂溪书院，主修《饶州府志》。工书法，著有《诵清阁文钞》《长城金镜》。

萍乡市名人名录

李 畋

李畋（621—691），上栗县（今麻石街北）人。唐代爆竹研制者。据传，当时灾害连年，瘟疫流行，李畋以小竹筒装硝，导引点燃，以硝烟驱散山岚瘴气，减少了瘟疫的流行，爆竹因而很快推广开来。李畋因此被烟花爆竹业奉为祖师。江西上栗、万载、湖南浏阳、醴陵至今仍对其进行祭祀缅怀。

吴希奭

吴希奭（1237—1279），字定高，号休甫。南宋莲花县六市乡中村人，南宋抗元将领。曾与陈子全、王梦应等回到家乡，倾家产招募勇士数千人，组成勤王之师跟随文天祥起兵勤王，即收复袁州、萍乡、醴陵、衡州等地。南宋祥兴二年（1279），元兵进攻莲花，吴率众抗击，激战15昼夜，为国捐躯，俱葬勤王台下。事迹入《宋史》。

罗凤冈

罗凤冈（1856—1892），名曰翔，字洪熙，号凤冈，芦溪县新泉乡人。清朝后期哥老会首领之一，1892年与邓海山一起集结七八个县的哥老会成员9000余人聚集大安里起义反清，罗凤冈任平南王，总督粮草军饷。起义军转战萍乡、湘东，最终失败，与邓海山一起被俘，押往南昌杀害。

魏宗铨

魏宗铨（1884—1907），字月辉，萍乡市上栗县上栗镇榉溪村人。清光绪三十年（1904）赴长沙入明德学堂。结识黄兴、宁调元等，倾心革命。次年返江西，与龚春台、蔡绍南等人奉孙中山命组织"洪江会"。1906年9月到上海加入"同盟会"，不久领导并参加萍浏醴起义，拟攻浏阳未果，沿山路向醴陵出走途中被湘军抓获，就义于萍乡小西门外。

新余市名人名录

习凿齿

习凿齿（328—413），字彦威，号半山，湖北襄阳人，迁居渝水区欧里镇白梅村，东晋史学家、佛学家。曾把所著《汉晋春秋》整理成54卷，以蜀汉为正统，制衡桓温。前秦苻坚攻陷襄阳后，将习凿齿和释道安二人接往长安，许以高官。齿以病请回，避居江西万载书堂山，再迁至新喻（新余）欧里镇白梅村创办"半山学舍"，传经授史。卒葬于分宜县双林镇枣木山。著有《汉晋春秋》《习凿齿集》《逸人高士传》《襄阳耆旧记》。

李 咨

李咨（968或981—1037），字仲询，新余市渝水区水西镇白水塘人，北宋景德二年（1005）乙巳科探花，累官三司使、知枢密院事，在位期间，积极推行"见钱法""贴射法"，为北宋的经济和财政做出贡献。死后赠官右仆射，赐谥号宪成。

萧 注

萧注（约1013—1073），字岩夫，新余市人，宋仁宗庆历六年（1046）与弟萧伯英同中进士，北宋政治、军事人物。曾于皇祐四年（1052）至五年大破侬智高叛乱，在邕州期间，他探知交趾（今越南北部）包藏祸心，上书朝廷攻取交趾，未获准，不久，交趾李朝侵犯西平州（邕州所属，今广西凭祥市），五将被害，谏官弹劾萧注"不法致寇"，罢为荆南钤辖、提点刑狱。卒于潭州（治所在今长沙市）。著有《文集》10卷。

梁　寅

梁寅（1303—1389），字孟敬，新余渝水区下村镇梁家村人，元末明初理学家、教育家，博通"五经"。洪武二年（1369）明太祖征聘名儒修纂礼乐，寅应征，礼乐书成，将授梁寅官，他以老病辞归，后受聘为明代江西首次乡试主考官。晚年结庐石门山，四方之士多来求学，称他为"梁五经"，又称"石门"先生。著述颇丰，有《礼书演义》《周礼考注》《周易参议》等几十部著作，共1000多卷。

黄子澄

黄子澄（1351—1403），又名黄湜，分宜县人。明洪武十八年（1385）会试第一，殿试第三。授其翰林编修，不久升修撰，伴读东宫，升直至太常寺卿，建文帝即位，以翰林学士入内阁。因主张削藩，遭燕王朱棣肢解而亡，并株连九族，百余人被杀，明武宗时诏令昭雪。著作仅存《李景隆师败》《还洞庭》《酬姚六丈》《送刘医师歌》和《大岗山广庆寺记》等诗文17篇。

习嘉言

习嘉言（1387—1452），名经，号寅清居士，自称寻乐翁，新余市人，明代永乐十六年（1418）进士。授翰林院编修、太常寺少卿，曾上《六事疏》，针对时弊向明英宗进谏。后主持京闱乡试，有政绩，官至詹事府詹事。著述主要有《温室集》《西垣漫稿》《寻乐集》等。

严孟衡

严孟衡（1385—1466），字衡中，号庵，分宜县介桥村人（严嵩的曾祖父）。明代永乐十三年（1415）进士，先任山西道监察御史、浙江按察司副使，后在川3年，蜀中称治，被列入名宦。做官30年，廉洁自律，每日以青菜佐餐，人称"严青菜"。卒于四川任上。归葬时行李少，船摇晃不已，船员抬一大石放在船上以镇风浪，船快到分宜，将石弃于路边，后人称该石为"布政石""清官石"。

鹰潭市名人名录

张　盛

张盛（生卒年不详），张鲁第三子，张道陵四世孙，汉末第四代道教天师。张鲁命其嗣教，将经箓印剑传给张盛。建安二十一年（216），张盛由汉中返回龙虎山，得祖师丹灶故址，并建传箓坛，以《正一经》为主要经典。此后天师道正一派世代在龙虎山传教，绵延千百年。

朱　满

朱满（756—783），字巨川，鹰潭市贵溪市人。生活于唐王朝与安禄山、史思明激烈斗争年代，参与史上有名的张巡、许远睢阳坚守战，"安史之乱"后官至执政显官。为贵溪设县以来的第一位进士，累官至尚书。

吴　勔

吴勔（生卒年不详），字弱龄，祖籍河南濮阳，唐代隐士。因迷恋贵溪山水，遂定居于鹰潭市贵溪市。曾在贵溪南郊五面峰下"一线洞天"中苦读，匾曰"潜谷"，故称其为潜谷先生，五面峰因之而谐音吴勔峰。唐元和初，以布衣诏拜水曹，四十岁时辞官，屡征不就。

吴武陵

吴武陵（？—835），吴勔之子，初名侃，鹰潭市贵溪市（唐代属信州）人。元和二年（807）进士，唐代诗人。年轻时在贵溪城南五面峰下"一线洞天"内发奋苦读。

大和六年（832）任韶州刺史，大和八年（835）遭权贵构陷郁愤而逝于潘州。是中唐古文运动中江西唯一参与者，柳宗元夸其"直而有文"。所作政论有汉初晁、贾之风。《新唐书·艺文志》载：吴武陵著书一卷，作诗一卷，《十三代史驳议》十二卷。

张正随

张正随（生卒年不详），字宝神，鹰潭市贵溪市人。道教第二十四代天师。北宋大中祥符八年（1015），尚书王钦若为奏立授箓院，并敕改"真仙观"为"上清观"。天圣八年（1030），仁宗召问冲举之事，张天师答道："此非可以辅政教也。陛下苟能还真返璞，行以简易，则天下和平矣"。其后神宗、徽宗对天师道均加崇奉。

许　几

许几（生卒年不详），字先之，鹰潭市贵溪市人。北宋大臣。年少时以诸生的身份拜见韩琦，韩琦勉励他进入太学学习。进士及第后，先后调任高安、乐平任主簿，南陵县知县。许几十分有才能，善于理财，也因此四次官至户部尚书。曾经因钱币政策遭到罢免，又因治理染院事失实，降为婺州知州。

张宗演

张宗演（1244—1292），字世传，号简斋，鹰潭市贵溪市人。元代道教正一派，第三十六代天师。元至元十三年（1276），元世祖召见命其主管江南道教，封为"嗣汉天师"，其府第始称"嗣汉天师府（天师起居之所）"。

张与材

张与材（？—1316），字国梁，号广微子，鹰潭市贵溪市人。张宗演之子，元代道教正一派，第三十八代天师。元成宗曾遣使赐冠服玉佩，授正一教主。武宗时封留国公、授金印，视秩为一品。作大字有法，草书亦佳，善画龙。

张留孙

张留孙（1248—1321），字汉师，又名张宗师，鹰潭市贵溪市人，是北京东岳庙的开山始祖，元朝道教支派玄教创始人。至元十三年（1276），南宋亡，张宗演应元世祖忽必烈召去大都，留孙从行。次年，张宗演还龙虎山，张留孙留大都，忽必烈授以江南诸路道教都提点之职。后来,他经历成宗、武宗、仁宗、英宗4朝,备受宠遇,历次加封为特进、上卿、玄教大宗师、开府仪同三司。

张嗣成

张嗣成(?—1344),字次望,号太元子,鹰潭市贵溪市人,元代道教正一派,第三十九代天师。元仁宗召见赐冠服,命其主领三山府箓,掌管江南道教事。英宗继位亦诏见之于上都,授翊元宗德正一教主。善草书,精画龙,绘有《庐山图》。

吴全节

吴全节(1269—1346),字成季,号闲闲,又号看云道人。鹰潭市余江县人。元代玄教大宗师、书法家。13岁时在龙虎山学道,跟随张留孙到大都见元世祖,大德末授玄教嗣师,张留孙卒后,被授玄教大宗师、崇文弘道玄德真人,总摄江淮、荆襄等处道教,知集贤院道教事。擅长草书,著有《看云集》。

李 存

李存(1281—1354),字明远,一字仲公,号俟庵。鹰潭市余江县人。元代理学家,致力于天文、地理、医药、卜筮、释道之书。自办书院讲学,从学弟子众多,张仲举、危大楼等人皆出其门下。时人称为江东四大儒之一,著有《俟庵集》存世。

方从义

方从义(约1312—1393),字无隅,自号方壶子。鹰潭市贵溪市人,元代画家。工诗文,善书画,其古隶章草、山水画冠绝一时。推崇董源、米芾,游观天下名山,晚年生活在福建光泽。诸多作品流传至今,如编入故宫所藏《中国历代名画集》之《神岳琼林图》《山阴云雪图》和《高高亭图》,都是他的传世珍品。尤其是《武夷放棹图》被现代著名画家张大千奉为"大风堂"藏画镇室之宝。元至正十一年(1351),上清宫所铸9000斤铜钟上铭文隶书,即出自方从义手笔。

张正常

张正常(1335—1378),字仲纪,号冲虚子。鹰潭市贵溪市人,元代道教正一派,第四十二代天师。明太祖御赐白金50镒(约合白银1000两)修缮扩建大真人府,除天师改授正一嗣教大真人。编撰有《汉天师世家》1卷。

张宇初

张宇初（1359—1410），字子璇，号耆山，鹰潭市贵溪市人。明代道教正一派天师。明洪武十三年（1380），张宇初承父张正常执掌道教，第四十三代天师。洪武二十三年（1390）奉敕重建"大上清宫"，旨赐龙虎山天师正一玄坛印。宇初一生好学，对于道家、儒家经书及诸子百家，广为搜罗研究，善书画，人称"列仙之儒"。著有《岘泉集》20卷。

桂 萼

桂萼（？—1531），字子实，号见山，鹰潭市余江县山后（今锦江镇）人。明代正德六年（1511）进士，官至太子少保兼武英殿大学士。其性刚韧，积怨较多，几次遭言官弹劾革职。嘉靖皇帝称赞他"俊彦宿学"，赐银质印章两方，一刻"忠诚敬慎"，另一镌"绳愆匡违"。卒后追赐太傅，谥文襄。遗著有《奏议》等。

邵元节

邵元节（1459—1539），字仲康，号雪崖，鹰潭市贵溪市人，明代龙虎山上清宫达观院正一道士。幼年父母双亡，到龙虎山上清宫达观院出家为道士。嘉靖三年（1524）征入京，嘉靖五年（1526）命为致一真人，统辖京师朝天、显灵、灵济三宫，总领道教。嘉靖十八年（1539）病逝，敕授大宗伯，谥文康荣靖。著有《太和文集》，已佚。

夏 言

夏言（1482—1548），字公瑾，号桂洲。鹰潭市贵溪市人。明武宗正德十二年（1517）进士，官至礼部尚书、内阁首辅。在朝廷受严嵩排挤回贵溪创办"象麓草堂"，后又回宫再任首辅，最终遭迫害斩首，穆宗继位予以昭雪。有《桂洲集》及《南宫奏稿》传世。

刘 麟

刘麟（1474—1561），字元瑞，号南坦，鹰潭市余江县中童镇人。明弘治九年（1496）进士，官至工部尚书。他禀性耿直，不畏权贵，尽忠职守，为政廉明。查处多起贪污案件，因而引起权贵不满，多次遭罢官。卒后朝廷赠太子少保，赐谥清惠。

徐贞明

徐贞明（？—1590），字孺东，又名伯继，鹰潭市贵溪市人，明代水利专家。明隆庆五年（1571）进士，任山西山阴县令，擢工科给事中，累官尚宝司少卿。他力主治水屯田，寓兵于农，因地制宜，发展生产。著有《水利图》《西北水利书》《潞水客谈》等书，提出一整套兴修水利及推广水田的方法，并在永平垦田种稻示范，推之可行。后因触及宗室、宦官利益，明神宗问罪，徐贞明便告回乡。

娄近垣

娄近垣（1689—1778），字三臣，号郎斋，自号上清外史。松江娄县（今上海市松江区境）人。清代道教人物。自幼在龙虎山学道，对道规道法有很深造诣。清雍正八年（1730）授四品龙虎山提点，封为钦安殿住持，敕修大上清宫。雍正十一年（1733）敕封为妙正真人，赐大光明殿开山正住持。清乾隆皇帝继位，封通议大夫，赐三品俸禄，掌管道录司印务，住持北京东岳庙。著有《南华经注》《御选妙正真人语录》《重修龙虎山志》，增删并刊印《黄箓科仪》。

赣州市名人名录

邓德明

邓德明（420—477），南朝刘宋时期南康郡（今赣州市）人。他自幼刻苦求学，投师雷次宗名下。以毕生精力写成《南康记》。全书以《尚书·禹贡》为据，包括现赣州市区、南康、赣县、于都及宁都南部等地，是赣南最早的山水人文志。被称为赣南第一个学者，为"此邦文献之冠"。

张九龄

张九龄（678—740），一名博物，字子寿，世称"张曲江"或"文献公"，广东省韶关市始兴县人，开元时宰相。文学家、诗人，誉为"岭南第一人"。30岁擢进士第二，开元四年（716）秋，修建梅关古驿道，历唐、宋、元、明、清，均为中国的南北交通大动脉中连接中原与岭南的重要节点，开元二十三年（735），加封为金紫光禄大夫，累官至始兴县伯，食邑四百户。开元二十八年（740）去世，赠封荆州大都督，谥号文献，建中元年再增予司徒。

廖匡图

廖匡图（910年前后在世），又名廖光图，字赞禹，五代南唐诗人。以文章辞藻出名，当时文人学士都很佩服他。湖南楚王马殷曾聘任他为幕僚，并上奏梁太祖授予他为天策府学士。著有诗集2卷，清代诗论家魏礼称赞他"后世不易得"。

刘 彝

刘彝（1017—1086），字执中，福建省福州市人。庆历六年（1046）进士。在福建、高邮任职时因政绩突出，誉为"治范"。熙宁年间（1068—1077），任虔州军知军。在城内筑福、寿二沟，开设水窗12间，解除虔州城的水患，并使用至今。强制推行医药，为虔州营造了清明风气。著有《正俗方》1卷，著有《七经中议》《明善集》《居易集》等书。今赣州有其青铜像，铜像前面地上刻着光绪年间勘测绘制的"福、寿二沟图"彰其功绩。

郑 獬

郑獬（1022—1072），字毅夫，号云谷。《宋史》记载他是湖北安陆人，据详细考证，实际上应该是虔州虔化县（今赣州市宁都县）会同桃枝（今会同乡鹧鸪村）人。北宋文学家。皇祐五年（1053）经殿试中进士一甲第一名，赐状元及第，为赣南历史上第一位状元。历任陈州通判、翰林学士、开封知府，享正三品，修起居注。为官清廉，逝于安州（湖北安陆）一带，无钱下葬，好友出资安葬。著有《郧溪集》30卷、《觥记注》《幻云居诗稿》各1卷流传于世。

孔宗翰

孔宗翰（生卒年不详），字周翰，孔子第四十六代孙，今山东省曲阜市人。宋嘉祐年间（1056—1063），以进士出身，任虔州知州，后官至刑部侍郎、宝文阁待制。虔州城每年被洪水侵扰，尤其城东北隅地势低垂，又处章、贡两江汇合处，城墙极易坍塌，屡修屡塌。嘉祐四年（1059），宗翰组织带领州人以石砌墙基，再用熔化的铁水浇铸于石缝间，使之凝固成坚固的整体。从此，虔州城不被水患。宋城墙历时900余年，城上筑八境台与拜将台南北对峙，遥相呼应，自成一景。并让人绘八境台图请苏轼题《虔州八境图八首并序》，命人刻于石碑，八境台因此闻名遐迩。

王 鸿

王鸿（生卒年不详），于都人，字翼道。王羲之第二十四世孙，博学善草书，北宋书法家和理学家。一生在县城南40里的泉石清幽处筑室隐居，自题居地之洞曰"需岩"，后人称其地为需岩。所著《大元经》《囷铭》等书已失传。

曾 准

曾准（生卒年不详），字子中，南宋著名诗人曾几的父亲，赣县人。宋嘉祐八年（1063）赴京会试，中进士。历任秘书省著作郎、裒庆军节度使，追赠刑部尚书。他共有四个儿子，曾弼、曾懋、曾开、曾几，一起显名于绍兴年间，奉圣旨在赣州建五世名臣坊。自曾准之后，曾家一门出四进士，人称"虔州四曾"。赣州城时有世臣坊（今和平路南段），即颂扬这段佳话。

陈 颙

陈颙（？—1133），虔州（治今赣州）人。南宋绍兴元年（1131），率虔州数千名农民起义军攻下雩都（今于都）、信丰两县。绍兴二年（1132）四月，出兵广东，攻下循州（今广东龙川）。同年，率军北上，攻福建汀州武平县，进围广东梅州。绍兴三年（1133），围潮州久攻不下，反军江西。与彭友、罗闲十、钟起等连兵10余万，结寨500多座，活动于赣、闽、粤三地之间。战败被俘，与彭等均在于都南门外被杀。

彭 友

彭友（？—1133），虔州（今赣州市）人，南宋初江西农民起义首领。另名彭大、彭铁大。南宋高宗建炎四年（1130），与李满、王彦胜、廖八姑等10个主要首领号称"十大王"，在龙泉县（今遂川县）武陵、烈源、陈田三处结营扎寨。率起义部队10余万，攻占江西、湖南8个县城，其他农民起义首领互相呼应，结寨百余座，并转战于赣、粤、湘边境。高宗绍兴三年（1133），岳飞率军镇压江西的农民起义。四月进攻彭友的起义军。彭友等率部转移到虔州雩都山区，据险抵抗。拒绝投降，兵败被俘。后彭友与陈颙、李满等人被戮于雩都县（今于都县）南门外。

陈 敏

陈敏（1113—1173），字元功，石城县小松镇陈家坪人，南宋战将，官至忠靖郎。赣州守将齐述叛乱期间，敏率部赶到赣州，包围赣州城数月，最终等来援军击溃叛军。孝宗时驻兵高邮，多次战胜金兵。乾道四年（1168），为左骁卫上将军修楚州城池。其后金国的使者路过楚州，见楚州城固若金汤，惊叹不已，称它为银筑城。其后因受牵连，贬为福建路总管。后来又改任江西路总管，驻扎在赣州。后因病在楚州去世。朝廷追为庆远军承宣使。

曾 惇

曾惇（1098—1188），两宋之际道教学者、诗人。字端伯，派名舜文，号至游子，祖籍福建泉州。晚年定居赣县田村。曾官至尚书郎、中奉大夫，直秘阁修撰。绍兴九年

（1139）为户部员外郎，绍兴十一年（1141）升大府正卿，总领湖广、江西财赋，京、湖军马钱粮。绍兴十七年（1147），任虔州郡守。绍兴二十八年（1158）告老还乡，潜心修道，主张"学道以清净为宗，内观为本"，编成《道枢》《集仙传》《类说》，被列为理学名臣。

赖布衣

赖布衣（约1101—约1179），名文俊，字太素，号凤岗，晚年号先知山人，世称赖布衣。定南县凤山岗人，北宋末南宋初风水师，南宋建炎年间拜为国师，被称为赣南四大堪舆祖师之一。赖布衣在中国风水发展历史上做出了重要的贡献：一是发明了罗盘的中针，二是创立了以天星理论为依据进行理气的天星风水学。其传世之作有《催官篇》《七十二葬法》《拨砂诀》等。卒葬福建上杭县胜运里丰稔寺圩背。

陈三枪

陈三枪（？—1234），南宋赣州人，松梓山农民起义军领袖。南宋中后期，各种民间暴动、起义四起，当时的赣州和福建汀州是南宋农民起义发生次数最多的地区。理宗绍定元年（1228），陈三枪和"张魔王"率领农民以松梓山为根据地举行起义，在赣、闽、粤三路边境建起60个山寨，江西、福建、广东三路农民纷纷"截发刺字"，起来响应，一致拥戴陈三枪为领袖。起义前后坚持了7年之久，后被镇压。陈三枪牺牲后，另一领袖"张魔王"仍然继续率余部坚持斗争，终因寡不敌众，最后失败。

曾原一

曾原一（生卒年不详），字子实，诗人。宁都县城人。南宋绍定五年（1232）中举人。和堂弟曾原郕在金陵躲避战乱时，与著名诗人戴石屏（戴复古）发起成立著名的文学团体——"江湖吟社"。返回宁都后，隐居翠微峰南麓的苍山，修筑万松亭，专心著述。当时的诗人都很尊敬他，有"诗人宗之"的评价，宁都由此开始被人们称为"诗国"。著有《苍山诗集》《选诗演义》传世。

池梦鲤

池梦鲤（约1228—1279），字德华，今赣州市章贡区七里镇人。初为太学生，宋咸淳十年（1274）中恩科状元。后历任浙西江东制置使，知平江府（今江苏苏州市）。南宋亡后，隐逸山林，殁于祥兴二年（1279），葬于赣县太田乡桃源洞（今赣县茅店乡太阳坪村）。

萧立等

萧立等（约1203—1283），又名萧立之，字斯立，号冰崖。宁都县肖田人。文学家、诗人。淳祐十年（1250）进士。历任南城知县、南昌推官、辰州通判。归隐宁都后，致力写诗，著有《冰崖诗集》36卷流传于世。被称为南渡以后高品也。被著名文学家谢枋得所赏识。

谢元龙

谢元龙（1204—1287），名继，号卿，字元龙。宁都黄陂人。南宋官员，景定三年（1262）壬戌特科状元。幼年就读于田头牛石山房。绍定戊子科（1228）中举。初次会试，由于疏忽落第。后经多年苦读，始登金榜。曾任修职郎、隆兴府（今南昌）教授、湖北运干权留守司公事兼翰林学士。殁后葬于宁都长胜村下马岭鼓山，墓前原立有"圣旨"和"文官下轿，武将下马"石碑。

萧士赟

萧士赟（生卒年不详），字粹可，宁都县肖田人。萧立等的次子。宋末元初诗人、文学家。好学工诗，不求闻名。与元代翰林学士吴澄（江西崇仁人）相交友善。吴澄称赞他品读诗文如法官断案一样精明，真伪立判；阐发隐晦之意，丝毫不差。有诗歌论著《粹斋庸言》及《分类补注李太白诗集》传世。

陈子敬

陈子敬（生卒年不详），今赣州市章贡区人。南宋末抗元英雄。家庭资财丰厚。少年时师从文天祥，随文天祥募集义军数万人，北上勤王。南宋亡，又随文天祥至福建汀州抗元。文天祥率军入江西，与子敬合谋，夺回赣州等地。其后，赣州复失。子敬复聚兵驻于黄塘，抗击元军。元军集结重兵袭击山寨，子敬率义军死战失败，后下落不明。

廖均卿

廖均卿（1350—1413），字兆保，号玉峰，兴国梅窖乡三僚村人。明代风水师。明永乐五年（1407），经成祖传召，选昌平黄土山建明十三陵之长陵，永乐八年（1410）被封为钦天监灵台博士。此之后北京故宫大皇城的勘测也出自廖均卿之手，被皇帝以四品职衔供养至老死，卒葬三僚村的半山腰上。其墓地1984年被确定为兴国县文物保护单位。

刘渊然

刘渊然（1351—1432），祖籍安徽萧县。其祖父伯成，任赣州路总管，安家赣县。道教长春派创始人。幼为祥符宫道士，道号体玄子。先受业于"胡、张二师"，复师事江西于都紫阳观赵原阳。赵原阳认为他是修道的"良器"，遂带他到金精山，传授技艺。尝著《济急仙方》1卷。明洪武二年（1369），被朱元璋召至京城，赐号"高道"，任道录司右正一、左正一，建金篆大斋。因得罪朝中权贵，被谪至滇，先后在真武祠和黑龙潭龙泉道院传教。洪熙元年（1425），刘渊然还朝受封，赐号"冲虚至道玄妙无为光范演教长春真人"，诰加"庄静普济"四字，"领天下道教事"，成为全国道教领袖。

陈 勉

陈勉（1381—1453），字希进。宁都县东山坝人。明代官员、抗倭英雄。永乐四年（1406）考中进士。历任广东道御史、按察副史、浙江道巡按、左副都御史、南京大理寺卿，景泰元年（1450）晋升南京右都御史，执掌院事。两年后告老还乡，去世后获皇帝赐葬。性格外柔内刚，为官清廉正派，精通律法，弹劾不惧权贵，判案公正严明。任江浙道巡按时，带兵平定沿海倭寇，史称"抗倭英雄"。

张 弼

张弼（1425—1487），字汝弼，号东海，松江府华亭县（今上海市松江区）人。明成化二年（1466）进士，授兵部主事，晋员外郎，因作《假髻篇》讽刺时贵，被排挤出京，戊戌年夏任江西南安（今江西大余）知府。大庾岭梅关为客商货物往来通道，当地人以运输为生，后被广东南雄豪霸侵占，争斗死伤不少人，张弼请准江西、广东藩司确定南安、南雄两地民众分其利。同时修宽岭道、架桥等。张弼犹善草书，取法张旭、怀素，是当时典型的书法家代表。

刘 节

刘节（生卒年不详），字介夫，大余县人。明弘治十四年（1501）解元，弘治十八年（1505）进士，授兵部主事。历任安徽宿松、广德知县，四川提学金事，云南腾冲兵备，广西按察使，福建参政，浙江布政使，山东巡抚，江淮漕运总督，刑部侍郎致仕。所任均有声誉，因举荐布衣王艮传为美谈。著有《梅国集》《宝制堂录》《春秋列传》。

董 越

董越（1430—1502），字尚矩，宁都田头王坊人，后迁居宁都县城董屋巷。明代政治家、文学家、外交家。明成化五年（1469）中探花（进士第三名），赐进士及第，授翰林院编修。弘治元年（1488）以朝廷颁诏正使身份出使朝鲜，赐麒麟服。先后升任太常寺少卿兼侍读学士，南京礼部右侍郎、工部尚书，不久病亡。获皇帝赐葬，祭赠太子少保，谥号文僖。著有《使东日录》《朝鲜赋》《圭峰文集》等传于世。

何廷仁

何廷仁（1483—1551），字性之，号善山，今于都县贡江镇人。明代教育家，理学家。师从王守仁，嘉靖元年（1522）应乡试中举人，嘉靖二十年（1541）在新会任知县，亲自开设讲堂，听讲者接踵而至。后以政绩佳调任南京工部主事，分司仪真。一生著有《善山集》《格物传》。

黄宏纲

黄宏纲（1492—1561），字正之，又称洛村先生，于都县城人。明代理学家、教育家。正德十一年（1516）应乡试中举人，嘉靖二十三年（1544）出任汀州推官，不久又调任刑部主事，因刚正不阿，为宰相所不容，乃辞官回乡。卒后配祀阳明祠，墓葬生前避暑地扬善岩，该地从此更名为"洛村"。著有《洛村集》。《明史》有其传。

李 涞

李涞（1538—1602），字源甫，号养愚，于都县梓山镇人，明末文学家。隆庆元年（1567）中举人，五年登进士，初授官宝应县令。历任山东任金事，广西任参议，金都御史，为官清廉，政绩突出。万历二十三年（1595），纂修《雩都县志》。还撰写《明觉寺来归常住田记》《重修罗田岩濂溪阁记》《重光塔记》《螯英塔记》《勤政楼记》《诸书记》《濂溪阳明善山三先生祠田记》诸文。并著有《经赋书》、奏议、文集、语录多卷。

甘士价

甘士价（1545—1608），字维藩，号紫亭，信丰县嘉定镇龙舌甘家坳人，后迁居城郊水东坊。明万历五年（1577）丁丑科进士。在江苏、河南等地任职有政绩。两浙巡抚任内选贤能、禁恶习、重农业、兴水利、创书院、赈济款，政绩斐然。杭州建有甘公祠缅怀其功绩，卒葬信丰县城水东九子岭。著有《重修儒学记》《请发帑金赈济和宽织造疏》和《抚浙勉在会诸生文》等。

杨以任

杨以任（1600—1634），字惟节，号澹馀，瑞金市象湖绵塘下坊人，明末江西文坛"五大家"之一。杨以任18岁（万历四十六年，即公元1618）考中举人，崇祯四年（1631）参加会试殿试，得中进士，例授七品知县，后改任应天府教授。崇祯七年（1634）升任南京国子监博士。杨以任青年时期，与临川才子数人共同创办江西著名的豫章社，与豫章社的陈际泰、罗万藻、章世纯、艾南英并称"江西五大家"。主要留世经典著作有《读史四集》《京学志》《皇明奏疏》《名臣言行录》《非非室文集》等。死后，被祀于南京名臣祠。

卢观象

卢观象（生卒年不详），字子占，今赣州市人。明万历二十五年（1597）为选贡入国子监深造，后授河间府（今河北省河间市）通判，掌管粮运、督捕、水利等事务。先任天津卫判官，后升任河间府同知，再转任左军都督府经历，掌管出纳文牍。清顺治三年（1646）四月，清兵围赣州，观象发动乡绅，组织丁壮，协力抗清。终因寡不敌众，十月城破。观象即穿戴好衣帽，面北泣拜，率全家40多人投城西铁盔塘而死。清廷赐卢观象节愍谥号；道光二十七年（1847），江西巡道李本仁在其殉难处立碑纪念。

杨廷麟

杨廷麟（1598—1646），字伯祥，号兼山，江西清江县（今樟树市）人。明崇祯四年（1631）中进士，授编修。清顺治三年（1646）四月，清兵进攻赣州，廷麟统率南明军队与清军决战，展开江西最大的一次抗清斗争。十月，清兵破城。廷麟率军民据街巷死战。清朝廷为杨廷麟宁死不屈精神所动，建墓厚葬之。后人在赣州城内立忠义祠并塑像祭祀之，还在清水塘边其殉难处立碑纪念。1942 年，蒋经国在其墓门书写 "正气" 两字，以表敬仰。

魏兆凤

魏兆凤（1597—1654），字圣期，号天民。学者称他为 "征君"。明代诸生。宁都县城人。日常起居都遵循古代礼制，为人讲究忠孝节义，仗义疏财、热心公益、扶贫救困。明崇祯初年，获官府举荐、征聘都不响应。他的儿子魏禧、魏祥、魏礼都以诗文闻名天下，后世称为 "宁都三魏"。

李腾蛟

李腾蛟（1609—1668），字力负，号咸斋。明末清初学者。明代廪生。宁都田埠东龙村人。明朝亡后，隐居翠微峰，与易堂诸子相交游，是 "易堂九子" 之一。因年龄最大，诸子以兄长之礼相待。后定居三巘峰，以经学教授生徒为业。著有《周易剩言》《半庐诗文集》《易堂三处士稿》。

魏际瑞

魏际瑞（1620—1677），字善伯，原名魏祥，魏禧的兄长，人们称他伯子先生。明末清初文学家、诗人、政治家。"易堂九子" 之一。天资敏捷，博闻强记，对兵、刑、礼、律法等都有较深的研究，学问上注重经济实用。参与据守吉安的韩大任叛清，后被韩怀疑，魏际瑞走漏消息，遂被害于黄陂。著有《魏伯子文集》10 卷、《杂俎》5 卷等流传于世。

邱维屏

邱维屏（1614—1679），字邦士，又号松下先生。宁都县城河东塘角村人。明末清初文学家、诗人、隐士。明朝亡后，放弃诸生功名，隐居在翠微峰，是 "易堂九子" 之一。所作古文被易堂诸子所推崇，尤其精通易数、律历及西洋算术，而且都是无师自通。安徽桐城名士方以智来拜访他，与他推演算术后说："此神人也。" 人品高尚廉洁，不义之财分文不取，救贫济困却慷慨大方；性格沉静寡言，与人对坐终日不发一言，如有疑难向他请教，则滔滔不倦。著有《邦士文集》18 卷、《松下集》12 卷流传于世。

彭 任

彭任(1624—1688),字中叔、逊仕。宁都县城人。明代文学家、隐士。是明代诸生,"易堂九子"之一。为人重义气,有胆识,落穆高傲,足不入市。明朝亡后,在宁都三巇峰修筑住所"草亭"隐居,甘守贫困,并在"易堂"讲学,提倡济世实用之学。著有《草亭文集》《理学弗错论》《礼记类编》等。

曾 灿

曾灿(1625—1689),原名传灿,字青藜,号止山。宁都城关人。明末清初文学家、诗人。年少时就以诗文出名,是"易堂九子"之一。曾奉父亲之命带兵赴赣州,策应名将杨廷麟抗击清兵,失败后归隐宁都,在今梅江镇虎陂村筑"六松草堂",耕田种地,侍奉祖母、母亲,数年不出门,以尽孝道。侨居江苏二十余年,后客死燕市(今北京),归葬宁都城南一桥。著有《六松草堂文集》《止山集》等流传于世。

魏 礼

魏礼(1628—1693),字和公,魏禧的弟弟,人们称他季子先生。文学家、诗人、隐士,是"易堂九子"之一。少年时期鲁钝,学问师从魏禧。长大后,刻苦自励,学业大有长进,后与魏祥、魏禧齐名,人称"宁都三魏"。性情慷慨大方,重义守信,敢于担当重任难事;爱好游历,喜欢结交豪杰隐逸人士。著有《魏季子诗文集》16卷流传于世。

罗 牧

罗牧(1622—1705),字饭牛,号云庵、竹溪、牧行者。宁都县钓峰人。明末清初著名书画家。少年时期,曾得益宁都书画家魏书(魏石床)的传授,后继承著名画家黄公望、董其昌的画法,并与南昌八大山人等书画家切磋交流,技艺大有长进。中年后,全家迁居扬州,当时江淮间画家多受他的影响。其画作风格笔意空灵,林壑森秀,被赞誉为"江西画派开派画家"。"扬州八怪"称他为"一代画宗""江西派英才"。他的画作曾送皇帝鉴赏,被表彰为"逸品"。

邓元昌

邓元昌(1706—1765),字慕濂,号自轩,今赣州市章贡区人。不图仕宦,潜心理学。按并用理学之道指导自己、亲朋和乡里。重视后辈的教育，力求培养其品德，以其学识德行享誉赣南，对赣南文化教育事业影响甚大，因而由乡荐而获"明经"，元昌去世后，乡人曾绘像奉祀。有《慕濂遗集》传世。

戴心亨

戴心亨（1750—1787），字习之，号石士，别号卧禅居士。大余县人。清乾隆四十年（1775）与叔父同登进士，任翰林院编修，先后典试江南，视学湖北。一家两相四进士，同朝为官，被誉为"西江四戴"。

李宜青

李宜青（1711—1790），字荆山。宁都县东韶琳池村人。清雍正七年（1729）考中拔贡。乾隆元年（1736）中进士，授任户部主事，后转任员外郎。为官刚正严谨，明察秋毫，后升任江南监察御史。乾隆二十八年（1763）任台湾监察御史，奉旨巡察台湾。在台湾任职期间，致力于兴农业，办学校，巩固海防，因政绩斐然，升任光禄寺卿。离任台湾时，当地百姓赠送他一对石狮，表示感激敬仰。

罗有高

罗有高（1733—1797），字台山，号闻学人，晚年号尊闻居士，瑞金九堡密溪村人，清代理学家、散文家。工古文辞，好交游，喜武术，能拳术，精剑术，乾隆三十年（1765）中举人，回乡后，召集本族弟子在凤凰山讲学，既讲儒家经典，又论佛释之学，在当地影响巨大。留给后世作品约有诗60首、散文百篇、八股文10篇，汇辑《尊闻居世集》。

宋华国、宋光国、宋昌国

宋华国（1735—1803），字雨轩，号立崖。宁都赖村镇人。从小聪敏过人，博学能文，尤其喜欢古文诗词，文似欧、曾，诗似王、孟。在古代文学史上，与弟弟宋光国、宋昌图合称宁都"赖村三宋"。著有《立崖文集》《制艺诗稿》传世。

宋光国（1738—1766），字尚宾，号二崖。宁都赖村镇人。胸怀远大，性情超逸，不以时俗自扰。著有《二崖诗集》。

宋昌国（1760年前后在世），字道原，号畏轩。宁都赖村镇人。少年从父读书，补诸生。著有《畏轩集》《训蒙要编》。

徐名钧

徐名钧（1754—1828），字韶彬，号榘圆，龙南县关西人。清代商人。承父业经营"龙木"（红心杉木）生意，水运销往赣州、南昌、江苏、浙江等地而发家。清嘉庆三年（1798）动工兴建关西围屋，历时二十九载，耗资数百万两白银，道光七年（1827）竣工，取名为"关西新围"。

钟崇俨

钟崇俨（1778—1858），字若思，号敬亭，赣县白鹭人。清乾隆五十九年（1794）为附贡生，由附贡授例京秩铨刑部郎中。正值以林清为首的农民起义被镇压，钟崇俨精研案卷、公正审判。嘉庆十九年至二十二年（1814—1817）任浙江嘉兴知府。道光元年（1821），年迈辞官回赣，以昆曲唱腔创办"雪聚班"，成为赣南东河戏奠基人。

宜春市名人名录

陈夫乞

陈夫乞（？—前176），高安市人。秦代二世元年（前209）在华林山寨聚众练兵，响应陈胜起义。汉高帝元年（前206）率军从刘邦入关。汉高帝四年（前203）以都尉从刘邦击败项羽，定燕地。封高胡侯，邑千户。卒谥忠侯。

张廉夫

张廉夫（前171—？），字静如，号乐山。高安市人。西汉景帝中元二年（前148）被举为官，官至上大夫。因得罪上司，弃职入终南山修道，数年后云游天下。在崂山建"三官庵""三清殿"，为崂山开山始祖。后回江西贵溪鬼谷山"三元宫"潜修。后多次往返崂山，力促各地道教经书、经韵曲牌交流。

葛　玄

葛玄（164—244），字孝先，祖籍山东琅琊，生于丹阳句容（今属江苏），东汉道教天师，被尊称为"葛天师""葛仙翁"，又称"太极仙翁"，为道教灵宝派祖师。早年跟从左慈学道，受《太清》《九鼎》等丹经。后在樟树市阁皂山东峰建庵筑坛立炉，修炼九转金丹。逝于阁皂山卧云庵，世人修临仙馆供奉。

聂　友

聂友（221—253），字文悌，樟树市人，三国东吴名将。年轻时担任县吏，后来担任将军，平定了儋耳郡（海南岛）的叛乱，被任命为丹阳太守。因遭大将军孙峻忌惮、排挤，聂友气愤担忧下生病去世。今樟树市的市名便来源于"聂友射鹿"的传说。

刘眘虚

刘眘虚（703—757），字全乙，靖安县人，一说奉新县人，盛唐诗人。幼时聪颖，9岁会写文章，唐开元十一年（723）进士，开元十九年（731）考中博学宏词科。他姿容秀拔，性情恬淡，不慕荣利，寄情山水，累官崇文馆校书郎。著《鹡鸰集》，《阙题》是他的代表作。

幸南容

幸南容（746—819），字惕微，名显。高安市华林山镇人。唐代贞元九年（793）进士，累官至太常寺卿，整顿朝廷仪礼，规范礼乐。后任国子监祭酒兼太子宾客，执掌翰林，革弊除陋，严格教学。曾出使吐蕃，不辱使命。告老归洪城，创桂岩书院，授业著书。卒赠渤海郡公，谥文贞。

李德裕

李德裕（787—850），字文饶，河北赞皇县人。李吉甫之子。唐朝中期著名政治家、诗人。两度入阁为相，"牛李党争"中李党代表人物。大和九年（835），因党争败北贬任袁州（宜春市）长史。在城郊筑精舍，袁州文人学子均执卷登门聆教，受益匪浅，造就了宜春儒风鼎盛的盛况。在袁州留有赋15篇、诗2首。

蔺道人

蔺道人（生卒年不详），陕西西安人，唐代头陀僧人，会昌年间（841—846）行至宜春县西南部钟村，结庵静修，少与人交往。一日，村民之子摔伤颈骨与手臂，经蔺道人治愈，于是医道高超之名远近皆闻，求医者甚多。蔺道人医学著述"有书数篇"，流传的《仙授理伤续断秘方》记载麻醉、器械、缝合、包扎、悬吊、固定等治疗骨伤的内容，是中国骨伤科医学的第一部专著，历代奉为经典。

任 涛

任涛（？—871），上高县人。唐代诗人。常侍李骘观察江西时，闻任涛有"露搏沙鹤起，人卧钓船流"的诗句，大为赞赏，特免除他的赋役。咸通中登进士。与许棠、张乔等人共称"芳林十哲"。著有《任涛诗集》。

易 重

易重（806—872），字鼎臣，宜春市袁州区温汤镇九联坊人。唐武宗会昌五年（845）举进士第二，复试擢第一，成为继卢肇之后，既是宜春县也是江西三年之内所出的第二位状元，一时传为佳话。易重为官清正，官至大理寺评事。晚年退居上高县。卒后葬于袁州区新坊镇路口村，墓尚存。易重一生悉心于诗文，有诗文千余篇，多已散佚。

黄 颇

黄颇（生卒年不详），字无颇，袁州区城西人。唐代武宗会昌三年（843）举进士一甲第三名。曾师从韩愈。官至监察御史。著文千篇，在当时很有名，编有《征集》。《全唐诗》存其诗3首，《全唐文》存其文1篇。今宜春市区有"黄颇路"以为纪念。

希 运

希运（？—857），俗姓王，福建福清人。唐代高僧。幼年在本地黄檗山建福寺出家。曾游天台、长安等地，后参怀海为师，得法后移住宜丰鹫峰，因山貌酷似老家黄檗山，即叫为黄檗山，创立黄檗禅学，发挥直指单传心要，开临济宗风，逝寂于黄檗山。墓塔至今犹存。所著《传心法要》被日本学者誉为"佛教中国化的第三个里程碑"。希运也是洪州禅的继承者、临济法门的先驱者。

慧 寂

慧寂（807—883），俗姓叶，广东怀集人。沩仰家创始人之一，世称"仰山慧寂"。9岁出家，对禅理很有见地，会昌五年（845），慧寂曾至袁州仰山，诛茅立庵隐居。后在仰山聚徒说法，还到峡江东平寺、新建县观音院开讲席，弘扬沩仰宗旨，道风大炽，唐宣宗敕赐慧寂紫衣，号"澄虚大师"，并赐其仰山道场额"栖隐寺"。慧寂圆寂后灵骨归仰山塔藏，敕谥"通智大师"，塔名"妙光之塔"。

邓 璠

邓璠（生卒年不详），字韫玉。高安市大城镇人。唐代咸通六年（865）进士，以才能道德并优，选官至尚书。中和元年（881）自尚书江西节度使权知袁州事，兴化学民，卓有政声。任后留居分宜白芒，其后裔迁安福，至宋、元、明代其分支迁吉水，因战乱又迁四川广安。

陈　节

陈节（836—897），万载县潭埠人。唐代中和二年（882），钟传为镇南节度使时，选拔陈节担任白沙都镇讨遏使，并特别奏请，让陈节暂任潭州长史兼御史大夫。大顺元年（890），陈节充当使者进京朝见，唐昭宗李晔召见他，并赐他为工部尚书。后来因病请假回家，病亡于家中。

沈　彬

沈彬（862—945），字子美，高安市人。唐代应试进士未中，遂绝意功名。善赋诗，多以边界战争为题材。后南唐烈祖李昇曾授其秘书郎。南唐保大年间（943—957）为尚书、吏部侍郎。著有《沈校书集》《全唐诗》录其诗19首。

李征古

李征古（生卒年不详），万载县高城人，南唐升元年间（937—943）进士。官至枢密院副使兼尚书吏部郎。保大十年（952）时任袁州刺史。皇上敕改李征古所居的万载"高侯乡"为"怀旧乡"，"高城里"为"孕秀里"。李征古到任以后，以儒术饰吏治，立孔庙、备祭器、弦歌不衰。曾用私有财物百万，代其乡输税。后来因他人事受累被赐死。

徐　锴

徐锴（920—974），字楚金，号弼臣，罗城一带人（一说先祖是绍兴），寓居扬州。南唐文字学家、藏书家，与兄徐铉称为"二徐"。后主李煜时，迁集贤殿学士，终内史舍人。著有《说文解字韵谱》40卷，《方舆记》《古今国典》《赋苑》《岁时广记》等数百卷。《说文解字系传》40卷，称"小徐本"，是我国仅存最早、最完整的六书理论文献资料。另有千字文刻石传于世。病卒后，赐礼部侍郎，谥号文。

徐　铉

徐铉（916—992），字鼎臣，号子冉，与弟徐锴称为"二徐"。对语言文字有其独到见解，其诗平淡闲远，是宋初白体诗派的开创者。擅长书法篆隶，有《篆书千文》《成武王庙碑》《大钲铭碑》等传世，是南唐最负盛名的书法家之一。著有《学津讨原》《津逮秘书》《江表志》《骑省集》30卷、《质疑论》若干卷、《稽神录》20卷。徐铉入宋后，奉诏参编《太平广记》《文苑英华》两部大卷书籍。

胡仲尧

胡仲尧（946—1007），字光辅，奉新县赤岸华林人，教育家。南唐时曾任寺丞官，北宋官至洪州助教、迁国子监主簿。北宋初年，创办华林书院，"聚书万卷，大设厨廪，以延四方游学之士"，事迹载入国史。淳化年间，奉新大旱，捐粟赈饥，活民数万。景德年间，捐修县城南津桥、圣殿。

方　会

方会（992—1049），俗姓冷，宜春县人。禅宗南岳系12世传人，禅宗临济宗杨岐派创始人，世号"杨岐方会"。20岁时至上高县九峰山落发为僧，法名方会。后往萍乡杨岐山，住持普通禅寺，创立"杨岐宗"，是为禅宗"五家七宗"之一。传世有《杨岐方会和尚语录》《杨岐方会和尚后录》。其影响远传日本。

刘　涣

刘涣（1000—1080），字凝之，号西涧，高安市灰埠镇人。北宋天圣八年（1030）进士。性刚廉不挠，持正不阿，官至颍上令、太常博士。归隐庐山，苏轼过庐山，拜其床下。欧阳修赋《庐山高》赞美他，后王阳明手书并刻于庐山九十九盘石壁。朱熹作《壮节亭记》，立祠祭祀。刘涣精于史学，著有《刘涣诗》《刘涣文集》。

刘　攽

刘攽（1023—1089），字贡夫，别号公非，樟树市黄土岗人，北宋史学家。庆历六年（1046）与兄刘敞同举进士，官至中书舍人。与司马光同修《资治通鉴》，充任副主编，专职汉史。著有史学作品《东汉刊误》《汉宫仪》《经史新义》《五代春秋》《内传国语》等，诗文《彭城集》，以及《公非集》《文献通考》《文选类林》《中山诗话》等。

刘羲仲

刘羲仲（1059—1120），字壮舆，号漫浪翁，高安市灰埠镇人。北宋史学家，刘恕之子。博览书史，清正耿直有其父遗风，被苏轼赞为家范。短期任官后归隐庐山。与祖、父风节文学并著，人称"高安三刘"。著有《五代史纠谬》《通鉴问疑》《欧阳子列传》《十二国史》《太初历》《漫浪野录》《文编》等。

李　邈

李邈（生卒年不详），字彦思，樟树市人，唐宗室宰相李适之的后代。北宋抗金官员。历官安州司理、监润州酒务、河间府通判等。因为触犯蔡京、童贯，受到排挤，调任霸州知州。金兵侵犯宋京城汴梁时，李邈时任河北西路制置使，金兵围城，李邈募兵死守40日，城破被俘，端坐就义。宋高宗追赠其为招化军节度使，谥号忠壮。

胡直孺

胡直孺（生卒年不详），字少汲，晚号西山老人，奉新县赤岸华林人，仲尧曾孙。宋绍圣四年（1097）进士，累官西路都总管，刑、兵、吏三部尚书，端明殿大学士，经筵侍讲，金紫光禄大夫，封开国公。为官清正，在政治、军事上颇有建树。在朝论奏十事，高宗非常称赞，便在白团扇上亲书杜甫"文物多师古，朝廷半老儒"诗句送他。著有《生还录》《西山老人文集》，未传于世。

向子諲

向子諲（1085—1152），字伯恭，号芗林居士，樟树市（另说新干县）人。两宋官员、学者。哲宗元符三年（1100）以荫补官。金人进攻亳州时，诸道兵萎缩不进。向子諲痛斥张邦昌，焚其手书，并率儿向澹抗金。金遣使者议和，向子諲不肯拜金诏。南宋初，累官户部侍郎，知平江府。因反对秦桧议和，落职居樟树、芗林。建经史阁，高宗亲书"芗林"赠之。撰有《酒边词》《芗林家规》《芗林集》等。其诗以南渡为界，前期风格绮丽，南渡后多伤时忧国之作。

成恭夏皇后

成恭夏皇后（1136—1167），宋代宜春温汤人。少女时期，姿容端正，被官府选中，送往临安（今杭州），进宫侍奉宋高宗皇后。普安郡王赵昚之妻病故，高宗皇后侍女夏氏赐给赵昚续弦。赵昚即位，是为孝宗，夏氏为贤妃。第二年，册立夏氏为皇后。夏皇后年仅 31 岁去世，谥号"安恭"，葬会稽陵园。后改谥"成恭"。家乡建立牌坊，村名赐名夏家坊。

扬无咎

扬无咎（1097—1171），字补之，号逃禅老人、清夷长者，樟树市大桥街道南上人。两宋之际诗、书、画兼长的艺术家，其书画艺术在中国画史上影响深远，尤擅画梅，开墨梅派先河，有"得补之一幅梅，价不下百千匹"之说。现存世作品有《四梅图》《雪梅图》及《逃禅词》。

刘清之

刘清之（1134—1190），字子澄，号静春，樟树市人。北宋学者。绍兴二十七年（1157）进士。先后任万安、高安县丞，宜黄知县，衡子州、袁州知府。著有《曾子内外杂篇》《训蒙新书》《外书》《戒子通录》等。主持纂修《衢州图经》。亦工书法、绘画，有人物画《耸寒图》流传于世。

彭龟年

彭龟年（1142—1206），字子寿，号止堂，樟树市人。南宋乾道五年（1169）进士。官至吏部侍郎，并侍读。降职后再启用，升集英殿修撰。宁宗诏赠宝谟阁直学士，加赠龙图阁学士。著有《解经祭仪正致录》《奏议外制》《内治圣鉴》《止堂集》。

幸元龙

幸元龙（1169—1232），字震甫，号松垣，高安市华林山镇人。嘉泰二年（1202）进士。任京山县丞，万俟卨与岳飞后代田产纠纷，多年未决，幸元龙以田产判归岳家，受到舆论赞扬。嘉定四年（1211）因评论丞相史弥远的不轨行为，被弹劾致死。卒谥靖节。著有《桂岩集》《松垣集》，纂《高安志》。

张　洽

张洽（1161—1237），字元德，号主一，樟树市大桥街道彭泽人。南宋嘉定元年

（1208）进士，官至秘书郎、著作左郎。精于吏术，尤善断狱。创办清江书院，担任过白鹿洞书院院长。著有《春秋集注》《春秋集传》《左氏蒙求》《张文宪文集》《续通鉴长编事略》等。

徐天麟

徐天麟（生卒年不详），字仲祥，樟树市人。南宋开禧元年（1205）进士。官至广西转运判官、武学博士。在职期间勤政爱民、兴学明教。深研两汉历史，著有《西汉会要》《东汉会要》，合称"两汉会要"，分别记述两汉的典章制度，另著有《汉兵本末》《西汉地理疏》《山经》等。

刘应龙

刘应龙（生卒年不详），字汉臣，号宝斋。高安市灰埠镇钧山人。南宋嘉熙二年（1238）进士。为官廉洁清正。任崇仁知县时，独自领兵拒寇。授监察御史，不肯按理宗授意弹劾丞相吴潜被贬。后任秘书监兼国史编修。南海贼寇作乱，刘应龙以广东经略安抚使剿抚。后升兵部尚书、青海军节度使等职。

姚　勉

姚勉（1216—1263），字述之、正卿，号雪坡，又号蜚卿，宜丰县新庄镇人。南宋宝祐元年（1253）状元。授承事郎秘书省正字，因太学生议论丞相丁大全而遭驱除事，愤然进谏，得罪权奸而被罢官。开庆元年（1259）复召为校书郎兼太子舍人。一日为东宫太子讲《周易》，言语之中，暗贬了右丞相贾似道，再次被罢官。著有《雪坡舍人文集》《雪坡集》。

陈仲微

陈仲微（1208—1279），字致广，号遂初、文溪，高安市独城镇人。南宋嘉熙二年（1238）进士。初为莆田尉、海盐丞，亲率弓兵捉捕海盗。累官至太府寺丞兼权右侍郎，以直触怒丞相贾似道罢官。益王在海上即皇帝位，任为吏部尚书。崖山兵败后，避入越南，客死他乡。著有《广王卫王本末》《文溪集》《清隐集》。

范 桴

范桴（1272—1330），字享父，一字德机，樟树市人。元代诗人。历官翰林院编修官、御史台、海南海北道廉访使、江西湖东道、福建闽海道知事等。人称"文白先生"，号称"元诗四大家"之一。其诗多为日常生活及应酬之作，风格多样，清淡闲远，力求"摹古"。著有《范德机诗集》《木天禁语》《诗字禁脔》等。

阴幼遇

阴幼遇（1264—1331），字时夫，奉新县人，阴应梦幼子，元代文人。三十年如一日待在聚德楼上，编纂一部按韵编排的类书《韵府群玉》，该书是一部研究音韵的著作，上涉群经，下涵诸子，搜集资料广博、珍贵。明陈文烛评曰："备天地之大观，为艺林之珍品"。元明清时作为"近体诗"押韵的依据，在音韵史上有重要地位。

彭莹玉

彭莹玉（？—1353），又名彭和尚、彭祖师等，宜春县慈化人。元末南方红巾军起义领袖之一。10岁入寺为僧，后入白莲教为当地教首。元顺帝至元四年（1338）正月，彭与弟子周子旺组织五千余信徒武装起义，被镇压。辗转逃匿到江淮、江西、两湖等地又发展大批信徒，于至正十二年（1352）春再次起义，起义军以红巾裹头，故称"红巾军"或"香军"。兵渡长江，连克繁昌、铜陵、弛州、安庆、湖口诸城，并夺取杭州城。率部转进江西，攻克瑞州（今高安）城。后隐居，传言被俘杀害。

张美和

张美和（1314—1396），名九韶，樟树市人。擅长辞赋，在元朝末年屡次中举而未能任官。明洪武三年（1370），被推荐为县学教谕。之后升任为国子监助教，后改任翰林院编修。在他辞职回乡时，朱元璋亲自撰文赐之。之后又与钱宰等人编修《尚书》，后返乡。著作颇丰，有《理学类编》《群书备数》《元史节要》等。

郭 瑾

郭瑾（1386—1466），字邦器，号绿阴公，万载县康乐人。明永乐二十二年（1424）进士，历任刑科给事中、刑部右左侍郎等，政绩斐然。曾清查南京刑狱，保全了数百条人命；后因上书弹劾大将军石亨等事，反遭诬告，辞官归乡。葬于万载竹渡紫盖山，著有《绿阴书屋集》。

袁　彬

袁彬（1401—1488），字文质，宜丰县澄塘镇人。明正统十四年（1449）袭父职任锦衣卫校尉。是年七月发生土木之变，明英宗被瓦剌首领也先掠去，袁彬随侍英宗，不离左右。因护送英宗归国，代宗授之为锦衣卫试百户。袁彬将这次事件写成《北征事迹》。因剿曹钦叛逆有功，官授都指挥金事掌锦衣卫。升至都指挥同知。卒于前军都督府都督同知任上。

邹维琏

邹维琏（？—1635），字德辉，号匪石，宜丰县谭山镇人。明万历三十五年（1607）进士，历任延平推官、兵部职方郎中、吏部考功司郎中。东林党人。曾因指斥魏忠贤而被罢官。崇祯初，起用为通政参议。迁太仆寺少卿。不久擢右金都御史，巡抚福建，指挥官军打败荷兰侵略军，收复厦门。因被首辅温体仁所忌，复罢官。后召为兵部右侍郎，因疾不就。著有《达观楼集》。

陈泰来

陈泰来（？—1645），字刚长，宜丰县桥西乡人。明崇祯四年（1631）进士。曾授兵科给事中。领兵在河北滦河之间抵拒清军，一日三捷，因战功升吏科给事中。南明唐王即位，授太仆少卿、右金都御史，守赣州。后陈泰来率义军攻破降清将领金声桓统治下的万载、新昌、义宁等州县。在攻打抚州时，兵败被围，陈泰来避于黄氏祠中，被烧死。国史有传。

袁继咸

袁继咸（1593—1646），字季通，号临侯。宜春县寨下镇横塘村人。天启五年（1625）进士，官至山西提学金事，被诬陷罢官。重启后，任湖广参议、兵部右侍郎兼右金御史，总督江西、湖广应天、安庆等处军务。明亡后拥戴南明福王政权，拒降清，被杀害，尸骸归葬宜春，追谥号忠毅。被囚期间，效仿文天祥读书著述，有《经观》《史观》《正性吟》《六柳遗集》等诗文传世。

杨廷麟

杨廷麟（1598—1646），字伯祥，号兼山，樟树市临江镇善嘉桥人，明崇祯四年（1631）进士，授编修、兵部职方主事。南京失守后，南明唐王授其兵部尚书兼东阁大学士。清军攻打赣州时，杨廷麟率义军死守，城破，投水塘自尽。清高宗赐谥忠节，并建忠义祠。现存《兼山诗集》。

张自烈

张自烈（1597—1673），字尔公，号芑山，又号谁庐居士。宜春市北厢上水关袁州区秀江街人。一生酷好藏书，寓住南京3年，收藏各种书籍30余万卷。明崇祯七年（1634）携全部藏书回到宜春。明末清初，袁州战乱不已，所藏书散逸殆尽。晚年寓居庐山，讲学于白鹿洞书院。卒葬于白鹿洞郑家冲，墓今仍存。著述颇富，有《四书大全辨》《芑山文集》等。其字书《正字通》为《康熙字典》所引用、参考。与胞弟自熙、自勋俱著文名，时称"三张"。

张自勋

张自勋（生卒年不详），字不兢，宜春市袁州城区秀江街人，与其兄张自烈齐名。曾重建昌黎书院和白鹭洲书院，聚文人讲学。著作颇丰。明崇祯十六年（1643），撰著《纲目续麟》《校正凡例》《附录》《汇览》等。对朱熹所编《通鉴纲目》一书多有订正。后著有《廿一史独断》《卓庵新书》《五经大全正误》《四书众解合纠》《朱陆折衷》等。

甘文焜

甘文焜（1632—1673），字炳如，汉军正蓝旗人，其先祖自丰城徙沈阳，清初大臣、将领。康熙七年（1668）十二月，甘文焜为云贵总督，驻镇贵阳，以节制平西王吴三桂。吴三桂反叛后，甘文焜在贵州驻军提督李本深投靠吴三桂，安顺沦陷后，亲自领兵督战，见贵阳已不能守，退而防御贵州东大门镇远。遭叛将江义围截，与之恶战文德关，自戕身亡。清廷追认其为兵部尚书，又下旨封赐为"忠果"。葬北京万寿寺路。今镇远存"甘公祠"。

帅治谟

帅治谟（1639—1681），铜鼓县人。出身武艺门阀，幼读经书史籍，苦学少林，身怀轻功绝技。因不满清王朝强制汉人留辫，组织乡勇，武装抗争，闯荡宁州（含铜鼓、修水）、浏阳、平江、万载等十数个州县，广行侠义，劫富济贫，时历数年。时过而立之年，举义受挫，壮志难酬，隐姓化名为"巾台莫"。江湖敬称为"巾台莫将军"。

徐日暄

徐日暄（1661—1718），字润友，号敬斋，高安市筠阳街人。清康熙二十六年（1687）乡试第一，康熙二十七年（1688）举进士，为皇太子侍从。升国子监祭酒，整饬科条，甄别课试。先后出典顺天、山西乡试，奖拔人才不遗余力。晋升少詹事。以文章气节推重一时，著有《成均课艺》《敬斋稿》《停云斋集》。

甘汝来

甘汝来（1684—1739），字耕道，号逊斋，奉新县会埠镇水口村人。康熙五十二年（1713）进士，官至吏部尚书、太子少保。康熙五十七年（1718）任涞水知县，适逢该县久旱，减民杂税6000余两；任新安（今香港、广东深圳一带）知县时开凿白杨淀堤。雍正三年（1725），升授广西左江巡道，界定中越边界友谊关。卒葬奉新罗市镇，谥"庄恪"。编纂《广西通志》《太平府志》，著有《甘庄恪公全集》《圣训广训疏议》《周礼简注》等。

陈守创

陈守创（1669—1747），字业侯，号木斋。高安市荷岭镇人。清康熙三十三年（1694）进士。初任高阳知县，甘冒抗命之嫌，强行开仓赈救百姓。任常熟知县，被赞"陈公第一好清官"，调中南仓监督兼户部右侍郎。生活清贫，曾被雍正称为天下第一贤员。后因失职罢官回乡，受聘主讲于豫章书院。著有《易经讲义》《易经文稿》《四书制义》《举业字学会通》《留余堂全稿》。

晏斯盛

晏斯盛（？—1752），字虞际，号一斋，上高县蒙山乡（清代属新喻）人。清代官员。康熙五十九年（1720）江西乡试第一名，次年举进士，为庶吉士。曾对清政府贯彻"以汉化夷"的治边思想有影响。在安徽、山东等地任职多有政绩。乾隆十六年（1751），以母老请终养回原籍。次年正月抵家，不久病死。乾隆遣官谕祭。著有《易学初津》《禹贡解》《楚蒙山房屋易经解》《诗集》数十卷，皆刊行。

杨锡绂

杨锡绂（1701—1768），字方来，号兰畹，樟树市观上镇安定庙村人。清雍正五年（1727）进士。官至吏部尚书、漕运总督，加太子太保。任漕运总督 12 年，兴水利，严禁陂塘改垦，节制江南八省钱粮，亲临漕船，监督水运，保证京师供应。死后谥勤悫。著有《漕运全书》《四书讲义》《四知堂全集》等。

王锡侯

王锡侯（1713—1771），字韩伯，宜丰县棠浦镇人。24 岁中举，后"九试春官"屡试不第，自此潜心著述。有《国朝试帖详解》《书法精言》《望都县志》以及《江西文观》《王氏源流》等 10 余部书籍。他认为《康熙字典》收字太多，不便查阅，于是花 10 年心血编纂《字贯》，创立新的体制。因未将皇帝庙讳御名开列，没有避讳，触犯大清律，被抄家斩首。株连家人 20 余口，株连官员数十人，属于清代著名的文字狱。

陈池凤

陈池凤（？—1804），字鸣瑞，号丹山，万载县城人。清乾隆四十六年（1781）进士。任山东泗水县知县时，他将疏泗河的钱粮悉数分给民工。遇到灾荒，则开仓济贫，百姓感激地称他为父母官。因得罪上司，任职 5 年后被罢官。后为东鲁书院山长。卒后靠民众集资将遗体运回家乡。著有《丹山稿》，该书对文学具有很高的研究价值。

辛绍业

辛绍业（1755—1814），字服先，号敬堂。万载县康乐人。清嘉庆元年（1796）进士。官至国子监助教。博研群书，在京师与翁方纲校勘、注疏《说文》14 年，著作颇丰，有《冬官旁求》《易图存是》《周礼释文问答》《律吕考》等，少量梓行，余藏于家。

胡浚源

胡浚源（1748—1824），字甫渊，号乙灯，铜鼓县带溪人。清代官员、文学家。先后在河南商水、考城（今兰考县、民权县的一部分）、新郑等县任知县8年。其间，以"重道爱民"为本。处理案件，迅速果断，公正清廉。上司以"醇儒良吏"相赠。辞官返乡后，致力于教育和著述。所著《楚辞新注求确》和《雾海随笔》完整地保存在中国国家图书馆古籍部，《树春山房全集》第1至6卷保存在铜鼓县史志办。

辛从益

辛从益（1759—1827），字谦受，号筠谷。万载县人。清乾隆五十五年（1790）进士。官至内阁学士、礼部左侍郎、吏部右侍郎。主编《续纂大清通礼》，道光帝亲赐《实录》，以示褒奖。其著作大多散佚，存稿有《寄思斋藏稿》《公孙龙子注》《辛筠谷年谱》。

舒梦兰

舒梦兰（1759—1835），字香叔，又字白香，晚号天香居士，江西靖安县人。清代文人。多次应试落第后，闭门读书，穷究理学。其著作有《游山日记》《古南余话》《婺令余稿》《秋心集》等，后人将它们合编成《天香全集》。其中，《白香词谱》选辑自唐代李白至清初黄元隽59家著名词人各种词牌的代表作共100首，编成词谱，成为填词者的规范。

傅九渊

傅九渊（1793—1845），字深甫，号拙斋。上高锦江乡垴上人，清道光三年（1823）进士。历任湖北远安、山东长山知县。博览多闻，尤精数学，曾以定用岁轮算金水二星行度术，订正了清朝江永的"金水二星发微"之误。著《有不为斋算学》4卷。

朱　瀚

朱瀚（1804—1857），原名时序，号寅庵。高安市村前镇人。清道光五年（1825）世袭骑都尉，历任游击、参将、副将、总兵。在广西、湖南与太平军多次交战。虽戎马一生，却精通文学，尤喜赋吟，被称为儒将诗人。诗多反映镇守边关的军旅生涯。

著有《小沧溟馆诗集》《燕游小草》等。

李祖陶

李祖陶（1776—1858），字钦之，号迈堂，上高县徐家渡镇路口村人。曾9次会试未中，遂绝意功名周游各地，对河防漕运、盐法钱钞、风土人情、民生疾苦，无不悉心研究，并提出了许多兴修水利、发展生产、疏畅流通、改善民生的见解。后讲学于白鹭洲、洪都、凤仪、龙州、景高等书院。年70还乡，逝于家中。著有《国朝文录》《迈堂文略》《金、元、明八大家文选》《史记注释》《迈堂诗稿》等书。

帅方蔚

帅方蔚（1790—1872），字叔起，一字子文，号石村，奉新县宋埠人。清道光六年（1826）进士。以第一进呈，道光帝以书法不工改为第三。累官京畿道监察御史。告老还乡后，在多处书院主讲，后任庐山白鹿洞书院山长；在家乡倡议筹建"登瀛集"，购置租产三千余担助学。同治九年（1870），受聘参纂《江西通志》，主修《奉新县志》。著《帅氏清芬集》存世。

谢大舒

谢大舒（1817—1886），字日长，号畅轩，万载县株潭人。清道光二十年（1840）中举，主讲于铜鼓奎光书院和浏阳文华书院。多次参与打击太平军，后得到左宗棠器重，先任台州海防同知，后以知州衔守庆阳。在家乡倡建正谊书院，并把家中藏收移入书院，因此把书院的藏书楼命名为怀谢楼。有《春草草堂集》传世。

许振祎

许振祎（1827—1899），字仙屏，奉新县赤田人。早年随曾国藩攻打太平军。清同治二年（1863）中进士，改翰林院庶吉士。先后任乡试考官、学政、按察使、布政使、总督，累官广东巡抚。任陕甘学政时，创建味经书院，实行陕甘分闱。因其连年督办河防成绩显著，朝廷予以从优叙级。卒葬奉新赤田陶仙岭。著有《督河奏疏》《诒炜集》等。

上饶市名人名录

梅鋗

梅鋗（？—前196），余干县梅港乡人。秦末在鄱阳督军湖练兵，随吴芮举兵响应陈胜起义，后一起跟随刘邦。梅鋗多谋善战，灭秦定南越，开发岭南，战功卓著。汉高祖封他为"台侯"，十万户列侯，梅岭即以其姓称之。死后归葬故乡——梅港军山。

雷义

雷义（生卒年不详），字仲公，鄱阳县人。东汉时，任郡里功曹，助人为乐。后被推荐为孝廉，授职尚书侍郎。代人受过，东汉顺帝得知此事，下诏两人都免罪。雷义被推荐为秀才，主动让贤他人。后被授予职位。为南顿（河南项城）令，病死在任上。

李恂

李恂（80—170），字叔英，陇西（今甘肃）人，出身名门，东汉廉臣。官至张掖太守、持节出使西域各国。他为官刚正不阿，清正廉洁。由于功勋卓著封赭亭侯，晚年徙居新安关下（今铅山县龙关）织席自给。去世后用陶瓮作棺安葬于横峰县莲荷乡杨家村一红石山腰，山由此得名赭亭山。

张遐

张遐（生卒年不详），字子远，余干县江埠乡人，史载其能"日诵万言"，远近闻名。东汉灵帝建宁（168—171）年间，召为五经博士，后调任鸿门都学士。著有《五经正义》《五经通义》《易传》《筮原》《龟原》《吴越春秋外纪》等。

虞 溥

虞溥（238—300或239—301），字允源，今山东巨野人。西晋武帝咸宁末年（279），任鄱阳内史，实掌太守之任。武帝太康初年（280），虞溥"大修庠序（官办郡学），广招学徒"。开江西风化之先，使鄱阳继豫章后，成为江西第二个兴办官学的地方。著有《春秋经传》《江表传》等文章诗赋10多篇。元帝司马睿将《江表传》藏于秘阁。

雷 焕

雷焕（265—334），字孔章，东晋鄱阳人，善星历卜占。曾为丰城县令。《晋书》记述雷焕掘土得宝剑龙泉太阿。"龙光射牛斗之墟"即用此典故。今仍遗迹。

操师乞

操师乞（？—616），鄱阳县金盘岭人。隋末爆发农民起义。操师乞率领鄱北一带农民起义反隋，不久，占领鄱阳，自号元兴王，建"天成"年号。接着带领部队攻占豫章郡（今南昌）。隋军刘子翊领兵镇压。操师乞身先士卒，不幸中箭牺牲。

吉中孚

吉中孚（约730—790），字子猷，上饶市鄱阳县人，一说楚州（今江苏淮安市）人。德宗建中元年（780）进士。始为道士，后还俗，至长安，唐代"大历十才子"之一。官至吏部侍郎，为中书舍人。著有《吉侍郎集》诗集1卷，散佚。

陆 羽

陆羽（751—814），字鸿渐。一名疾，字季疵，号竟陵子、桑苎翁、东冈子，又号"茶山御史"。湖北天门市人。唐代著名的茶学专家，后世誉为"茶仙""茶圣""茶神"。一生嗜茶，精于茶道，以著世界第一部茶叶专著——《茶经》而闻名于世，《茶经》3卷10章7千余字，是唐代及唐代以前有关茶叶的科学知识和实践经验的系统总结，创造的茶学、茶道、茶艺以及所著的《茶经》，是划时代的一个标志。

陈　陶

陈陶（约812—885），字嵩伯，自号"三教布衣"，鄱阳县人。晚唐诗人和学问家。早年游学长安，善天文历象，尤工诗。唐宣宗大中年间（847—859），告别京师，隐居到洪州（今南昌）西山。在西山建室而居，过着侣樵而友麋鹿的生活，常与施肩吴、欧阳持诗酒往来。毕生好学，工诗善文，著作颇丰，但大都散失。著有《陈陶集》《文录》。其《陇西行》诗被誉为"晚唐中堪泣鬼神之作"，入编《唐诗三百首》。

王贞白

王贞白（875—940），字有道，上饶市广丰县永丰镇人，唐乾宁二年（895）进士，授校书郎。后知时局不可为，退隐乡里讲学，创建有道山斋，传道授业，经常与名士同游唱和。他的名句"一寸光阴一寸金"为千古所传诵。曾随军士出塞御敌，写下较多边塞风光及征成的诗。著有《灵溪集》。

邓润甫

邓润甫（1027—1094），字温伯，又字圣求。今江西永修县人。北宋皇祐元年（1049）进士。早年曾辅佐王安石推行新法。哲宗时奉命修撰《神宗实录》，知抚州、杭州、亳州，以龙图阁直学士知成都府，任吏部尚书、礼部尚书，改任兵部尚书、端明殿学士、尚书左丞。卒谥安惠。

彭汝砺

彭汝砺（1041—1095），字器资，鄱阳县滨田人。北宋治平二年（1065）状元。因指责当时朝政利弊，得罪神宗降为江西转运判官。后召回任京西路提点刑狱。元祐年间又因言事被贬知滁州。绍圣初，升吏部尚书，复因为人耿介，为人所不容，罢为宝文阁直学士、知成都府，复降待制知江州（九江），不久病逝。所著《易义》《诗义》以及奏议、诗文等，合辑为《鄱阳集》。

张　潜

张潜（1025—1105），字明叔，德兴市人，北宋湿法炼铜家。西汉留候张良后裔。始居河南清河。兄弟五人，其为布衣，余者皆登科致仕。一生潜心科技研究。熟习胆水浸铁炼铜技术，是我国化学、冶金史上的一大进步。1971 年，德兴吴家园出土《张潜行状碑》，碑刻于大观元年（1107）三月，详尽记述了张潜的生平事迹和其对炼铜技术的贡献。《浸铜要略》已失传，今存《浸铜要略·序》。

张　根

张根（1061—1120），字知常，号吴园，德兴市人。北宋元丰五年（1082）进士。在江西任职 20 多年，官至淮南转运使加直龙图阁。因向宋徽宗上奏花岗石的弊害，触犯宰相蔡京及其党羽，贬为信州酒监，再贬为濠州团练副使，最后流放郴州（今湖南郴县）。著有《吴园易解》《宋朝编年》《春秋指南》《五经诸子传注》等书。

张叔夜

张叔夜（1065—1127），字嵇仲，上饶市广丰县铜钹山镇家潭村人，北宋大观四年（1110）赐进士出身。官至继进龙图阁直学士、青州知州。金兵围京师，张叔夜率二子与金兵激战 4 天，城陷受伤被俘。徽、钦二帝北迁，张叔夜叩马劝阻绝食而亡。谥"忠文"，敕建衣冠墓于灵鹫寺西侧。有诗文入《全宋诗》《全宋文》。

朱　松

朱松（1097—1143），字乔年，号韦斋，今婺源县紫阳镇人，朱熹的父亲。北宋政和八年（1118）同上舍出身，官至吏部郎。参与修撰《哲宗实录》。反对秦桧对金议和，被贬为饶州知州。未就任请赋闲。改为崇道观主事，卒赠通议大夫，追谥献靖。著有《韦斋集》《韦斋外集》行世。

朱　弁

朱弁（1085—1144），字少章，号观如居士，今婺源县紫阳镇人，朱熹族叔祖。南宋建炎二年（1128）正月，以太学生擢任通问副使赴金，言和战利害甚悉，被金拘留，坚贞不屈，16 载后方归，宋高宗诏为"忠义守节"。归宋后秦桧恶其言，仅授奉议郎。善文学，多怀念故国之诗。著有《曲洧旧闻》《风月堂诗话》《新郑旧诗》等。

洪　皓

洪皓（1088—1155），字光弼，鄱阳县人。北宋政和五年（1115）进士。升徽猷阁待制，暂兼礼部尚书任大金通问使出使金国，被金拘滞 15 年，被称为"宋之苏武"。南归后，任徽猷阁直学士，提举万寿观，兼权直学士院。因责备秦桧无意恢复中原，被贬知饶州，再削官职，流放英州（今广东英德）。至南雄（今属广东）病故。谥号忠宣。著有《鄱阳集》《松漠纪闻》等。

余尧弼

余尧弼（1080—1165），字致勋，上饶市上饶县上泸镇人。北宋政和二年（1112）进士，高宗时迁御史中丞，因依附秦桧，拜端明殿学士，签书枢密院事，终为参知政事。出使金城时，不卑不亢，有理有节，金主敬畏。后因不满秦桧弄权，辞官退居乡里。卒后葬上饶县黄沙岭乡源溪村。

陈康伯

陈康伯（1097—1165），字长卿，南宋上饶市弋阳县港口镇南山人。北宋宣和三年（1121）进士，南宋时官至尚书左仆射同中书门下平章事。为官耿直，不附和秦桧，力主抗金，采石（今安徽马鞍山）一战，击退金兵。告病返乡后，又逢金兵进犯，他奉诏带病击溃金兵。卒后赠太师，谥文恭，归葬弋阳。遗著《陈文正公录》入《四库全书》。

周执羔

周执羔（1094—1170），字表卿，南宋上饶市弋阳县中畈乡杉山街人。北宋宣和六年（1124）进士，南宋时在宜黄、眉州、夔州任职，官至礼部尚书，龙图阁大学士，主张爱民节用。对天文历法颇有研究，著有《经元历》《历议》《历书》《五星测验》。弋阳仍存其墓葬。

洪 遵

洪遵（1120—1174），字景岩，洪皓次子，鄱阳县人，南宋绍兴十二年（1142）与兄洪适同时中博学宏词科，赐进士出身。曾上奏论及经筵官的任免和"封事""进对""宴会""锡予""讲读""问答"等事，并编辑成《迩英纪注》。后官至翰林学士，拜同知枢密院事、资政殿学士。提举临安府（今杭州）洞霄宫。谥号文安。著述甚多，有《小隐集》《谱双》《泉志》等，其中《泉志》为中国第一部较完整研究古代钱币学的著作。

洪　适

洪适（1117—1184），字景伯，洪皓长子。南宋绍兴十二年（1142），与弟洪遵同中进士，任秘书省正字。因父亲受牵连出任台州通判。后官至参知政事、尚书右仆射同中书门下平章事兼枢密院使。乞退后提举临安府（今杭州）洞霄宫，谥号文惠。

施师点

施师点（1124—1192），字圣与，上饶市广丰县吴村镇施村人，南宋绍兴十七年（1147）进士，官至参知政事、知枢密院事、资政殿大学士、知泉州、知隆兴府、江西安抚使等。曾出使金国，不辱使命，使金人惊服。卒后追赠金紫光禄大夫。有《奏议》《东宫讲义》《正宪集》著作传世。

赵汝愚

赵汝愚（1140—1196），字子直，宋太宗长子赵德崇的七世孙。余干县人。南宋乾道二年（1166）状元，官至右丞相、枢密使。因朱熹案被罢相任后，流放永州（湖南零陵）。清正爱民，布衣蔬食。著有《太祖实录举要》《学行事实》《宋朝诸臣奏议》。

洪　迈

洪迈（1123—1202），字景庐，洪皓第三子。鄱阳县人，南宋绍兴十五年（1145）进士，曾以翰林学士衔出使金国，金人令其改称"陪臣"，迈坚持不从，因此被拘于使馆。回朝后出知吉州、赣州、婺州、绍兴。同修国史，预修四朝帝纪。以端明殿学士致仕。死后谥文敏。著有《容斋随笔》《夷坚志》《野处类稿》《经子法语》《邹阳志》等40多部，编有《万首唐人绝句》。

辛弃疾

辛弃疾（1140—1207），原字坦夫，后改幼安，号稼轩，山东历城人，南宋爱国将领、豪放派词人，历史上与苏轼并称为"苏辛"，与李清照合称"济南二安"。晚年长期落职闲居在铅山县稼轩乡瓢泉和期思村一带，1207年卒于铅山。在铅山县先后生活了20余年，近90%的词作于上饶地区。朝廷追赠他为光禄大夫、少师，谥忠敏。铅山县永平镇存有辛弃疾墓。

赵　蕃

赵蕃（1143—1229），字昌父，一字章泉，上饶市玉山县人。南宋江西诗派人物殿军。先后师从刘清之、朱熹，因曾祖致仕恩补信州（今上饶）文学，调浮梁县尉、连江主簿，都不赴任。后以直秘阁致仕，晚年隐居玉山章泉。著有《乾道稿》《淳熙稿》《章泉稿》。

陈文蔚

陈文蔚（1153—？　），字才卿，号克斋，上饶市上饶县上泸镇人。南宋文人。师从朱熹，是朱子的得意门生。先后在双溪、南轩、龙山、白鹿洞等书院讲学。端平二年（1235）都省言其所作《尚书类编》，有益治道，诏补迪功郎不就。学者称克斋先生。还著有《克斋集》。

徐元杰

徐元杰（1196—1245），字仁伯，号梅野，上饶市上饶县煌固镇黄塘村人，早师从陈文蔚，后师事真德秀。南宋理宗绍定五年（1232）状元，先后任知南剑州、侍左郎官、中书舍人。中毒暴卒，赐谥忠愍。著有《梅野集》。今上饶县仍存其故居、祠堂。

饶　鲁

饶鲁（1193—1264），字伯舆，又字仲元，人称双峰先生。饶州余干万年乡人，南宋教育家、理学家。赴试不第，遂专意经学、理学，创"双峰学派"，是江西境内传播朱熹理学的重要人物。门下陈大猷、赵汝腾、程若庸、史泳等高足极多，而再传弟子吴澄、程钜夫、揭傒斯、虞集等，更在元朝影响巨大。著有《五经讲义》《语孟纪闻》《春秋节传》《庸学纂述》等，均佚。死后门人尊谥他为"文元"，元仁宗赐封为"理学大宋儒家"。

李伯玉

李伯玉（？—1276），初名诚，字纯甫，余干县人。南宋端平二年（1235）进士第二，官至礼部尚书。在任不依附权贵，多次揭露贵戚大臣的过失，因此被降职、获罪，朝中官宦为"铜山铁壁"誉。著有《易经义》《斛峰集》《古文》等。

王 奕

王奕（生卒年不详），字伯敬，号斗山，上饶市玉山县人。南宋淳祐四年（1244）太学生，入元后任玉山教谕，次年元兵攻占都城临安（今杭州市），弃官归隐怀玉山，谢枋得被害后率东南各省儒生沿谢枋得北上路线赴山东，登泰山、拜孔林、吊陶潜，次年回乡，在怀玉山南麓创办斗山书院、草堂书院，授徒讲学。其诗慷慨、其词悲凉，著有《玉斗山人集》。

彭大雅

彭大雅（生卒年不详），字子文，鄱阳县人。南宋嘉定七年（1214）进士。绍定五年（1232）蒙古遣使来议夹攻金朝事，南宋遣使报谢彭大雅为书状官出使蒙古，将亲身见闻写成《黑鞑事略》，是研究蒙古开创历史的珍贵资料。知重庆时曾修筑重庆城防，因功高受人嫉恨，被屡进谗言，被宋理宗革职查办，贬为庶人，发配赣州，忧愤死亡。

周端礼

周端礼（生卒年不详），字应和，上饶市广丰县排山镇人，供职枢密院。南宋嘉定六年（1213），充任庆贺使出使金国。金人阴谋半途劫走礼币，借词使者失职，挑起事端。被周端礼察知，将礼币他移，第二天按国书如数送上礼币，金主和大臣们只好优礼相待。周端礼还朝，转官东南路第十将，统领襄阳等府兵马，威重一时。

徐明善

徐明善（1250—?），字志友，号芳谷，德兴市银城镇天门村人。元代人。与弟徐嘉善都以理学闻名，时称"二徐"。曾出使安南，任隆兴路（南昌）教授、江西儒学提举。先后校阅江、浙、湖、广省科举考试卷，从考官弃卷中，选拔人才，其赏识、鉴别人才的能力为时人所称颂，官至翰林院侍讲学士。著有《芳谷集》。

胡炳文

胡炳文（1250—1333），字仲虎，号云峰，婺源县考水人。元代学者。自学成才，凡诸子百家、阴阳医卜、星历术数无不深究。曾任江宁教谕、信州路学录。被任命为兰溪州学正，未赴任。后任家乡明经书院山长。著作丰富，列入《四库全书》者就有《周易本义通释》《四书通》《纯正蒙求》《云峰胡先生文集》。

汪泽民

汪泽民（1273—1355），字叔志，号堪老真逸，婺源县浮溪人。元延祐五年（1318）进士，任兖州知州等职。参与撰修《辽史》《金史》《宋史》三史，书成迁集贤殿直学士。以嘉议大夫、礼部尚书致仕。在安徽宣城被红巾军抓获，因不归降被杀。著有《春秋纂疏》《巢深集》《燕山集》《宛陵遗稿》等。

赵友钦

赵友钦（1279—1368），又名友谋、敬，字子恭，又字子公，敬夫，号缘督，德兴市人。元代天文学家、数学家、物理学家。宋室汉王十二世子孙。宋亡后，为避免新朝迫害，浪迹江湖，常往来于饶、信、衢、婺间，与宋濂、刘基等鸿儒名士交往过从。晚年居浙江龙游鸡鸣山，筑观象台，研究天文，教授学生，卒后葬鸡鸣山。著有《革象新书》《金丹正理》《仙佛同源论》《盟天录》《推步立成》等书，除《革象新书》外，其他著述均已散佚。

周伯琦

周伯琦（1298—1369），字伯温，鄱阳县人。元代官员。被荫授南海县主簿，深得元顺帝眷顾。元代农民起义时，以江浙行省参知政事职，去平江招降农民起义领袖张士诚，被扣留平江10年。明朝建立，终老故土。工于文章、擅长书法，其"四箴""四铭"在鄱阳民间广为流传。著有《六书正讹》《说文字原》及诗文稿若干卷。

詹　同

詹同（生卒年不详），初名书，字同文，婺源县庐坑人。元末明初官员。陈友谅曾委以翰林学士兼御史，不予拜见。明太祖朱元璋下武昌，召其为国子监博士，赐名"同"。后升任吏部尚书，旋兼翰林院学士承旨。曾与宋濂为总裁官，编成《皇明日历》。著有《天衢吟啸集》《海岳涓埃集》等。

胡居仁

胡居仁（1434—1484），字叔心，号敬斋，余干县人。明代理学家。曾主讲于白鹿洞书院，筑室梅溪山中，创办南谷、礼吾、碧峰书院。与他人共创讲会，开书院会讲之先声，形成"余干学派"。从教20多年，布衣终生，著有《易象钞》《易春秋通解》《居业录》等。

吕　翀

吕翀（1469—1522），字天翰，号岑山。上饶市广丰县泉波镇吟阳村人，明弘治十二年（1499）进士。授行人司行人、刑科给事中。因上书弹劾刘瑾党羽，遭刘瑾矫旨报复，受杖责后削职为民。后被起用为云南佥事、四川按察司副使。在任期间，修成都江堰，以资灌溉，深受百姓称颂。

孙　需

孙需（？—1522），字孚吉，别号冰檗翁，德兴市银城镇人。明成化八年（1472）进士。弘治年间升为都察院副都御史。巡抚河南修筑汴河堤，安置流民。正德四年（1509），因忤逆刘瑾被罢官。后担任南京工部尚书、刑部尚书、吏部尚书等职。著有《孙清简公集》（原名《冰檗稿》）2卷。

余　祐

余祐（1465—1528），字子积，鄱阳县人。19岁师事胡居仁。明弘治十二年（1499）进士，先后任南京刑部员外郎、福州知府、徐州兵备副使、南宁府同知、韶州知府。嘉靖初，历官云南布政使至太仆寺卿，改吏部右侍郎。作为理学家胡居仁的门人，将胡居仁的讲学语录整理编辑成《居业录》，将朱熹的文集、语录摘汇编成《文公先生经世大训》。

汪　铉

汪铉（1466—1536），字宣之，号诚斋，婺源县大畈人。明弘治十五年（1502）进士，正德十六年（1521）任广东按察使，仿造佛郎机（葡萄牙）舰船上的大炮，于屯门（深圳）海边击败佛朗机，收复占据7年的失地。朝野倾动，连升三级。曾以右副都御史提督南赣军务。后进勋柱国，特授太子太保、吏部尚书兼兵部尚书，为明代唯一同掌吏、兵两部的官员。年老四次上书致仕。朝廷赐"四世一品"。

汪 俊

汪俊（？—1538），字仰之，上饶市弋阳县旭光乡旗山人。明弘治六年（1493）会试第一、进士，授庶吉士，官至礼部尚书，在朝不附和权贵，曾力排众议反对嘉靖帝的一些观点，被迫离职，著有《濯旧稿》。

夏尚朴

夏尚朴（1466—1538），字敦夫，号东岩。上饶市广丰县横山镇23都村人。明正德六年（1511）进士。官至广东惠州知府。因上书弹劾上司，不等结果，弃官返乡。复用后官至南京太仆寺少卿。有《中庸语录》《东岩集》等传世。

潘 潢

潘潢（1496—1555），字荐叔，号朴溪，婺源县坑头人。明正德十六年（1521）进士，初授乐清知县，后征入礼部，再调吏部。督学福建期间，严明学规，在南京先后任工部尚书、吏部尚书、兵部尚书职。因镇压安徽、河南一带农民起义军不能取胜，辞职归里。著有《论语阙疑》《五宗考义》《乐成刀笔》《朴溪文集》等。

吕 怀

吕怀（1492—1573），字汝德，号巾石，上饶市广丰县泉波镇梧桐坞村人。明嘉靖十一年（1532）进士，翰林第一。官至掌南京翰林院事、南京太仆少卿。不肯阿谀权贵，不久辞官还乡。精通哲理、经史、诸子、天象、音律诸学。有《心统图说》《巾石类稿》《周易卦变图传》等40多卷传世。《律吕古义》善本分存国家图书馆、上海图书馆。

汪应蛟

汪应蛟（生卒年不详），字潜夫，号登原，婺源县段莘人。明万历二年（1574）进士，曾离职、被罢官，官至户部尚书。日本入侵朝鲜时，以镇抚使往来登莱设防，保海疆无事。种植水稻之始并获成功。在保定，力赈蝗灾，疏罢矿税，获准减半。在天津，治理盐卤地，煎制白盐。著作甚丰，有《古今彝语》《中诠》等百余卷。

江一麟

江一麟（1520—1580），字仲文，号新源，婺源县江湾人。明嘉靖三十二年（1553）进士。先任工部郎中、广平知府。万历初任监军副使，往广东征讨倭寇获胜。巡抚贵州时为苗民除害，奏议设置长宁县。升户部右侍郎兼金都御史，总督漕运。后又以治河功，受赐玺书蟒袍。著有《易说》《尚书约旨》等。

余懋学

余懋学（1539—1599），字行之，号中宇，婺源县沱川理坑人。明隆庆二年（1568）进士。万历元年（1573）疏陈"防谀佞"五事，触怒张居正，被削职为民。万历十年（1582），复原职，继升尚宝卿。后官至南京户部右侍郎兼都察院右金都御史，卒赠工部尚书。著有《春秋蠡测》《读书随笔》《说颐》等。

何 震

何震（1535—1604），字主臣，一字长卿，号雪渔，婺源县田坑人。明代篆刻家，"皖派"（亦称"徽派"）篆刻的开创者。他深究古籀，精研六书，当时人尊奉他是篆刻艺术集大成者、海内第一，与"吴门派"篆刻创始人文彭并称"文何"，同为印学史上开宗立派的大师。著作有印学理论《续学古编》。

杨时乔

杨时乔（1531—1609），字宜迁，上饶市信州区水南街道滩头村人。明嘉靖四十四年（1565）进士。官拜吏部左侍郎。拒绝请吃喝，谢绝娇王，秉公执法，一生廉洁。死后经同僚资助才得以安葬。著有《周易全书今文》《四书古今训解》《马政记》等。

祝世禄

祝世禄（1540—1611），字无功，号石林，德兴市龙头山乡暖水村人。明万历十七年（1589）进士。后选考为南京吏科给事中，升任南京尚宝寺卿。回乡苦研学术，著有《环碧斋诗集》《尺牍》《环碧斋小言》。其"能爱日，可使一日为两日，百年为千载"的名言，为后世文人学者所传诵。

余懋衡

余懋衡（？—1629），字持国，号少源，婺源县沱川理坑人。明万历二十年（1592）进士。曾知永新县。巡按陕西时，奏斥官员梁永私吞公物，被投毒加害，幸未死。官至南京吏部尚书。曾与他人在北京建首善书院并讲学。著有《关中集》《古方略》等。

郑以伟

郑以伟（1570—1630），字子器，号方水，上饶市信州区沙溪镇五里村人。明万历二十九年（1601）进士，先后任詹事府少詹事，礼部右侍郎、直讲筵。天启年间得罪宦官魏忠贤，上书告归。后复召为礼部尚书兼东阁大学士，与徐光启并相。在朝为官30余载，死在任上。卒谥文恪，现五里村还建有"郑氏宗祠"以祭祀。有《明府藏》《灵山藏》等集行世。

汪　绂

汪绂（1692—1759），一名烜，字灿人，号双池，婺源县段莘人。清代学者。少家贫，在景德镇当画瓷工。后至福建，在枫岭、浦城间设馆授徒。博览群书，学问渊博。乐律、天文、地舆、阵法、术数、医卜以至琴、弓、篆刻、绘画无不用心，而以宋儒理学为依归。著作有《易经诠义》《书经诠义》等30余部。

王朝榘

王朝榘（生卒年不详），字揆方，万年县人。清乾隆四十四年（1779）与其兄王朝瑞同领乡试举人。曾任义宁州（修水）训导，后任河北宁河知县，兴利除弊，培养人才，人称循吏。后因目疾告归。善文辞，尤其熟悉乡邦掌故，著作甚丰，有《饶双峰经义》《十三经拾遗》《艾学闲谈》《雷次燕语》等。

熊　枚

熊枚（1734—1808），字存甫，铅山县人。清乾隆三十五年（1770）举乡试第一，次年中进士。历官刑部主事、江苏按察使、云南布政使、江苏布政使、刑部侍郎、直隶总督、刑部尚书、工部尚书等。在位期间，勤政爱民，尽心赈灾，平定冤案，深受百姓爱戴。

胡克家

胡克家（？—1817），字占蒙，号果泉，鄱阳县站前乡人。清乾隆四十五年（1780）进士。任惠潮嘉道台期间，严惩海盗、惯盗、走私贩头目。任安徽、江苏巡抚时，上呈嘉庆皇帝《疏浚吴淞江河道疏》，积劳成疾，工程尚未竣工，便病逝于任上。酷爱文史，关注国学整理工作，曾校刊出版《昭明文选》和《资治通鉴》等。

王凤生

王凤生（1776—1834），字振轩，号竹屿，婺源县漳村人。清嘉庆十年（1805），援例纳赀往浙江试用通判，后任嘉兴府通判、知府，河南归德知府、彰卫怀道，因病辞归。复职后任两淮盐运使。湖北水灾，赴鄂总办水利，修多县河堤。尤谙治水、盐政。有《浙西水利图说备考》《江淮河运道全图》《楚北江汉宣防备览》等。

苏兆熊

苏兆熊（1764—1835），字渭占，号蹯溪，鄱阳县人。少年时以诸生参军，清朝时期起，在江西南昌、贵溪、修水、抚州、余江等地任职。后调广东多年，累官至广东提督、广西提督。因病奏请开缺回原籍。

黄淳熙

黄淳熙（1816—1861），字子春，鄱阳县人。清道光二十七年（1847）进士。先在湖南三地任知县。太平军石达开部入湖南，他协守长沙与太平军30余战皆胜，升知府，以道员补用。所率部队被誉为"果毅营"。后与太平军交战于重庆，中埋伏，伤重被俘处死。赠布政使，加赠内阁学士。

江人镜

江人镜（1823—1900），字云彦，号蓉舫，婺源县晓起人。清道光二十九年（1849）顺天乡试中举，先后任内阁中书、方略馆编纂、内阁侍读、山西蒲州知府、太原知府、署山西按察使。后在湖北等地管盐政，官至两淮盐运使。因清除积弊，年减盐商供应费7000余金，旨赏一品顶戴。

吉安市名人名录

陶母湛氏

陶母湛氏（243—318），女，新干县南市村东（今金川镇东门新村）人，东晋大将军陶侃之母，也是中国古代一位有名的良母，以教子有方和宽厚待人称道于世。她与孟（子）母、欧（阳修）母、岳（飞）母并称"四大贤母"。其"教子惜阴""截发易肴""送子三土""退鲊责儿"的故事在民间广为流传。后人为纪念陶母教子读书，便在其故宅旁建起陶侃"读书台""洗墨池"，旁边还建有"惜阴书院""金川望江楼"。

王 孚

王孚（？—445），字烈之，安福县人，安福最早地方志的编撰者。南朝宋文帝时为文学主簿，品德高尚，为家乡人所称赞。南朝宋元嘉二十二年（445），拟荐举为孝廉，不幸病卒。著有《安成记》，是江西最早的地方志之一，原书已佚，《说郛》中有零星条目。

许和子

许和子（生卒年不详），女，吉州永新（今永新县）人。唐代长安教坊一个永新籍乐工之女，史书载"美而慧，善辞歌，变新声"。开元末选入宫，玄宗知其为吉州永新人，即以"永新"名之，是当时宫廷中优秀的歌手。唐曲《永新妇》即用和子之名。天宝十四年（755）冬，安史之乱爆发后，和子曾与人结为夫妻，夫妻俩曾流寓广陵（今江苏扬州）一带。夫去世后返回长安，不久贫困而亡。

彭玕

彭玕（生卒年不详），字叔宝，吉水县白水镇人。唐末黄巢起义时，以自卫乡党为名起兵，逐步据有吉州全境，被任命为吉州刺史。彭玕重视教育，广揽人才，把地方治理得富足安定。任吉州刺史三十余年，最大的贡献就是在唐天祐元年（904）对吉州城进行了一次较大规模的扩建，发展商业和手工业，带动城市建设，开创了吉安历史上在唐代时的繁荣局面。后任郴州刺史，封安定郡王。

刘言

刘言（889—953），吉安县人。唐末彭玕属下，909年随彭玕投奔南楚，后周广顺元年（951）为辰州（今湖南沅陵）刺史。刘言骁勇善战，遂得民心，被推为武平（今湖南常德）留后。同年南唐将领边镐率军入南楚潭州（今长沙市），广顺二年（952），刘言攻陷潭州，收复南岭以北故地。广顺三年（953），刘言任检校太师、同平章事、朗州大都督、充武平节度使，制置武安（驻长沙）、静江（驻桂林）等军事。因与将领意见相左，被部下王逵囚禁杀害。

宋齐丘

宋齐丘（887—959），字子嵩，一字超回，号九华先生，原籍吉安县，随父移居南昌。昇元元年（937）受徐志诰（南唐烈祖李昇）赏识，任命他为左丞相，帮助建立李氏政权。保境安民，提出赋税改革。创办金陵国学和庐山国学（即白鹿洞书院）。后历任吴国和南唐左右仆射平章事。晚年隐居（另有说被唐元宗李璟幽禁）九华山。显德六年（959）卒，谥丑缪。存有文集《增补玉管照神经》10卷、《宋齐丘文传》13卷、《宋齐丘集》6卷等。

鲁崇范

鲁崇范（生卒年不详），吉安县人。家贫，富藏九经、诸子和史书，皆手自校定。南唐统治相对稳定时，注重文治，办学校，兴科举，广育人才。其时金陵官学典籍残缺，皇帝李昇诏郡县搜求。崇范献其家藏，谢绝报酬，言："坟典，天下公器，世乱藏于家，世治藏于国，其实一也。吾非书肆，何酬价为？"李昇授之以太子洗马之职。李璟即位后，仍任为东宫使，为皇太子辅导学习。南唐三代皇帝，受其教习者有2位。

罗 韬

罗韬（886—969），字洞晦，一字晦夫，号匡山子，泰和县苑前镇书院村人。从小有志于学，淡泊名利。后唐初，被征授长沙通判，后授端明殿学士。向朝廷进《大学》，上书《丹四箴》，力主纳诲、防几、赏廉、革蠹。无意仕进，以疾乞休。在匡山（在泰和县城东南45公里）建书院并隐居终身。著有《匡庐记》3卷、《门人问答录》5卷、《琳王郎馀稿》1卷，均已散失。

陈 乔

陈乔（？—975），字子乔，吉安县人。南唐烈祖李昪时迁尚书郎拜中书舍人。中主李璟器重他，南迁洪州时，留陈乔辅太子监国。后主李煜时，任为吏部侍郎翰林学士承旨门下侍郎兼光政院辅政，总领军国大事。宋军攻陷金陵（今南京），李后主自书降表，陈乔劝谏背城一战。后主不从，遂自缢而死。

萧 俨

萧俨（907—982），字茂辉，又字弘道，号可仪臣，吉安县人。五代时期南唐名臣。10岁去金陵（今南京）应特设的童子科考试，考中。稍长，授秘书省正字。南唐烈祖初，改刑部郎中，受烈祖李昪赞誉，迁为司门郎中，判大理寺。赵宋平定江南，萧俨称病不出。卒时，至贫无一金。

郭昭庆

郭昭庆（933—约986），字澹庵，永新县禾川镇秀水村人。郭鹏之子。南唐保大十年（952），授扬子（今江苏扬州市南）尉不受，不久授著作郎。文名誉满京城，南唐降宋为属国后，向宋廷"岁贡方物笺表"和"使命廷劳燕饯"的文辞都出自郭昭庆之手，宋朝诸公亦推其辞藻。后被人用毒药谋害，时年约53岁。著有《治书》《强国论》等10余篇，以及《郑氏通志·艺文略》，内载《芸阁集》10卷。

郭 鹏

郭鹏（909—987），字时举，永新县禾川镇秀水村人。南唐保大元年（943）进士，后任庐陵令，不久，授中议大夫，升为大理寺少卿。晚年告归秀水桥，作诗自娱，著有《秀水桥诗集》2卷传世。北宋雍熙四年（987）谢世，寿年78岁，葬芦溪清水塘龙形。

刘　瑾

刘瑾（1023—1086），字元忠，永新县埠前镇三门前村人。刘沆长子。北宋皇祐五年（1053）进士，授承奉郎，拜光禄寺丞。历任治太常寺丞、同知太常礼院、集贤校理、太常博士，赐绯鱼服，校勘观文殿御览书籍太常丞。后调睦州（今浙江建德）通判、知开封推官、淮南转运副使。回朝后任同修起居注兼流内铨，权史馆修撰，加上骑都尉，赐三品服。官至朝奉大夫。因染病卒于任上。

刘元宾

刘元宾（1022—1086），字子仪，安成公二十三世孙，安福县严田镇龙云下村人。北宋医学家。官至殿丞。元宾从小刻苦攻读，知识广博，文采斐然，尤其精通医学。在翰林医局，经常与名士交往，并潜心著述医学论著。他一生著述甚富，有《集正历》《横天挂图》《神巧万金方》12卷，注解《叔和脉决》3卷等医学论著。惜多数已失传。

孔文仲

孔文仲（1033—1088），峡江县罗田镇西江村（原属新干县）人。与弟孔武仲、孔平仲以文声起江西，时号"三孔"。孔子第48代裔孙。北宋嘉祐六年（1061）进士，特被擢拔为第一名。先后担任余杭（今浙江余杭）县尉、台州（今浙江临海市）军事推官等职。入朝后封秘书省校书郎，复用为起居舍人，官至中书舍人。著《孔文仲文集》50卷、《唐书集注》130卷、《清江三孔集》40卷、《舍人集》2卷。

曾安止

曾安止（1048—1098），字移忠，泰和县澄江镇文溪村人。北宋熙宁九年（1076）进士，初任丰城县（今丰城市）主簿，后改为彭泽县令。在任期间，他体察民情，为政清廉。喜欢研究农作物，所著《禾谱》5卷，记载江南50多种水稻品种、特征、栽培技术，成为继北魏贾思勰《齐民要术》后的又一部古代农业科学著作，对江南乃至全国的农业发展起到不可估量的作用。另著有《车说》《屠龙集》。其墓今存泰和千秋乡。

刘弇

刘弇（1048—1102），字伟明，号龙云，安福县严田镇龙云下村人。北宋元丰二年（1079）进士。元符中进《南郊大礼献》，宋哲宗阅后为之动容，以为是相如、子云再现。先后任秘书省正字、礼部参详官。徽宗即位，改著作佐郎、实录院检讨官。弇嗜酒，不事拘检。为文辞铲剗瑕类，卓诡不凡。著有《龙云集》32卷传于世，《春秋讲义》《论语讲义》《龙云先生乐府》1卷。周必大为《龙云集》作序，以疾卒于官。

郭知章

郭知章（1039—1114），字明叔，遂川县雩田镇城溪村人。北宋治平二年（1065）进士。官至刑部尚书，并曾兼知太原府、开封府，晚年被贬知邓州、成都、虔州等。宋哲宗元符年间（1098—1100），辽国派使臣为西夏"请还河西地"。朝廷命郭知章接待，他对辽使待之以礼，晓以大义，辽使服其至诚。为官清正廉明，反对结党营私，任人唯贤，辞归故里病逝。谥号文毅。他著有《易义》10卷、《易谍义》10卷，并有《明叔文集》10卷，惜已失传。

杨邦乂

杨邦乂（1085—1129），字晞稷，吉水县黄桥镇云庄村人。北宋政和五年（1115）登进士第，官至建康府通判。建炎三年（1129）金兵入侵建康，破城被俘，杨邦乂不肯屈服，咬破手指在衣襟上血书"宁作赵氏鬼，不为他邦臣"。金人多次劝降不果，割舌剖胸挖心杀害。南宋朝廷为他举行官葬，谥忠襄。后人在他受难处聚宝山（今雨花台）下土门冈建褒忠祠。

曾民瞻

曾民瞻（生卒年不详），字南仲，永丰县坑田镇秋田睦陂村人。北宋宣和三年（1121）进士，古代著名天文学家。曾民瞻幼年就对天文产生了浓厚的兴趣，他根据当地的经纬度，观察天空的星象，测量四季的日影，注意朔望的月形，研究天体变化的规律。终于新研制出一台计时准确、外形美观、使用方便的晷漏。曾民瞻的天文数理及晷漏的发明，在八百多年前就已经在世界上遥遥领先。著有《晷漏》等书。

舒翁、舒娇

舒翁、舒娇（生卒年不详），为父女俩，江西吉安县永和镇人，北宋末至南宋初期吉州舒家窑瓷塑工艺名手。舒翁为瓷塑技艺高手，舒娇从父学艺，瓷塑技艺不亚其父。宋时永和各窑品种繁复，其中白釉、黑釉以舒氏父女所制最佳，塑造的各种玩具造型生动，朴实逼真，最为当时人们所喜爱。父女俩闻名遐迩，声誉极高。

曾敏行

曾敏行（生卒年不详），字达臣，号浮云居士、独醒道人，吉水县八都镇龙城人。南宋文人。和胡铨、杨万里、谢锷友谊深厚，诗文唱和。因病致残，无意仕途进取，专心研究学问，擅长画草虫。著有《独醒杂志》10卷，多记两宋轶闻，可补史传之缺。

欧阳彝

欧阳彝（1135—1203），字符鼎，吉安县人。南宋文人。与兄4人俱有文采，时称四杰。欧阳彝一生尚节气，重节操。13岁时试州学，以"思源如流水"、文章流畅而闻名。宋隆兴年间（1163—1164），海盗势力相当猖獗，危害国家。当时其舅父、兵部侍郎胡铨主持打击海盗事。欧阳彝献一妙计，派人深入敌船，里应外合，大获全胜。晚年筑室于沧江旁，专心著述。著有文集60卷，另有《愤世疾邪书》3卷。

刘　过

刘过（1154—1206），字改之，号龙洲道人，泰和县澄江镇龙洲村人。南宋爱国词人、诗人。一生忠心耿耿，力主抗金，宋光宗时上书献恢复中原方略，未被采纳，从此流落江浙湘鄂一带，终生不仕，靠友人接济为生。开禧二年（1206），病死于江苏昆山。他的词风最接近辛弃疾，在辛派词人中是较出色的。著有《龙洲集》15卷、《龙洲词》1卷。

曾三聘

曾三聘（1144—1210），字无逸，号风南牧夫，峡江水边镇沂溪村（原属新干）人。其父曾敏行有《独醒笔记》传世。南宋乾道二年（1166）进士。任赣州司户参军，后迁军器监主簿，官至鄞州知州。曾三聘生性耿直，为官清正，敢于对上谏言，对下征弊。著《拟志林》12卷、《存存集》30卷、《存存斋记》3卷、《药问》5卷、《因话录》13卷、《闭户集》3卷及《六代绪论》传世。

罗大经

罗大经（1196—1252），字景纶，号儒林，又号鹤林，今吉安县人，南宋嘉定十五年（1222）乡试中举，宝庆二年（1226）中进士。历仕容州（今广西容县）法曹、辰州（今湖南沅陵）判官、抚州推官。被罢官后，绝意仕途，闭门读书，专事著作。著《鹤林玉露》一书，分甲、乙、丙3编，共18卷，仍存世，具有较高的史料价值和文学价值。并撰有《畏说》《竹谷丛稿》30卷。

王庭珪

王庭珪（1080—1172），字民瞻，号泸溪，安福县平都镇南茅堂村人，北宋末年政治人物、诗人。北宋政和八年（1118）进士，授迪功郎，调茶陵县丞。在任上勤勉尽职，为政清明，颇有政声。由于个性耿介刚正，与上司政见不合，于宣和五年（1123）弃官隐居在县城南面泸溪设馆讲学，各地学者络绎造访。诗文宣传抗金，反对议和，著有《泸溪文集》50卷传世。此外尚有《六经讲义》10卷、《论语讲义》5卷等，惜已散佚，仅《泸溪集》存世。

刘元刚

刘元刚（1187—1268），字南夫，又字南强，号容斋，吉水县人（又说崇仁、临川）。南宋嘉定十六年（1223）进士。历任迪功郎、从政郎、崇仁知县、左藏东库、韶州知州等。任左藏东库时，朝廷计划增发大量楮币，元刚力言"不可！"为官清廉，去世时家中无力购置棺材。宋理宗曾立"贫""廉"两碑，元刚名列廉碑第四。著有《孝经衍义》《论语衍义》《孟子衍义》《容斋杂著》等。

罗　椅

罗椅（1214—1277），字子远，号涧谷，吉安县人。南宋宝祐四年（1256）进士，知赣州信丰县。选潭州军学教授，占籍茶陵，后擢京榷提举，朝请大夫，迁监察御史。不满贾似道专权蔽主，上书直言，遭罢归。以国事不可为，忧郁成疾，往来潭、吉间，爱上茶陵的云山渌水，以文著名。著有《涧谷遗稿》，附有侄孙撰《族祖榷院府君传》。《阳春白雪》《放翁诗选前集》载其词4首。

胡幼黄

胡幼黄（？—1291），字成玉，号坦庵，永新县澧田镇双江村胡家自然村人。南宋咸淳十年（1274）探花。受官未及赴任，南宋被元朝所灭，固守清贫直至终年，拒不仕元。

邓光荐

邓光荐（1232—1302），初名剡，字中甫，又字中斋，吉安县人，少时与文天祥、刘辰翁交游于欧阳守道门下，南宋景定三年（1262）进士。历任宗正寺簿、秘书丞、礼部侍郎兼直学士院。宋末随天祥义军入闽，居室遭元兵焚烧，妻、子等12口被害。宋室覆亡，邓光荐被俘与文天祥同解北上。至建康（今南京），邓光荐因病寓天庆观，借机扮作道士，得以脱身潜归。文天祥就义后，邓光荐撰写《文信国公墓志铭》《信国公像赞》《文丞相传》等诗文颂天祥事迹。著有《续宋书》《德祐日记》《填海录》《东海集》等。

赵　文

赵文（1239—1315），初名凤之，字仪可，一字惟恭，号青山，吉安县人。南宋景定、咸淳间，曾名宋永，后复本姓，入太学为上舍生。元兵攻陷临安（今杭州市）后，与弟赵疆至闽入文天祥幕府。兵破汀州，弟赵疆死军中，他与文天祥相失，于是遁归故里。元初，授南昌东湖书院山长，清江、南雄教授。文天祥殉难后，他写诗词抒发昔日闽山抗元斗争。传世著作有《青山集》（原为31卷，现存8卷）。

王炎午

王炎午（1252—1324），原名应梅，字鼎翁，号梅边，安福县洲湖镇汶源村人。南宋咸淳年间曾加入文天祥幕僚，文天祥兵败被俘，炎午作长达1700余字的《生祭文丞相文》，自赣州至南昌张贴。文天祥就义后，王炎午含泪作一篇《望祭文丞相文》，高度赞扬文天祥"既是名相，又是烈士。如霜雪松柏，久而不易其节，其忠烈之气，直与天地间日月星辰相永久。"宋亡后，回到老家汶源村，隐居不仕，致力于诗文，改名炎午以明志。事迹载《新元史·隐逸传》。著有《吾汶稿》10卷和《永思庵记》《梅边集》。

刘将孙

刘将孙（1261？—1320），字尚友，号养吾，今吉安县人，刘辰翁之子。南宋末以文名第进士，任延平（今福建南平）教官、将乐县主簿、临汀书院山长。学博而文畅，名重艺林。其词叙事婉曲，善言情，风格与其父相近。著有《养吾斋集》40卷。

曾巽申

曾巽申（1282—1330），字巽初，永丰县佐龙乡龙潭曾家村人。早年曾在抚州儒学任学录。元至大元年（1308）巽申著成《大驾卤簿图》《郊祀礼乐图》进献朝廷，皇帝大悦，授大乐署丞。延祐三年（1316）授编修官，官至应奉翰林、太常博士。有《心性论理气辩经解》《正讹明时类志》各若干卷，《崇卤簿志》10卷，《致美集》3卷，《超然集》2卷，《杜诗韶编》10卷，《补注元遗山诗》10卷藏于家中。

陈致虚

陈致虚（1290—？），字观吾，号上阳子，吉安县人。元代道教人物，元天历二年（1329），遇赵友钦（字缘督）于湖南衡阳，受其所传金丹之道。其后，又遇青城老仙，传以"先天一气坎月离日金丹之旨"。陈致虚将儒、释、道三教归宗于老子，强调以道为主的三教融合。著有《金丹大要》《金丹大要图》《金丹大要仙派》《元始无量度人上品妙经注解》《参同契分章注》《悟真篇注》。后人将其后一著作与薛道光（实为翁葆光）、陆墅注合为一书，称《悟真篇三注》。

刘诜

刘诜（1268—1350），字桂翁，吉水县人。元代文人。性颖悟。12岁时作科场律赋论策之文，蔚然有老成气象。长大后，厚重淳雅，一向以师道自居，教学得法，名声在外。几乎每天都有来自四面八方的人登门求他作文。江南行省御史台多次以教官、馆职、遗逸推荐他，都没有到任。著有《桂隐集》。

释惟则

释惟则（1263或1276—1354？），俗姓谭，名天如，莲花县坪里桃岭村人。元代僧人。14岁时入禾山甘露禅院修炼。为追求更高的目标，释惟则漫游各地名山精刹，拜会高僧。编成《楞严会解》《净土或问》《精要语录》《十戒图说》等书。晚年在苏州狮子林寺内合掌参禅，亦绝笔墨，不谈文字。后人为他编辑的文学作品有《狮子林别录》《天如集》。

周闻孙

周闻孙（1307—1360），字以立，吉水县盘谷镇泥田人。元至正元年（1341）举人，会试中乙榜。由揭傒斯推荐入史馆。因论修《宋史》与主事的不合，辞归担任鳌溪书院山长，又任贞文书院山长。遇乱还乡，曾任白鹭洲书院山长。后改任袁州教授，因乱未及赴任。著有《鳌溪文集》《尚书一览》《河图洛书序说》《五经纂要》《学诗舟楫》。

解　观

解观（1297—1362），字观我，一字子尚，吉水县人。元天历二年（1329）与弟解蒙同举江西举人。参与纂修《宋史》《辽史》《金史》，主张以宋为正统不被采纳。归隐讲学，建东山书院于金钗岭。自著《宋书》《天文》《星历》《地理》《衍八阵图》《武经注》《刑书考》，作《万分历》推算如神，有《儒家博要》《四书大义解》《周易义疑通释》行于世。

刘鹗

刘鹗（1290—1364），字楚奇，永丰县坑田镇坑田村人。元皇庆元年（1312）初荐任扬州儒学录。官拜嘉议大夫、江西行中书省参政。因韶州、赣南一带少数民族起义，刘鹗率军抵挡。率幼子与义军激战一个多月，幼子战死，刘鹗被俘，押解至赣州，囚于慈云寺，绝食6天而亡。刘鹗善儒术、诗文，著有《唯实集》8卷，外集2卷，载入《四库全书》行于世。

张　昱

张昱（1289—1372），字光弼，号一笑居士，吉安县人，元代诗人。元末左丞杨旺扎勒镇江浙，张昱任参谋军府，官至左右司员外郎，行枢密院判官。杨旺扎勒死，张昱弃官不仕。明太祖征之至京，召见，悯其80高龄，曰"可闲矣"，厚赐遣归。更号可闲老人，浪迹山水。著有《庐陵集》《可闲老人集》等。

刘 崧

　　刘崧（1321—1381），字子高，原名楚，号槎翁，泰和县塘洲镇龙口村横塘（珠林）人。明代大臣、诗人。在洪武年间与其兄麓、弟堃称为珠林三杰。洪武三年（1370）举经明行修科。历官兵部职方司郎中、礼部侍郎、吏部尚书、国子司业等。病逝时，帝命有司治殡殓，亲自撰文祭之。善为诗，称西江派，以文章功业并著于时，著述有《职方集》《槎翁集》《北平集》及家藏诗18卷。

赵宜真

　　赵宜真（？—1382），号原阳，安福县人。元末明初道教人物。幼习举子业，例试入京，以病未赴试，遂绝意科名，云游四方。既传全真、金丹之学，又传清微雷法、净明忠孝之道。融汇内丹和雷法的思想，是对道教修炼的一大创新。明景泰六年（1455），朝廷赠封其法号："崇文广道纯德原阳真人"。著有《灵宝归空决》《秘传外科方》《仙传外科秘方》11卷、《原阳子法语》2卷。

练子宁

　　练子宁（1350—1402），名安，号松月居士，新干县人。明洪武十八年（1385）榜眼，官至工部右侍郎、吏部左侍郎、右御史大夫。建文四年（1402），燕王朱棣称帝，练子宁上朝斥责朱棣，并出走临安（浙江杭州），以兵抗叛，后被朱棣捉获。他痛斥朱棣篡权谋位之罪。被朱棣判"斫磔其首，诛其九族"。练子宁被割舌肢解而死，受株连被诛杀的亲属达151人，流放戍边的族人有371人。

周是修

　　周是修（1354—1402），名德，字是修，泰和县螺溪镇爵誉村人，水利学家周矩后裔。明洪武二十八年（1395），因通晓诗经荐于朝，入翰林纂修，好举荐贤才，多次陈论国家大计及指斥有些官员误国。建文四年（1402）燕王朱棣破南京，周是修以身殉帝，自缢于尊经阁。著述有《刍荛集》《观感录》《类编论语》《广衍太极图》等。世人称其"节足以励世，文足以传后"。

王 艮

王艮（1368—1402），字敬止，号止斋，吉水县人。明建文二年（1400）进士，点榜眼，与状元胡广、探花李贯均为同乡。授修撰，参与编撰《太祖实录》《时政记》等。建文四年（1402）燕王朱棣兵临南京城下，王艮为惠帝饮鸩而死。曾以"神、真、人、尘、春"为韵作梅花诗一百余首，著有《翰林集》。

梁 潜

梁潜（1366—1418），字用之，号泊庵，泰和县澄江镇西门梁家人。明洪武二十九年（1396）中举，授四川苍溪训导，历任广东四会、阳江、阳春知县，以为政清廉著称，深得民心。永乐元年（1403），召修《太祖实录》，书成，升侍读。后任《永乐大典》代总裁。明成祖朱棣巡视，屡召为随从，后因冤被杀。文章颇有造诣，著有《泊庵集》16卷。

胡 广

胡广（1370—1418），字光大，吉安市青原区人。明建文二年（1400）状元，授翰林修撰。朱棣改陷南京，胡广等人迎降。官至文渊阁大学士兼翰林学士，卒后赠礼部尚书，谥文穆。曾随成祖北征，白天陪同视察山川关隘，夜晚参与研究军机。擅长书法，每次树碑记功，总叫他写。有《胡文穆集》。

金幼孜

金幼孜（1367—1431），名善，号退庵，新干县人。明建文二年（1400）进士，初授户科给事中。明成祖即位后，以文学荐入翰林，改检讨，与解缙、胡广等同值内阁，参掌机密。不久，升为侍讲，至礼部尚书，任两朝实录总裁官。著有《春秋要旨》《春秋直指》《北征前录》《北征后录》《北征诗》。

曾 棨

曾棨（1372—1432），字子棨，号西墅，永丰县佐龙乡龙潭曾家村人，家贫穷。明永乐二年（1404）状元。明成祖命编修《永乐大典》时，曾棨任副总裁，书成，升为侍讲，继升侍读学士、礼部会试主考。宣宗时，又升任詹事府少詹事，修天下郡县志时，任副总裁。病逝后，被宣宗朱瞻基追赠为嘉议大夫，礼部左侍郎。作品有《西墅集》10卷、《睫巢集》18卷行世。

曾鹤龄

曾鹤龄（1383—1441），字延年，一字延之，号松臞，一号臞叟，泰和县澄江镇西门村状元坊曾家人，北宋农学家曾安止后裔。明永乐十九年（1421）状元，历官翰林院修撰、侍讲，至侍读学士、奉训大夫。参与编修《成祖实录》《仁宗实录》《宣宗实录》，实心任事，屡受嘉奖。著有《松臞集》《松坡集》《臞叟集》。

刘　球

刘球（1392—1443），字求乐，号两溪，安福县北乡茨溪（今山庄乡葛洲村）人。明代永乐十九年（1421）进士，官至翰林侍讲。刘球为政清廉，主张罢兵屯田以招降，后又应诏力规时政。因反对宦官王振，被王振连下诏狱且肢解。其子寻尸时，只得一胳膊。景泰初年，赠翰林学士，谥号"忠愍"。著有《两溪文集》《两溪诗集》及《隶韵》。

李时勉

李时勉（1374—1450），名懋，号古廉，安福县枫田镇坊下村人。明永乐二年（1404）进士，曾参与修三朝实录。授刑部主事、翰林侍读，官至国子监祭酒。时勉性情刚鲠，慨然以天下为己任，批评时弊，不依附权宦王振。三次下狱，遭廷杖、戴枷、贬官、革职、金瓜击顶，仍不改初衷。回归故里以画梅竹卖钱度日。著有《古廉集》11卷。

李昌祺

李昌祺（1376—1451），名祯，号侨庵、白衣山人、运甓居士，吉安县人。明永乐二年（1404）进士。因修《永乐大典》升礼部郎中，先后任广西、河南左布政使。诗集有《运甓漫稿》《剪灯余话》。

周　叙

周叙（1392—1452），字公叙，吉水县人。明永乐十六年（1418）进士，选庶吉士，授翰林院编修。历官侍读、南京侍讲学士，值经筵。多次上书改革时政、纠察过失、正明纲纪，均被采纳。晚年上奏请求重修《宋史》《辽史》《金史》，获准。自行编撰，未成而卒。著有《石溪文集》。

刘俨

刘俨（1394—1457），字宣化，吉水县人。明正统七年（1442）进士，殿试状元，授修撰。景泰五年（1454）担任顺天乡试主考，阁臣陈循、王文等人之子的试卷内容空洞，文笔拙劣，坚持不予录取。天顺初年（1457）主管翰林院事，奉旨修《五伦书》《历代君鉴》《宋元通鉴纲目》。卒后，赠礼部侍郎。有《刘文介公集》。

刘升

刘升（1431—1461），字幼显，号晋斋，永新县禾川镇东里村人。10岁中举，明景泰二年（1451）榜眼。官至翰林编修。性格刚果，不趋炎附势。曾联名上书愿以自己的官俸筹措军饷，抵制外族入侵，此举轰动朝野。因父去世归乡，30岁早亡。

王直

王直（1379—1462），字行俭，别号抑庵，谥文端，泰和县澄江镇西门村人。明永乐二年（1404）中进士，授修撰。后任少詹事兼侍读学士，进礼部侍郎、吏部尚书。曾力谏抗击蒙古，劝阻南迁。修《宣宗实录》，著有《抑庵集》《抑庵后集》。

萧镃

萧镃（1393—1464），字孟勤，泰和县马市镇西洲村南坑人。明宣德二年（1427）进士，后为庶吉士之首。授编修、国子监祭酒。后为翰林学士入直文渊阁，再升户部右侍郎。修《寰宇通志》，并为户部尚书。因迎复宪宗正位被罢职。其学问渊博，文章尔雅，然而性格猜忌，遇事多退避。著有《成钧集》《祠垣集》《尚约居士集》。

罗通

罗通（1390—1470），字学古，吉水县人。明永乐十年（1412）进士，授御史。宣德元年（1426）破黎利叛乱，升户部员外郎。正统十四年（1449）冬以兵部郎中衔奉命镇守居庸关，取水灌入城墙，结冰后异常坚固，使敌人无法靠近。因建议改革防务，募勇士击杀也先、伯颜帖木儿等加封太子少保，进右都御史，参赞军务。

罗　伦

罗伦（1431—1478），字应魁，改字彝正，号一峰，永丰县瑶田镇水心村人。明成化二年（1466）状元。授翰林院修撰，曾在福建、南京任职。在任清廉，代人书写以补家用。辞官归里后，筑金牛书院著书教学。嘉靖初年（1522）追赠左春坊左谕德，谥文毅。著有《一峰集》《五经疏义》《周易说旨》。他还擅长行、楷书法，师法文天祥。

彭　教

彭教（1438—1480），字敷五，吉水县人。明天顺八年（1464）进士、状元，授翰林院修撰。预修《英宗实录》，升侍讲学士。成化十三年（1477）任顺天府乡试副主考，人称拔擢公平。侍经筵，进《说命篇》，锐意辅导。文章多有奇气，著有《泷江集》。

尹　直

尹直（1431—1511），字正言，泰和县沙村镇高垅村委尹家村人。明景泰五年（1454）进士，改庶吉士，授编修。参与纂修《英宗实录》，升侍讲学士。成化二十二年（1486）官至兵部尚书左侍郎，兼翰林院学士，入内阁，加封太子太保。其明敏博学，谋事急就，熟悉朝廷典章制度，有骄气。归乡后卒，谥文和。著有《澄江文集》《名相赞》《明良交泰录》等。

陈　寿

陈寿（1440—1522），字本仁，号蟊斋。新干县麦斜镇息冈村人。明成化八年（1472）进士。曾因弹劾权贵而入狱。历官大理寺丞、右佥御史巡抚、兵部侍郎、刑部尚书，皇授一品荣禄大夫。为官清廉，致仕后，无家可归。去世时无钱办丧事，由同僚为其收殓。多年后，才归葬于祖籍三都钦风乡下团山。其著作有《退食小稿》《起废集》《闲局浸稿》《筹边录》及《封驳奏议诸稿》。

尹　襄

尹襄（1485—1527），字舜弼，永新县人。明正德六年（1511）进士。参与修《武宗实录》。迁侍讲，不久，升司经局洗马。每轮值经筵，辄意存讽谏。被皇帝称为"讲官天下第一"，下旨建"太子洗马"石坊于县前。著有《巽峰集》，收入《四库全书》。

郭 诩

郭诩（1456—1528），字仁弘，号清狂道人，泰和县澄江镇人。明代画家。年轻时曾应科举，初试后即弃去，遂专心志于书画。历游名山大川，山水画得造化之真谛，在明代独具一格，更擅长于人物、牛马，多用写意画法，着墨不多，而神采飞动。弘治时，已成名家，天下竞传其画，购之百金。著有《郭诩杂画集》。有作品现藏北京故宫博物院、上海博物馆。

李 中

李中（1478—1542），字中庸，吉水县人。明正德九年（1514）进士，授工部主事。曾在广东、广西、四川、山东等地任职，官至副都御史，总督南京粮储。长于解释考据，曾在五经书院讲学。为学主存养省察，强调理一分殊。居里名谷平，人称"谷平先生"。

毛伯温

毛伯温（1482—1545），字汝厉，吉水县人。明正德三年（1508）进士，授绍兴府推官、河南道御史，因受其他案件株连，两次被罢官。官至工部尚书。嘉靖十八年（1539）闰七月奉旨出征安南（今越南），世宗赋《送毛伯温》诗为他饯行。他出征一年多，兵不血刃，平定莫登庸之乱，加封太子太保，迁兵部尚书。整顿兵部宿弊，革新戎政，得到皇帝肯定。晚年遭同僚排挤，罢其官职，病死家中。穆宗即位，厚赐抚恤，追谥襄懋。有《毛襄懋集》《东塘诗集》。

罗钦顺

罗钦顺（1465—1547），字允升，号整庵，泰和县上模乡上模村人。罗钦顺出身仕宦门第，明弘治五年（1492）乡试第一（解元），次年会试，高中探花，官至吏部尚书。因耻与奸臣、宦官同列，辞不赴任。批判朱熹"理与气是二物"的见解和王阳明的"天地万物皆吾心之变化"的观点。著有《困知记》4卷，任继愈《中国哲学史》评价其"是一部直接批判王守仁的主观唯心主义的唯物主义哲学著作"。又著有《整庵存稿》20卷。

欧阳德

欧阳德（1496—1554），字崇一，号南野，泰和县栖龙站前村人。明朝江右学主要代表人物之一。嘉靖二年（1523）进士，官至礼部尚书兼翰林院学士。以宿学居显位，建龙津书院。至者五千人，为京师讲学之盛。他对"格物致知"义旨的阐发，对于挽救王学中"归寂派"的流弊，作用尤大。卒后赠太子少保，谥文庄。欧阳德所为诗文、章奏、案牍及讲学之文有《欧阳南野集》《南野文选》。

邹守益

邹守益（1491—1562），字谦之，号东廓，安福县山庄乡老屋村人。明正德六年（1511）探花，为官不久离职，追随王守仁讲学。后复职，官至国子监祭酒。因多次规谏皇帝，被削职。回乡后，与安福的王门弟子联集建立讲会"惜阴会"，后又与他人创建复古、复真诸书院，开坛讲学。王守仁去世后，为《王文成公年谱》编修总裁。未成，因病逝世。隆庆初，赠南京礼部右侍郎，谥文庄。著有《东廓文集》《遗稿》《诗集》《学脉遗集》等。

胡叔廉

胡叔廉（1513—1562），字明发，号练溪，新干县界埠镇胡家脑村人。明嘉靖十七年（1538）进士。先任浙江宁海县令，修海堤，垦稻田。任应天府丞时，捕捉大盗40余人，而后教育释放14名从犯，使盗囚惧而敬之。为此，又升为大理寺少卿。后调任南京右通政使、北光禄寺卿，最后任大理寺正卿。回乡后倡修县城，因积劳成疾，重病身亡。墓今仍存。著作有《谏垣遗稿》。

聂　豹

聂豹（1487—1563），字文蔚，号双江，永丰县恩江镇聂家村人。明正德十二年（1517）进士。任华亭知县，苏州、平阳知府。入朝任右金都御史、兵部右侍郎、官至兵部尚书，加少保、少傅、太保，声望显赫，因忤旨罢归。聂豹是江右王门的代表，与罗洪先同列为阳明后学的"归寂派"。其著作主要有《大学臆本说》《困辨录》及《双江文集》等。

刘文敏

刘文敏（1490—1572），字宜充，号两峰。安福县甘洛三舍人。诸生，弃科举，一心治学。正德间从学于王守仁，是明代阳明理学江右派的主要人物。遗稿编为《论学要语》。

刘　阳

刘阳（1496—1574），字一舒，号三五，安福县洲湖镇大亨村福车人。少年时崇尚阳明理学。明嘉靖四年（1525）中举，任砀山知县。后因病归乡，在复真书院等处讲学30年。著有《山壑微踪》《人伦外史》《汪先生洞语》《先陇志》等，大部分收入《三五刘先生集》。

梁汝元

梁汝元（1517—1579），字夫山，化名何心隐。永丰县瑶田镇梁坊村人。明嘉靖二十五年（1546）乡试第一，弃举业求道讲学。发动族人建立聚和堂，隐姓埋名讲学多年，被诬"妖人""奸犯"，于安徽祁门被捕，杖杀狱中。其学说带有乌托邦色彩。有《原学原讲》诸篇、《四书究正理解》《重庆会稿》《聚和堂日新记》等传世。

胡　直

胡直（1517—1585），字正甫，号庐山，泰和县螺溪镇普田洲上村人，明嘉靖三十五年（1556）进士，先后任湖广督学、广西参政、广东按察使、福建按察使。其学养深厚，理学著作有《胡子衡齐》《闭关录》《鞭后录》等10余部，文学著作有《衡庐精舍藏稿》《衡庐精舍续稿》。

朱孟震

朱孟震（1530—1593），字秉器，新干县荷浦乡荷浦村人。明隆庆二年（1568）进士。任四川按察使兼四川左辖。其间，平定川西叛军。之后转任贵州左辖，使边患消除。因平乱功著，任兵部尚书侍郎，掌京营戎政。官至副都史，巡抚山西。擅作诗文、小说。其著作有《西南夷风土记》《游宦余谈》《河上楮谈》《秉器集》等。

颜 钧

颜钧（1504—1596），字子和，号山农，又号樵夫。晚年因避明神宗朱翊钧讳，改名铎。永新县怀忠镇中陂村人。明代理学家、泰州学派重要人物。师从徐樾、王艮等。批判封建传统观念，认为见识高低没有男女之别。赞成寡妇再嫁，反对虚伪的礼法。他主张"以耕心樵仁为专业，以安身运世为事功"。著有《山农集》。其哲学思想与王艮、李贽后先辉映。

陈嘉谟

陈嘉谟（1521—1603），字世显，号蒙山，吉安市吉州区禾埠乡人。明嘉靖二十六年（1547）进士。历官给事中。不附严嵩，贬出京城。出任四川按察司副使。隆庆四年（1570）因病归隐。讲学不辍，与他人组织"西原惜阴会"切磋性理之说。著有《初堂稿》4卷，续集2卷，《四库总目》行于世。

王时槐

王时槐（1522—1605），字子植，号塘南，安福县金田乡人。明嘉靖二十六年（1547）进士。隆庆末年，官至陕西参政，每到一处，都推动私塾讲学。张居正柄国，打击私人讲学，王时槐以京察罢归。与他人往复讲学于复真、复礼、道东诸书院，又偕他人重修郡志。著有《三益会语》《广仁汇编》《漳南稿》《仰慈肤见》《支筇漫语》及《友庆堂续稿》7卷。

甘 雨

甘雨（？—1613），字子开，永新县人。明万历五年（1577）进士，先后任南京兵部员外郎、礼部郎中、粤西督学，辞官归，淡然于仕进。郭子章抚贵州，起用甘雨为贵州学宪。后任福建按察副使、湖广参政。所著有《古今韵分注撮要》《白鹭洲书院志》，又有《春秋注疏》《翠竹青莲山房集》行世。

郭子章

郭子章（1542—1618），字相奎，号青螺，又号虫宾衣生。泰和县冠朝镇冠朝村人。明隆庆五年（1571）进士，历官福建建宁府推官、广东潮州知府、四川提学金事、浙江参政、山西按察使、福建布政使、贵州巡抚等。富有军事谋略，平播州（今贵州遵义）有功，加太子少保兵部尚书，子袭锦衣卫。历官所至各地，虽政事烦冗，仍广泛收集各种资料，编著地方史志，著作宏富。著有《豫章书》《预京诗话》《黔草》《虫宾衣生易解》等。《四库全书》存目有21种，296卷。

罗大纮

罗大纮（1547—1619），字公廓，吉水县人。明万历十四年（1586）进士，授行人，后调礼科给事中，上《定制书》数千言，又建议"视朝宜勤"，并揭斥首辅申时行"藏奸蓄祸，误国卖友，罪大恶极"。因此被贬边疆任杂职，后又革职为民。乡人将他与罗伦、罗洪先称为"吉水三罗"。有《罗大纮文集》传世。

邹德溥

邹德溥（1549—1619），字汝光，号泗山，安福县平都镇南人。明万历十一年（1583）进士。历官翰林院充经筵日讲官。奉敕修《职方志》。集二祖（太祖、成祖）八宗（仁宗、宣宗、英宗、宪宗、孝宗、武宗、世宗、穆宗）召对事，编成《泰交录》，进贡朝廷。并三次为会试考官。负盛名，不居功，为人宽容无怒。致力于理学，著有《春秋匡解》《麟注真传》《大学宗释》《中庸宗释》等。

龙遇奇

龙遇奇（1566—1620），字才卿，号紫海，井冈山市鹅岭乡塘南村人。明万历二十九年（1601）进士，由通政使观政，授任浙江金华县知县。任期届满时，因政绩斐然而调京城，先后被派往陕西代巡边关，补任扬州，巡按三秦、两淮，后调任湖广道监察御史。在扬州任内，创办维扬书院。归乡后，在县城创办郑溪书院，专研理学，著有《圣学启关》《三秦慎谳恤疑录》《按淮疏草》《仕隐霞标》等，惜今均已散佚。村中仍有朝廷表彰的牌楼。

伍守阳

伍守阳（1573—1644），字端阳，号冲虚子，吉安县人。明代全真教龙门派第八代传人，伍柳派创始人。在明末放弃儒业，专习全真派功，曾得全真教高道曹还阳"仙佛合宗全旨"，被万历皇帝封为吉王国师、维摩大夫、季子三教逸民。在京都白云观主持刊行《道藏》，后隐居王屋山，传授内丹术给柳华阳后不知所踪。著有《天仙正理》《仙佛合宗》《内炼金丹心法》《金丹要诀》。

李邦华

李邦华（1574—1644），字孟闇，吉水县人。明万历三十二年（1604）进士，授泾县知县。历任御史、右佥都御史、兵部右侍郎、工部右侍郎等。多次被罢官，在家闲居近二十年。崇祯十二年（1639）任南京兵部尚书，提议坚守江北，扼守上游，南京可守。任南京都察院左都御史时，临时拨出九江库银十五万两给左良玉当军饷，稳定了数十万溃兵。李自成攻陷北京后，李邦华自缢于煤山。后赠太保、吏部尚书。

刘同升

刘同升（1587—1645），字晋卿，吉水县人。探花刘应秋之子。明崇祯十年（1637）进士、状元，大器晚成，授翰林院修撰。因抨击朝廷用人不当，谪福建按察司主事。又以体弱病多，告假归里。明亡后与杨廷麟收复吉安、临江，加封詹事兼兵部侍郎。卒于赣州。著有《锦麟诗集》《明名臣传》等。

李日宣

李日宣（1579—1646），字晦伯，吉水县人。明万历四十一年（1613）进士，授中书舍人，升御史。天启五年（1625）因宦官倪文焕弹劾为东林党，被削除官籍。后恢复旧职，官至兵部尚书、吏部尚书。因推荐阁臣触怒思宗，以"徇情滥举"罪逮捕下狱，被判处戍边重庆，后遇赦回乡。著有《敬修堂全集》《太仆志》等。

曾樱

曾樱（？—1648），字仲含，号二云，峡江县砚溪镇金加坊村人。明万历四十四年（1616）进士。先后任常州知府、南京工部右侍郎等。清顺治三年（1646），明唐王朱聿键自立于福州，曾樱被重启而为工部尚书兼东阁大学士、太子太保。同年清军破福州，全家避居中左卫（今厦门市）。清军攻破厦门，全家赴难。乾隆间谥忠节。著有《曾二云遗书》传世。

萧士玮

萧士玮（约1585—约1651），字伯玉，泰和县澄江镇上田栗园萧村人。明万历四十四年（1616）进士，官至礼部主事、吏部主事、南京吏部考功司郎中。明亡后，回到故里，专心著述，遗著以日录为多。著有《大乘起信论解》《春浮园偶录》《南归日录》《时艺内外编》等。

罗维善

罗维善（1586—1667），字淑士，号四乐，别号友兰，泰和县上模乡上模村人，罗钦顺四代侄孙。清代文人。幼即聪慧，然多次科考均落第，以乡村儒师终其一生。长于诗文古词，工书法，草、隶皆精。以罗钦顺《困知记》所言自勉，常以之教学生。著有《纲目发明》《补养正斋蒙谈》《易经爻象证》《醒世箴言》。

李元鼎

李元鼎（1595—1670），字梅公，吉水县人。明天启二年（1622）进士，授行人。官至光禄少卿。入清后，授太仆寺少卿，升至兵部左侍郎。晚年被赠户部尚书，多次沉浮升降，还曾涉案获罪。著有《石园集》《砚斋文集》。

张贞生

张贞生（1623—1675），字韩臣，号篑山，吉安市青原区人。清顺治十五年（1658）进士。曾任侍读学士，日讲起居注官、侍讲学士等。在京为官时以艰苦著称，住在吉安会馆，室内高悬"慎独"二字。回归故里时，无力置行装路费。著有《玉山遗响》《唾居随录》《庸书》等。

刘首昂

刘首昂（1622—1688），字阆阁，安福县人。喜读兵法，尤长于《易》，教授生徒甚众。清康熙十三年（1674）吴三桂叛军一部从湖南入江西，将攻吉安，刘首昂率族人锻炼乡勇、购置火器，联络四方乡兵迎战。循例以岁贡终生。著有《周易讲义》《易经臆解》《忠诚言行录》等。

李振裕

李振裕（1642—1710），字维饶，号醒斋。吉水县人。清康熙九年（1670）进士。历官刑、工、户、礼四部尚书，还曾督学江南，江西受灾之年，上书减免税赋1600余石及运粮负担。著有《白石山房稿》。

因曾祖父李邦华任过兵部尚书，族祖父李暄任过兵、吏部尚书，父李元鼎被赠为户部尚书，李振裕任过刑、工、户、礼部尚书，故被世人称为"一家八尚书"。

王　言

王言（1641—1711），字慎夫，号两峰，新干县溧江乡塘边村人，清康熙十八年（1679）进士。先后任马平（今属广西柳州）县令、柳州郡丞、永清知县。后提升为顺天府尹、宛平知府。他一向为官清正廉明，辞朝归里时，家中"四壁萧然，田庐荡废"，获康熙皇帝亲笔敕的"天下清官第一"赤匾一块。一子两孙先后中进士，被誉为"一门三代四进士"。

张琼英

张琼英（1767—1825），字鹤坊，永丰县瑶田镇三湾村人。不满20岁参加乡试，中举人，任瑞金教谕。清嘉庆六年（1801）中进士，知安徽天长县，两年后，改任饶州府教授。为官20余年，清正廉明，接济贫民，注重教育，培养了不少学生。擅长书画，墨迹在当时被视为珍宝。著有《采馨堂诗集》《白水堂诗集》等。

王赠芳

王赠芳（1782—1849），字曾驰，号霞九，吉安县人。清嘉庆十六年（1811）进士，曾任广西乡试副考官、充会试同考官，福建、湖北乡试副考官，湖北学政，福建、河南、陕西、山东、江南、贵州等道御史，曹州府、济南府知府。任云南盐法道时，令各井官恤灶督煎，平抑盐价。推行一年，官民称便。因疾辞职归乡，以著述自娱，著作颇丰，有《毛诗纲领》《书学汇编》《慎其余斋文集》等。

郭仪霄

郭仪霄（1775—1859），字鹤氓，号羽可。永丰县石马镇层山村人。清代诗人、画家。授为内阁中书，后任国史馆分校充、顺天乡试内廉同考官、内庭方略馆校理。晚年，回到故里著书立说，绘画作诗。精于诗、善书法、闻名于画竹，诗、书、画被称清代三绝。著有《诵芬堂诗集》《诵芬堂文抄》《墨竹拓本》等流传于世。

陈锡麟

陈锡麟（1796—1876），原名陈元，字懿善，号秉初，新干县金川镇北门村人，清道光十五年（1835）进士，先后任湖南桂阳直隶州知州，兼任湖南文闱内监试官，因为官清廉赏加知府衔，后授文林郎，因年老身病未赴重任。同治年间主纂《新淦县志》，与朱孙治主纂《临江府志》。

龙文彬

龙文彬（1821—1893），字筱圃，永新县澧田镇南城村人。清同治四年（1865）进士。派充《穆宗实录》详校官。书成乞假归里，历主省城友教经训及吉安鹭洲、临江、章山、邑秀水、莲洲、联珠各书院讲席。诰授中宪大夫。经史诗文皆有成就，尤精于史。所著《明会要》80卷，为史学名著。另有《永怀堂文钞》《明纪事乐府》等。

抚州市名人名录

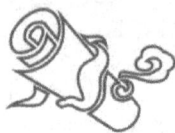

周 迪

周迪（？—565），南城县人。出身于山谷贫寒之家，靠打猎和出卖山货为生。南北朝大宝元年（550），侯景反梁，周迪招募乡众响应族人周续，平定侯景之乱，被授予使持节，后官至衡州刺史（今广东英德市），领临川内史。陈代、梁代授江州（九江）刺史、平南将军，反陈兵败，被奸人告发，遭诱杀死。

周 敷

周敷（530—564），字仲远，临川人，郡中豪族。南北朝侯景之乱时，跟随族人周续起义讨贼。先后被梁封为信武将军、西丰县侯。陈武帝时平叛军有功，被授平西将军、豫章太守、南豫州刺史。未几，与周迪作战，被周迪设计所害。

黄法氍

黄法氍（518—576），字仲昭，原属崇仁县，今属抚州市乐安县人。南北朝末侯景之乱时，召乡众起兵，后为新淦（今樟树）县令，封巴山县侯、高州刺史等。陈代梁时他率兵讨伐李孝钦、熊昙朗、周迪等，屡立战功。先后被封为义阳郡（今河南信阳）公，都督合、豫、建、光、朔、北徐六州军事，豫州刺史。卒后归葬今乐安县案山村黄源岭。

孙 鲂

孙鲂（生卒年不详），字伯鱼，乐安县（旧志作南昌）人，南唐诗人，官至宗正郎。

诗从郑谷，不追求华丽辞藻，民间俚语皆入诗，尤以《金山寺诗》《甘露寺》二诗脍炙人口。有诗集5卷失传，《全唐诗》存其诗7首。

曾致尧

曾致尧（947—1012），字正臣，南丰县人。在南唐后主李煜时曾中进士，却不就仕，北宋太平兴国八年（983）再中进士，在朝户部、吏部任职，官至京西转运使，在地方历知寿、泰、泉、苏、扬、鄂州。卒后赠谏议大夫、太子太师、封宁国公。长于诗文，著有《仙凫羽翼》《广中台志》等，另有其孙曾巩集其诗文编的《凫绎集》行于世。

乐黄目

乐黄目（971—1027），字公礼，宜黄县人。方志学家、乐史之子。北宋淳化三年（992）进士。曾先后上书陈述巩固边防方略和慎选州县官吏事，受皇帝嘉奖。大中祥符年间，出使契丹，归后任工部员外郎转运使、起居郎。知开封府，拜给事中兼左庶子。后任荆南、潭州、亳州知州。有文集50卷，《学海搜奇录》《圣朝郡县志》等。

王无咎

王无咎（1027—1072），字补之，南城县人。北宋嘉祐二年（1057）进士。初授将士郎，后弃官随王安石游学，王安石当政时，王无咎随至京师。他性格孤僻，与人寡合，常闭门著述。宋神宗任他为国子监直讲，然旨未下却已去世。其墓址在今黎川县荷源乡炉油村。著有《直讲集》《论语解》。

侯叔献

侯叔献（1023—1076），字景仁，宜黄县新丰乡侯坊人。北宋庆历六年（1046）进士。官至都水监丞，主管全国水利。毕生致力于水利，以水利司钱招募民工修筑圩堤；鼓励开垦淤田，减免农税；利用水道，沟通内外河道运输。宋神宗嘉奖他："古人所谓勤于邦，尽力乎沟洫，于卿无愧。"因积劳成疾，卒于扬州光山寺治水任上。

王 雱

王雱（1044—1076），字元泽，临川县人。北宋治平四年（1067）进士，官至天章阁待制兼侍讲。少时博学多才，20岁前已著书数万言；进士后又作策30余策及《老子训传》《佛书义解》，参修《三经新义》。著有《南华真经新传》及诗、词等作品传世。

吕南公

吕南公（1047—1086），字次儒，号灌园，又号衮斧，南城县（今黎川县）人。北宋熙宁年间，参加礼部会试，其文不合"时好"而不第，即绝意进取，筑"灌园"终其身。文论重文轻儒，在文学批评史上有其地位。著有《灌园集》35卷，存诗359首，各类散文140余篇。另绘制出宋代三大舆图之一《十八路军地势图》。

陈景元

陈景元（约1024—1094），字太初，一说字太虚，自称碧虚子，南城县人。其道家思想主要体现在重玄理论，提倡"清净虚空""无为为用"休养方式。曾讲学于京师醴泉观，名声大振。宋神宗召对天章阁，赐号真靖大师，后为太一宫主，累迁至右街副道录。后辞职南归，居于庐山。著有《道德经注》《太虚文集》等130余卷。

王安礼

王安礼（1034—1095），字和甫，临川县人。王安石之弟。官至尚书左丞。北宋嘉祐六年（1061）进士。仗义执言，大胆进谏，苏轼入狱时替苏轼求情。任开封知府时，不畏权势，秉公执法，将所有积案审清，致使"囚室皆公"。著有《王魏公集》。

魏　玩

魏玩（？—1099），字玉汝，本襄阳（今湖北襄阳）人，为北宋宰相曾布之妻，从夫籍（今抚州市南丰县），北宋女词人，人称魏夫人。才思敏捷，工诗尤擅词。《系裙腰》《点绛唇·波上清风》《卷珠帘·记得来时》等词为其名篇。其诗仅在《江西诗征》上有一首《虞美人》。原著有《魏夫人集》，已散佚。《全宋词》录其词14首。

晏几道

晏几道（1030—1110），字叔原，号小山，晏殊子，抚州市临川区人。与父晏殊被世人称为"二晏"。生性高傲，从不利用父势谋取功名，只任过许田镇监小吏。北宋前期婉约派词人，其词多怀往事，词风清丽婉曲，感情深沉真挚，情景交融，将雅歌与俗乐糅合天成，使小令词达到高峰，登上大雅之堂。著有《小山词》，存词260首，其中长调3首，其余均为小令。

谢　逸

谢逸（1068—1112），字无逸，号溪堂居士，今抚州市临川区人。北宋江西诗派临川四才子之一。进士不第，以诗文自娱。其诗与谢灵运相似，时称"江西谢康乐"，曾作《咏蝶》诗300首，状极物态，有"谢蝴蝶"之誉。诗词文均被前人赞赏。著有文集20卷、诗集5卷等。现存《溪堂集》10卷、《溪堂词》1卷，诗216首、词62首、散文47篇。

谢　薖

谢薖（1074—1116），字幼槃，号竹友，谢逸从弟，抚州市临川区人。北宋江西诗派临川四才子之一。一生未仕，居家以琴棋书画自娱。其诗成就较大，多以写景咏物为主，词语劲拔，意境幽峭，常为传诵名篇。著《竹友集》《竹友词》，今存诗词172首，杂文30余首。

汪　革

汪革（1071—1117），字信民，号青溪，临川区腾桥人。北宋江西诗派临川四才子之一。绍圣四年（1097），礼部会试第一。先后任长沙、宿州、楚州教授及教官。其诗风格挺拔，性笃实刚正。认为"咬得菜根断，则百事可做"，甚得朱熹赞赏。今仅存诗5首收录《宋诗纪事》，《毗陵张先生哀辞》一文收录《宋文鉴》中。

欧阳澈

欧阳澈（1091—1127），字德明，崇仁县马鞍乡栎油人。北宋靖康元年（1126）以布衣之身上书《安边御敌十策》和针对朝迁弊政写成《十事》，徒步赴南京（今河南商丘）力言李纲不可罢官，黄潜善等不可用。北宋灭亡时，被诬指"语涉宫禁"斩于市。著有《飘然集》。

饶　节

饶节（1065—1129），字德操，法名如璧，自号倚松道人。临川区人，北宋诗僧。

曾为曾布幕僚，因论变法一事意见不合离去，削发为僧，晚年回乡。善诗，风格瘦硬，语言平易流畅，淳朴真实。陆游称其诗为"僧中之冠"。江西诗派临川四才子之一。著有《倚松集》，存诗345首传世。

王文卿

王文卿（1093—1153），字安道，号冲和子，抚州市南丰县桥背乡王坊嵊村人。北宋、南宋时道士。幼时"卓异不凡，事亲以孝闻"。传外游时得异人授飞神谒帝之道和役鬼神、致雷电之法。以内丹与符箓相结合创设和传授神霄雷法（又称五雷法）。北宋徽宗召拜其为太素大夫、疑神殿侍宸，赐号冲虚通妙先生。

陆九龄

陆九龄（1132—1180），字子寿，学者称复斋先生，金溪县陆坊乡青田村人，金溪"三陆"之一。南宋乾道五年（1169）进士，官州教授。研讲理学，注重伦理道德实践。认为"心"是一切事物的基础和出发点，主张"治人先治己"，反对"弃日用而论心，遗伦理而语道"。曾参与"鹅湖之会"。著有《复斋文集》。

陆九韶

陆九韶（1128—1205），字子美，号梭山居士，金溪县陆坊乡青田村人。隐居不仕，讲学于梭山。主张学以致用，日间言行，夜必录之。辨《太极图说》非周敦颐所作，反对朱熹在宇宙本原"太极"之上加"无极"之说。其学术思想与弟九龄、九渊合称"三陆子之学"。治家有方，得朝廷旌表。著有《梭山日记》《梭山文集》等。

曾　渐

曾渐（1164—1206或1167—1208），字鸿甫，南城县人。南宋绍熙元年（1190）榜眼。官至中奉大夫，工部侍郎兼史馆修撰等。为官清正廉洁，有气节，史称其"处乐而忧，遇度而乐。虽遭庆元、嘉泰之间而冰玉自洁，天下贤之"。卒年42岁，赠少师，谥文庄。著有《武城集》。

张渊微

张渊微（1182—1247），字孟博，号平斋，抚州市黎川县熊村镇芙蓉州人。南宋理宗淳祐七年（1247）为宋朝抚州籍第一位状元，官至吏部侍郎。通晓《周易》《五经》，对《左氏春秋》尤其偏爱。著有《平斋集》《李靓年谱》。

陈自明

陈自明（1190—1272），字良甫，临川县人。南宋江西历史上名医之一。毕生从医，治病不论贫富一视同仁。嘉熙元年（1237）编成《妇人大全良方》24卷，论述乳癌尤为精辟，其研究成果先于世界各国。其《外科精要》，对治疗痈疽极有创见，对中医外科具深远影响。此外，还著有《备急管见大全良方》《诊脉要诀》等。

陈　郁

陈郁（1184—1275），字仲文，号藏一，崇仁县人，一说临川县人。以文学优异受南宋理宗知遇，命记天竺华严阁。特旨布衣充缉熙殿应制。后充东宫讲堂掌书兼撰述。度宗曾赞曰："文窥西汉，诗列盛唐。侍予左右，知汝忠良。"著有《藏一话腴》。

曾季狸

曾季狸（1147年前后在世），字裘父，号艇斋，南丰县人，曾巩弟。南宋绍兴二年（1132）中举，进士不第，遂居家考古议今，与江西诗派人物交往，又与朱熹、张栻有书信往来，也曾与陆游相互唱和。著有《论语训解》《艇斋杂著》《艇斋师友尺牍》《艇斋诗话》等。

吴　曾

吴曾（生卒年不详），字虑臣，一说字虎臣，南宋崇仁县人。其文宏大奇伟，言高旨远。以献自著《春秋左传发挥》得官，累迁至吏部郎中，后知靖州、全州、严州（今浙江建德），致仕归。其著《能改斋漫录》为笔记文集。另有《君臣论》《负暄策》《医学方书》近200卷。

雷思齐

雷思齐（1231—1303），字齐贤，元代临川区人。幼习儒业，后出家为道，居乌石观，后居钟湖观。南宋亡后，隐居山野著书立说，人称"空山先生"。元时曾为龙虎山道教玄学讲师，名噪一时。晚年，讲学于广信山中，后复归乌石观。著有《易图通变》《易图箓通变义》《老子本义》《庄子旨义》等数十卷,另有诗文20余卷。

程钜夫

程钜夫(1249—1318),名文海,号雪楼,避元武宗庙讳,以字行世。南城县人。官至肃政廉访使。元至元十九年(1282),向朝廷奏陈:开科取士、建立官员政绩考核制度等,经其荐举,赵孟𫖯、吴澄、揭傒斯等20余人被任用。先后得到世祖、成宗、武宗、仁宗4位皇帝倚重。卒赠大司徒、柱国,追封楚国公,谥文宪。除主修两部《成宗实录》《武宗实录》外,其著述收录在《雪楼集》。善书法,现存武当山碑刻《大天乙真庆万寿宫》诗。

刘 埙

刘埙(1240—1319),一作刘壎,字起潜,号水村,抚州市南丰县人。从小好学,博览群书,文坛上与谌祐齐名。南宋咸淳六年(1270)中举。南宋亡,作补史《十忠诗》《思华录哀鉴》以纪忠义事迹。元时,为南丰州学正,延平路(福建南平)儒学教授。编纂《南丰州志》。著述135卷,其《隐居通议》《水云村稿》《水云村泯稿》收入《四库全书总目》。

何 中

何中(1265—1332),字太虚,号养正,乐安鳌溪西坑村人,元代文人。曾任龙兴路(南昌)学教授,又为宗濂、东湖书院山长。一生淡薄仕途,居家设馆授徒。对古籍经典多有研究,家藏万卷书,亲手校勘,其学问成就深得程钜夫、吴澄、揭傒斯等推崇。著有《易类象》《书传补遗》《通鉴纲目测海》等。

吴 澄

吴澄(1249—1333),字幼清,又字伯清,号一吾山人,人称草庐先生,抚州市乐安县鳌溪镇人。元代理学代表人物。至大初才应召为国子监司业,迁翰林学士、经筵讲官。《英宗实录》由其总成。于《易》《四书》《春秋》《礼》各有纂言,著有《学基》《学统》,校定老、庄、太玄经、乐律、八阵图及郭璞《葬书》及《皇极经世书》等。被誉为元朝"国之名儒"。有《吴文正公集》100卷和《草庐精语》传于世。

朱思本

朱思本（1273—1333），字本初，号贞一，元代临川区人，地理学家。早年入龙虎山学道，曾主持江西玉隆万寿宫。游遍名山大川实地考察，验证《要迹图》《樵川混一六合郡邑图》。以"计里画方"法，绘成《舆地图》，精确度远胜前人，是中国绘图史上的杰作，后人皆以此为宗。另著有《贞一斋文稿》2卷。

危亦林

危亦林（1277—1347），字达斋，南丰县人，元朝医学家，江西历史上十大名医之一。出身医学世家，通晓内、妇、儿、眼、骨、喉、口、齿各科，正骨术尤为独创，所创"悬吊复位"法，整复脊椎骨折，比英国达维斯1927年提出的悬吊法早600多年。用草乌散（用曼陀罗花配制）进行全身麻醉的记录，比日本人华冈青州早450年。著有《世医得效方》，20卷50余万字。该书代表了金元时期中国骨伤科的发展水平，居于当时世界骨伤科医学的前列。

吴　当

吴当（1297—1361），字伯尚，抚州市乐安县鳌溪镇人。元至正二年（1342）为国子助教，参与修撰《宋史》《辽史》《金史》。累迁翰林直学士。曾为江西肃政廉访使，率部参与镇压建昌路义军，后调为抚州路总管，不久被罢官。居豫章，著书为事。著有《周礼纂言》《学言诗稿》等。

危　素

危素（1303—1372），字太仆，号云林，金溪县黄通乡高桥人。元时官至参知政事、翰林学士，明时为翰林侍讲兼弘文馆学士。元时参修《宋史》《辽史》《金史》及注释《尔雅》，为保存《元实录》做出贡献。入明后，与宋濂同修《元史》。因其为元降臣遭弹劾谪居和州。其诗作有《云林集》，文集有《说学斋稿》，此外还有《危太仆后庭花》杂剧，《草庐年谱》等。去世后归葬家乡。

吴伯宗

吴伯宗（1334—1384），名祐，以字行于世，东乡县红光垦殖场新田分场人。官至武英殿大学士。洪武三年（1370）乡试会元，洪武四年（1371）殿试明太宗亲点为明朝第一个开科状元。累官武英殿大学士。参与翻译《回回历》《经纬度》《天文》等书。著有《荣进集》4卷。今新田吴家有其故宅"状元楼"。

曾旦初

曾旦初（1317—1386），本名旭，抚州市临川区三桥乡楂林村人。元至正十年（1350）庚寅科乡试解元，后因战乱隐居于家。明洪武六年（1373）癸丑，以荐举任国子监助教，授将士郎。后迁礼部主事，授文林郎。后因其秉性耿直，不愿阿谀奉承权贵，遭罢官归。尤精孟、韩之说，著有《退斋集》。

吴　溥

吴溥（1363—1426），字德润，号古崖，抚州市崇仁县东莱乡人。元建文二年（1400）称会元，廷对传胪。降明后，迁国子司业。居官20余年，至卒时家贫如洗，无以为殓。任过《永乐大典》副总裁，参与编纂《太祖实录》，著有《古崖文集》。

邓茂七

邓茂七（？—1449），原名邓云，抚州市南城县沙洲乡人，佃农出身。明正统十三年（1448）二月，邀陈正景等到沙县陈山寨，宣布起义，号称"铲平王"。率起义军10多万人，高峰时达80多万人，控制大半个福建，攻破江西石城、瑞金，广昌等地。由于叛徒出卖，在延平（福建南平）遭明官军伏击，不幸牺牲，被枭首示众。

伍　礼

伍礼（生卒年不详），字天秩，临川区人。明正统元年（1436）经荐举任苏州训导，累迁曹州知府，秉公执法，锄强扶弱，限期当地豪绅退还强占民田6700余顷，士民感其德。著有《南陵集》行于世。

伍　福

伍福（生卒年不详），字天锡，伍礼弟。临川区人。明正统九年（1444）经荐举任咸宁教谕，累迁至提督学政。为人正直，秉公执法。其诗文典雅，篆、隶、楷、草、行书流丽俊美，为世人所赞。编纂有《咸宁县志》《陕西通志》，著有《南山居士集》《云峰清赏集》。

王　英

王英（1376—1450），字时彦，别字泉坡，金溪县兴贤坊人。明永乐二年（1404）进士，勤奋好学，处事缜密。历仕四帝，参修太祖、太宗、仁宗、宣宗实录，官至礼部尚书，朝廷大制作多出其手。还屡次为会试考官。善书法。著有《泉坡集》（一作《王文安公诗文集》）。

聂大年

聂大年（1405—1455），字寿卿，明代临川人。工古文，善诗词，落笔不凡，别具神韵，其诗被称为"三十年来绝唱"。其书画被人视为珍品。曾由经明行修科荐任仁和县（今浙江杭州市）学训导，后荐入翰林院参与修史，因体弱多病而辞。著有《东轩集》。

何文渊

何文渊（1385—1457），字巨川，号东园，又号钝庵，明广昌县盱江镇人。明永乐十六年（1418）进士，授监察御史，任温州知府6年。景泰时期升吏部尚书。学识渊博，通晓天文地理，奏、疏、策、议写得很有文采，善诗。著有《东园集》《义庭训》《四书讲义》《礼记解义》《钝庵奏议》等。

吴与弼

吴与弼（1391—1469），初名梦祥、长弼，字子傅，号康斋，崇仁县河上镇小陂人。明代文人。从小自学儒家理学之书，墨守程朱之学，言心分知觉与理，主张静时涵养，动时省察作为修养基本功，深受学者推崇，形成崇仁学派。著有《日录》《康斋文集》及诗歌创作千首。

何乔新

何乔新（1427—1502），字廷秀，号椒丘，又号天苗，广昌县盱江镇人。明景定五年（1454）进士初授礼部主事，外放为南京刑部尚书。返朝为刑部尚书。在山西为官时，饥荒之年放粮救活几十万灾民。为官清正廉明，不附权贵，誓不营利。著有《椒丘文集》《周礼集注》《策府群玉》《宋元史臆见》等。

邓元锡

邓元锡（1529—1593），字汝极，号潜谷，抚州市黎川县日峰镇人。与吴与弼、刘元卿、章潢合称为"江右四君子"。明万历年间，多次辞官不做。他治学严谨，知识渊博，文采非凡。著有《五经绎》《函史》（上、下编）、《皇明书》及《潜学稿》等。

帅　机

帅机（1537—1595），字惟审，号谦斋，临川区唱凯人。明隆庆二年（1568）进士，历任工部主事、礼部郎中。万历九年（1581）出知思南府，注重办学，奖拔士子，爱惜人才。擅长文、赋，所作《平西夏颂》和《出阁讲学》受神宗、光宗赏识。后辞官归家，专事著述。有《南北二京赋》《阳秋馆集》行于世。

董　裕

董裕（1546—1606），字惟益，号扩庵，乐安县招携港田村人，明隆庆五年（1571）进士，官至刑部尚书。在东莞、郧阳任职时，逢灾年，开仓赈济，劝富绅捐米、捐银，奏请拨国库银米，救活灾民数万。任刑部尚书时，惩处皇族楚宗、秦宗深得民心。获"清白御史"美誉。今抚州市乐安县招携镇鹿源白鹤形山上有其墓。有《仁孝会旨》《奏稿》行世。

龚居中

龚居中（1612年前后在世），字应园，别号如虚子，金溪县城上龚家（今对桥乡）人。明代太医院医官，江西历史上十大名医之一。毕生习医，对内、外、儿、妇各科均有所长，通晓针灸、气功，尤擅长治疗"痨瘵"。所著医书较多，专著《红炉点雪》流传至今。

慧　经

慧经（1548—1618），俗姓裴，号无明，明代崇仁县人，临济宗西竺本来禅师族人。21岁出家到新城（今黎川县）廪山拜曹洞宗弟子常忠修法。明万历二十六年（1598）到南城宝方寺任住持。后游历于嵩山少林寺、京师、五台山等地，回宝山寺后开堂讲法，大弘曹洞宗风，为曹洞宗26世。后移锡新城寿昌寺，形成一大法系。

邓 渼

邓渼（1567—1628），字远游，黎川县日峰镇人。明万历二十六年（1598）进士，初授浙江浦江县令。调秀水（今嘉兴北）、内黄（属河南），升监察御史。巡按云南时，调金华分守道，宁绍兵备道，巡抚顺天（今北京）。著有《蓟门奏疏》《南中奏疏》《留夷馆集》等行于世。

祝 徽

祝徽（1568—1634），字文柔，号怀复，抚州市高新区长岭人。明天启二年（1622）会试，进士第三名，官至巡按御史。为官清正廉洁，为民排忧解难，并将所积俸银八千两上解佐军需，自己一家八口过着俭朴生活。有《十日言璧经》《伏日言余集》《在手篇》等传世。

蔡国用

蔡国用（1579—1640），字正甫，号静原，金溪县靖思人。明万历三十八年（1610）进士，官至尚书、大学士。历官30年不阿不激，以谨慎、勤劳、清正著称。崇祯在位17年，撤换宰执50多位，唯蔡国用以武英殿大学士善终。

陈际泰

陈际泰（1567—1641），字大士，抚州市临川区鹏田陈坊村人。明代临川四才子之一。崇祯七年（1634）67岁时中进士。幼时刻苦自学《书经》。14岁代父教蒙馆，虚心向济川等人学习写文章。尤以八股文造诣较高，被称为八股文之家。著有《群经辅意说》《四书读》等。

章世纯

章世纯（1575—1644），字大力，别号柳州，丰城市人。明代临川四大才子之一。天启元年（1621）举人，官至柳州知府。读书阐述己见，"发前人所未发，不规于训诂"。对天文历法、五行禽迹，阴阳星卜能解其精要，制义造诣，为时人所称。著有《留书》《卷易苞》《治平安略》《章柳州集》等。

黄端伯

黄端伯（1585—1645），字元公，一作元功，号迎祥，抚州市黎川县人。明崇祯元年（1628）进士，官至推官，后弃官居庐山。南明政权时任推官，南京失守，百官投降清兵，端伯不降，遂被杀。赠太常寺卿，谥忠节。明唐王聿健隆武年间（1645—1646）亦封其为礼部尚书，谥忠毅。清乾隆（1736—1795）时赐谥"烈愍"。著有《易疏》《东海集》。

艾南英

艾南英（1583—1646），字千子，号天佣，东乡县岗上积人。明代临川四大才子之一。清军入关后，曾募集勇士，在金溪县打败清军，官至御史。主张以实学衡量古文标准，反对"文必秦汉"的拟古说和幽深孤峭的玄风。创立文学社团"豫章社"。精选秦至元代名家名作，编成《历代诗文集》，选明代诸家文章，编为《唐明古文定》。有《天佣子集》传世。

罗万藻

罗万藻（？—1647），字文正，抚州市临川区腾桥人。明代临川四大才子之一，幼拜汤显祖为师，曾任南明福王、唐王的上杭知县、礼部主事。倡导制义时文，其文结合实际，切中时弊，说服力较强。著有《此观堂集》《十三经类语》，另有《罗文正稿》《制义》专集。

揭重熙

揭重熙（？—1651），字祝万，又字万年，号蒿庵，临川区湖南乡揭家坊人。明崇祯九年（1636）乡试及次年会试均以五经中进士。清初，组织抗清队伍，协助永宁王恢复建昌。永历四年（1650），联络广信义兵曹大镐数万人转战闽赣山区。在崇安县被清军所困，不幸被俘，誓死不降被杀。清乾隆谥其为"忠烈"。

甘 京

甘京（1622—1667），字楗斋，南丰县人。好学能诗文，初为童生，后弃科举，研究程朱理学，以身力行。清康熙五年（1666），地方荒乱，甘京力请豁免税役，赈济饥民。魏僖称其"萧然一布衣而营心天下"。著有《通鉴类事抄》《轴园初稿》《轴园不焚诗》《无名高士传》等。

周亮工

周亮工（1612—1672），字元亮，一字缄斋，号栎园，人称"栎下先生"。金溪县栎林人，生于南京。明崇祯十三年（1640）进士，官至监察御史。清时官至布政使、户部右侍郎等，仕途起落无常。工诗文，直抒己见，清新活泼，荡涤尘世，"不复坠于昔人"。擅山水画、书法、篆刻、收藏。著有《栎园读画录》《赖古堂集》等。

陈允衡

陈允衡（？—1672），字伯玑，南城县人。本为明朝诸生，明清交替时弃举业游走江淮吴越之间，寓居南京，以诗名噪一时，与公卿词人来往甚密。晚年回南昌。尤善论诗，以淡约真挚为归，自成一家。著有《爱琴馆集》《愿学集》等。

吴　宏

吴宏（1615—1680），字远度，号竹史，又号西江外史，金溪县人，寄居江宁（今南京）。清代画家，"金陵八子"之一。以善画山水竹石名噪一时，尤工大幅山水画。画风自辟一径。其作品有《山水册页》《仿元人山水图轴》《山水册》等，传世作品均藏于北京故宫博物院，南京、天津等地博物馆。

李来泰

李来泰（1624—1682），字仲章，号石台，临川区城南下桥寺人。清顺治九年（1652）进士，仕途三起三落，官至翰林侍讲。参与修撰《明史》，被誉为"独备三长（史才、史识、史德），不愧鸿博之选"。其诗以平正通达著称，清光绪《抚州府志》中存有其《志序》和《星野》二文，另有《莲龛集》。

汤来贺

汤来贺（1607—1688），字佐平，号惕庵，南丰县人。崇祯十三年（1640）进士，南明唐王政权时，官至户、兵部侍郎，巡抚，为官以廉洁闻名。清初任白鹿书院主讲、山长，求学者甚众。著有《内省斋文集》《鹿洞迩言》《居恒语录》等传世。

鲁 瑗

鲁瑗（1702年前后在世），字建玉，号留耕，黎川县钟贤人。清康熙二十四年（1685）进士，官至右通政使。平生光明磊落。召集生员讲学，总是循循善诱，曾主教于豫章书院。学者称其"西村先生"。

梁 份

梁份（1641—1729），字质人，南丰县人。清代地理学家、文学家。少时家世寒微，聪颖有志。多次只身出外游历，考察金国山川形势及古迹、游牧部落民族风土人情，并记述见闻。甘于清贫，至老不变。著有《怀葛堂文集》《西陲今略》《西陲亥步》《图说》及诗若干首。

赵由仪

赵由仪（1725—1747），字山南，南丰县人。有神童之称。16岁补弟子生员，乾隆七年（1742）进士，授学官而不就。每日作诗20余首，有人常以学问自负，与其相比，均自愧不如。由仪恃才傲世，为人嫉妒、中伤，乃作《感遇诗》明志。22岁病故。知由仪名者，不远千里来奔丧，并为其80余首诗篆刻成《渐台遗草》。

黄永年

黄永年（1699—1751），字静山，号崧甫，广昌县赤水镇人。乾隆元年（1736）中进士，授刑部主事。后升为员外郎，转刑部郎中，平反多起冤狱。历任平凉、镇江、常州知府。去职后闭门著书。著有《南庄类稿》《静山集》《奉使集》《春秋四传异同辨》《嵩甫文类》等刊行于世。

李 纮

李纮（？—1760），字巨州，号南园，临川区荣山乡下鹿人。清雍正二年（1724）进士，因其兄李绂为兵部侍郎，不被重用，归而讲学。乾隆年间服母丧，期满才赴应城任知县，革除当地"健讼刁悍"陋习，兴水利，薄赋税，建书院，深得民心。著有《南园答问》。

陈 道

陈道（1707—1760），字绍洙，号凝斋，抚州市黎川县钟贤人，清乾隆十三年（1748）进士。协助知县创建黎川书院，捐助学费，并在此掌教多年。治学以力行为主，文章文风醇古淡泊，真意盎然。其著收集整理成《凝斋集》。

涂 瑞

涂瑞（1709—1774），字荣诏，号讱庵，抚州市黎川县人。清乾隆十二年（1747）乡试为举人，候选知县。潜心研究经世之学，著书立说，著作颇丰。著有《禹贡山川图说》《夏地图说》《史论编》《理学编》等。

吴 照

吴照（1754—？），字照南，号白庵，晚年自称白翁，南城县人。善书诗画，时号三绝。清乾隆三十年（1765）拔贡，官大庾（今大余）教喻。不久弃官遍游东南山水，常与公卿名士等饮酒题诗作画，时人得其片羽，视为至宝。后留苏州书院主讲，卒于此。著有《听雨斋诗集》《文字原考略》《老子说略》等行世。

鲁九皋

鲁九皋（1732—1794），原名仕骥，字絜非，号乐庐，人称山木先生。抚州市黎川县钟贤人。清乾隆三十六年（1771）进士，家居10余年奉养双亲，倡议建立义仓，为乡人免费看病赠药。后出任山西夏县知县，有惠政，积劳致疾，卒于任所。在桐城派古文运动中起着重要作用。著有《山木居士集》（或称《鲁木山先生文集》）。

王聘珍

王聘珍（1746—？），字贞吾，号实斋，清代南城县人。自幼勤奋好学，精治《十三经注疏》。清乾隆五十四年（1789），成国子监生员。其平生为人厚重诚笃，为世人所敬重。善解诂文字。所著《大戴礼记解诂》，列为《三十二读书赞》之一。另著有《经义考补》《补九经学》刊行于世。

谭尚忠

谭尚忠（1724—1797），字因夏、古愚，号荟亭，南丰县人。清乾隆十六年（1751）进士，官至刑、吏部侍郎。性耿直任怨，不阿附权臣和珅遭贬。先后在多地任按察使、布政使、巡抚等职。后为云南布政使、巡抚九年，严缉私盗铸造铜钱，维护金融市场正常秩序，家无多余钱粮。著有《纫芳斋诗文集》，其书法亦有名。

刘　炌

刘炌（？—1806），字见南，一字诚甫，南丰县人。清乾隆三十四年（1769）进士，先后在多省任职，官至刑部右侍郎。为官清正，富豪犯法，按律审断。知民疾苦，废除苛捐杂役。免水灾区逃亡户赋税，整顿军备，严防海盗，恢复阿拉山独峰口60余里地域。卒葬南丰罗堡岭头山。

蔡上翔

蔡上翔（1717—1810），字元凤，号东墅，金溪县城东门蔡家人。清乾隆二十六年（1761）进士，任四川东乡（今宣汉县）知县。为官8年，后因母丧归家不仕。针对历代政客俗儒对王安石的攻击，不依众说为王安石辩诬。花后半生精力编写《王荆公年谱考略》，另著有《从政录》等10余种。今金溪县城麒麟山麓蔡家巷内有其故居进士第及东墅书屋。

陈凤翔

陈凤翔（1751—1812），字竹香，崇仁县巴山镇桥北人。无功名出身，官至江南道总督。先后在河北、河南、山东、江苏、安徽等地治理水患。清嘉庆十六年（1811）在修浚运河御黄、钳口两坝合龙时，坝身有垮塌之险。陈凤翔奋身冲上堤坝疾呼，众皆惊服。经昼夜奋战，终于合龙成功，次年，却被两江总督反劾革职、罚银、遣戍乌鲁木齐。未行，病卒。

乐　钧

乐钧（1766—1814），原名宫谱，字元淑，号莲裳，别号梦花楼主，抚州市金溪县陈坊积乡人。清嘉庆六年（1801）举人。喜作骈体文，其骈文被录入《后八家四六文选》。其词被称为"江西四大家",入《清名家词》。其笔记小说《耳食录》,时人竞相传抄。著有《青芝山馆诗集》《断水词》等。散文《罗台山轶事》《广俭不致说》曾入选中学课本。

王　谟

王谟(1731—1817),字仁圃,别号汝瀺(旧志作汝上),南城县沙洲乡人。清乾隆四十三年(1778)进士,授建昌府学教授。以辑录古佚书闻名,有《江西考古录》《汉唐地理书抄》《豫章十代文献略》等。最著名的是《汉魏遗书抄》,均与方志有关。此外,还有《汉魏丛书》《汝瀺诗抄》等20余种。

陈希增

陈希增(1766—1816),字集正,号雪香,抚州市黎川县钟贤人。清乾隆五十四年(1789)解元,乾隆五十八年(1793)探花,官至内阁学士、侍郎。他"工为文,娴掌故,有治事才",督理学政时,对下属、士子严格要求,严禁舞弊,惩恶导善,奖励才干。编辑《全唐文》,还将编入《四库书目》中的江西籍人士著作结集成册。

谢阶树

谢阶树(1778—1825),字子玉,号向亭,宜黄县城北门人。他为文快捷,其诗清妍。工书法,楷书尤为壮丽。清嘉庆十三年(1808)殿试榜眼。湖南督学后,被晋升为侍读学士,累官监察御史。他整顿学风,严肃考纪,革除冒名顶替、重名应试等积弊。"宣南诗社"成员,著有《约书》《文赋》《大臣论》《县令论》等,"尤通达治本之言"。

曾　燠

曾燠(1760—1831),字庶蕃,号宾谷,晚年又号西溪渔隐,南城县人。清乾隆四十六年(1781)中进士,入翰林,先后任按察使、布政使、巡抚、两淮盐政,官至都察院右副都御史。曾奉命为钦差大臣,出使江南一带。擅长诗文,尤工骈体,清代八大家之一。他还是一位诗评家,开创清代按地域论诗人新例。著有《赏雨茅屋诗集》《义学行》《西溪渔隐》等,编辑刻印《江西诗征》和《江右八家诗选》等。

李宗瀚

李宗瀚（1769—1831），字北溟，一字公博，号春湖，进贤县人。清乾隆五十八年（1793）进士，官至侍读学士、左副都御使、工部侍郎、浙江学政。好学、博涉群书，喜好金石文字，善诗词。曾摹刻孔庙碑、化度寺碑于石，为世人所珍惜。著有《杉湖酬唱诗略》。

汤储璠

汤储璠（1783—1832），字茗孙，临川城内北隅六水桥人。清嘉庆十五年（1810）乡试解元，次年进士，官内阁中书。擅长骈体文，内阁进呈文字多出其手。四六骈体文胜人一筹，备受内阁大臣称赞，被人争相传抄。著有《长秋馆诗文集》《骈体四六文》等。

杨馥、杨馠

杨馥（1744—1828），字迈功，别字柏溪，金溪鹅塘人。清乾隆四十九年（1784）进士，官至布政使、巡抚。居官清正爱民，所到之处都是财赋名区，曾拒收宁波海官办关银8000两，受三朝恩遇，多次被诏谕为"爱民贤员"。

杨馠（1751—1833），字春圃，又字少晦，杨馥之弟。清乾隆三十六年（1771）乡试第二，授南城县训导，分宜县教谕。著有《云涛山房文集》《云涛山房诗集》，总纂《金溪县志》。

吴嵩梁

吴嵩梁（1766—1834），字子山，号澈翁、莲花博士、石溪老渔，东乡县红光垦殖场新田分场人。嘉庆、道光年间著名诗人，官至知州、乡试推官。一度为白鹿洞书院山长。袁牧以"清绝""超妙""天籁"之语赞其诗才。琉球、朝鲜、日本大臣及商人均以得其诗为荣。著有《香苏山馆全集》《石溪舫诗话》等。

陈用光

陈用光（1768—1835），字硕士，一字实思，抚州市黎川县钟贤人。清嘉庆六年（1801）进士，先后任乡试考官、学政、监察御史、内阁学士、文颖馆明鉴总纂，至文渊阁直阁事。为人正直，为官清廉。文笔浑厚精深，为当时文人所推服。著述有《太乙丹文集》。另有《衲被录》等。

谢廷恩

谢廷恩（1765—1841），字清德，又字拜赓。崇仁县河上乡谢家村人。清代富商，以贩运崇仁特产苎麻为主，诚信经商。乐善好施，设义仓、倡育婴堂，扶危救困，为贫寒学子捐资助学。曾捐银6万余两，将大水冲毁的黄洲桥改建成新的石拱桥，造福一方百姓。

傅金铨

傅金铨（约1763—1845），字鼎云，别号济一子，又称醉花老人，金溪县合市乡人。清代道教南宗东派内丹家。少以孝闻乡里，后游历湖广、江浙一带，寄居四川巴县（今重庆巴南区）。自谓"得纯阳符火和传之秘"，设坛传道，力主阴阳双修，提倡积极入世。工文章、鼓琴、书画，著有《道书一贯真机简易录》《试金石》等30余种。

艾 畅

艾畅（1787—1854），字玉东，号至堂，东乡县岗上积乡段溪人。清道光二十年（1840）进士，官至知县，终以"不可行吾学"辞归故里，潜心著述。工诗、古文词兼通经学，对《诗经》有独到见解。著有《诗义求经》《论语别注》《大学古本注》《中庸古本注》等。

杨士达

杨士达（1814—1861），字耐轩（一说字希临，号耐轩），金溪县人。清道光十六年（1836）中举。组织团练抵御太平军，被太平军俘获，劝降不从被杀。勤著述，长古文，与桐城派古文学家梅曾亮交谊颇深。以布衣之身，纂集古今攻守策略成《绸缪未雨集》。另有《闻所闻录》《经史笺记》《耐轩文钞》等10余种著作。

吴嘉宾

吴嘉宾（1803—1864），字子序，号应咸（名潜），南丰县傅坊港下村人。清道光十八年（1838）进士，官至内阁中书。对海疆防务、礼仪文化、经济财务等方面均有研究。曾向朝廷建议加强海防、边防，受到朝廷嘉纳。又因言海疆事谪戍西北边塞，后释回原籍。在与太平军的战斗中死亡。著有《礼记匡注》《礼服会通说》《礼说》2卷及《书说》4卷等。

陈孚恩

陈孚恩（？—1866），字子鹤，又字少默，别号紫藿，抚州市黎川县钟贤人。清道光五年（1825）拔贡，朝考一等。前后任刑部、礼部、兵部、户部、吏部尚书。因宫廷斗争受牵连，发配新疆戍边效力。后新疆一支民兵首领金相印借助浩罕汗国（今乌兹别克）军队支援，攻陷伊犁，陈孚恩殉难。书法习董其昌，墨迹广为流传。

饶一夔

饶一夔（1796—1876），字黻唐，号乐侯，别号小痴，清代南城县人。好藏奇书名画法贴古砚，广读博览，工诗词古文，晚年潜心经学和地理志书。性恬淡，不慕虚荣，居家授徒。著有《禹贡辑注》《经义粹编》《史家摭闻》《叠石山庄诗文集》《宏湖别墅类钞》《法贴集评》《砚谱》《瓯雪斋笔记》《销寒录雅》等。

李联琇

李联琇（1820—1878），字季莹，一字小湖，清代临川温圳（今属进贤县）人。道光二十五年（1845）进士，翰林会考第一，先后任侍读学士、会试考官、实录馆纂修、学政，官至大理寺卿。以病致仕后主讲于钟山、惜阴书院，求学者众，名噪一时。参加编纂《江西通志》，主纂《崇明县志》。著有《好云楼初集》《二集》《采风札记》等。

杨希闵

杨希闵（1808—1882），字铁佣，号卧云，抚州市黎川县樟溪乡人。清道光十七年（1837）拔贡。他无意仕途，专心攻经。因抵御太平军失败，出走福建邵武、福州、台湾，在海东书院主讲11年。以宋儒性理之学及经、易之书启迪台湾士子。在台湾著有多部著作，较著名的有《乡诗摭谭》《王文公年谱考略推论》《伤寒论百十三方解答》等。

吴嘉善

吴嘉善（1818—1885），字子登，南丰县人。清咸丰二年（1852）进士，会英语和法语，博通西洋史地，以及数理、化学、机械。先后任留美学生监督，负责日斯巴尼亚（即西班牙）、秘鲁两国事务参赞，后出使法兰西，驻巴黎。因病辞职归国。唯癖于算学，数学专著有《算学廿一种》《尖锥变法解》及《测圆密率》，另有《翻译小补》亦刻行。

刘 庠

刘庠（1824—1901），字慈民，号钝叟，南丰县人。清咸丰元年（1851）顺天乡试举人，任内阁中书，国史馆、方略馆校对，父病致仕返乡。先后主持徐州云龙、海州敦善、清江浦崇实书院达30余年。藏书万卷，著有《俭德堂易说》《说文蒙求》等几十部，参与主纂《徐州府志》。

吴 锜

吴锜（1869—？），字剑秋，宜黄县城人。清光绪十六年（1890）进士。初任工部主事，光绪二十七年（1901）调任总理衙门章京（司员），次年出任驻俄参赞，期满归国，留外务部工作。于公余手录各国国情及国际公法条例。"南昌教案"发生后，吴锜与英使馆交涉，迫使英方撤换九江领事，因此名重一时。还曾审办"云南涉外仇杀案"，台湾、厦门一带"日本浪民和官吏欺压中国百姓案"等涉外案件。清亡，不事民国。

编后记

　　"江西方志文化丛书"是由江西省地方志编纂委员会办公室组织编纂的一套精品文化丛书，从2014年开始由省、市、县（市、区）三级地方志机构合力打造。

　　《江西古代名人》的编纂工作启动之后，省、市、县（市、区）三级地方志工作者倾注了全力，历经稿件撰写、编辑、初审、复审、终审各个环节，最终完成此书。

　　为了保证本书的编纂质量，《江西古代名人》编辑部于2014年4月下发了"《江西古代名人》编纂方案"和江西古代名人传、名人录名单，作为供稿人员选录人物的基本依据。2014年5月下发了《江西古代名人》人物传、人物名录的书写样板，为供稿人员的稿件书写提供了书写的基本原则。其后针对稿件撰写中需要注意的问题，编辑部于2014年7月下发"《江西古代名人》中名人籍贯划定问题的通知"，为本书人物籍贯的划定提供了依据，解决了一些名人籍贯争议问题；2014年10月，下发"《江西古代名人》编写中需注意的问题"，对本书编纂中人物选录、语言表述、籍贯划定、人物传与名录篇幅与写作格式进行了规范，为保证志书质量打下了基础。其后县（市、区）地方志办的同志参照编辑部所发初选人物名单、样稿和行文规范，利用当地地方志等资料写出初稿，经设区市地方志办的同志审查后报送江西省方志办《江西古代名人》编辑部。编辑部执行主编涂小福，副主编王海艳、编辑赵岩对全部稿件进行了四次编辑和交叉复审，其后由本书执行主编涂小福进行全书统稿，最后由丛书主编梅宏，副主编周慧、杨志华审定。

　　《江西古代名人》在编辑过程中，受到来自全省地方志系统工作者的大力支持和鼎力相助。另外，武汉大学出版社承担本丛书出版任务的领导和编辑们付出了辛勤的努力，为本丛书增光添色。在此，对所有参与编纂出版工作的同志表示真诚的感谢!

由于时间仓促,加之编纂者水平有限,书中错误在所难免,希望广大读者批评指正,以便再版时能得到进一步完善。

江西省地方志编纂委员会办公室
2017 年 12 月